Dr. Oetker

Die besten
**Tassenkuchen &
Schüttelkuchen**

Dr. Oetker

Die besten
Tassenkuchen &
Schüttelkuchen

Dr. Oetker Verlag

Vorwort

Schüttel-, Becher- oder Tassenkuchen, gerührt oder geschüttelt, wie hätten Sie es denn lieber? Hier sind die wirklich einfachen Rezepte, mit denen selbst „Backanfänger" zurechtkommen. Für die Schüttelkuchen können Sie Handrührgerät und Küchenmaschine vergessen. Und bei den Becher- und Tassenkuchen können Sie Ihre Waage im Schrank lassen. Alle Rezepte in diesem Buch sind für Backanfänger oder Gelegenheitsbäcker. Sie kommen mit wenig Zutaten aus, die überall gut zu bekommen sind. So ist Backen ganz einfach.

Abkürzungen

EL = Esslöffel
TL = Teelöffel
Msp. = Messerspitze
Pck. = Packung/Päckchen
g = Gramm
kg = Kilogramm
ml = Milliliter
l = Liter
Min. = Minuten
Std. = Stunden
evtl. = eventuell
geh. = gehäuft
gestr. = gestrichen
TK = Tiefkühlprodukt
°C = Grad Celsius
Ø = Durchmesser
E = Eiweiß
F = Fett
Kh = Kohlenhydrate
kcal = Kilokalorien
kJ = Kilojoule

Hinweise zu den Rezepten

Lesen Sie vor der Zubereitung das Rezept einmal vollständig durch. Oft werden Arbeitsabläufe oder -zusammenhänge dann klarer. Die in den Rezepten angegebenen Backtemperaturen und -zeiten sind Richtwerte, die je nach individueller Hitzeleistung des Backofens bzw. Material der verwendeten Formen über- oder unterschritten werden können. Beachten Sie bei Gasherden die Gebrauchsanweisung des Herstellers.

Zubereitungszeiten

Die Zubereitungszeit ist ein Anhaltswert für die Zeit für Vorbereitung und die eigentliche Zubereitung. Längere Wartezeiten wie z.B. Kühl- und Marinierzeiten, sowie die Backzeit sind nicht einbezogen.

Kapitelübersicht

Kuchen aus der Form

Seite 8–99

Torten

Seite 100–141

Kapitelübersicht

Kuchen vom Blech

Seite 142–193

Kleingebäck

Seite 194–217

Ratgeber

Seite 218–219

Kuchen aus der Form

Mohn-Marmorkuchen mit Kirschen

Zutaten

Zum Vorbereiten:
1 Glas Sauerkirschen (Abtropfgewicht 370 g)
1 Apfel
1 EL Zitronensaft

Für den Teig:
350 g Weizenmehl
1 Pck. Backpulver
150 g Zucker
1 Pck. Vanillin-Zucker
4 Eier (Größe M)
175 g zerlassene, abgekühlte Butter oder Margarine
150 ml Milch
30 g Mohnsamen

Zum Bestäuben:
2 EL Puderzucker

Zubereitungszeit:
35 Minuten

Insgesamt:
E: 82 g, F: 194 g, Kh: 532 g
kJ: 18311, kcal: 4372

RAFFINIERT

1. Zum Vorbereiten Kirschen in einem Sieb gut abtropfen lassen, evtl. mit Küchenpapier trockentupfen. Apfel schälen, vierteln und entkernen. Grob raspeln und mit Zitronensaft beträufeln.

2. Für den Teig Mehl mit Backpulver mischen, in eine verschließbare Schüssel (3-Liter-Inhalt) sieben, mit Zucker und Vanillin-Zucker mischen. Eier, Butter oder Margarine und Milch hinzufügen, Schüssel mit dem Deckel fest verschließen. Mehrmals (insgesamt 15–30 Sekunden, je nach Menge der Zutaten) kräftig schütteln, so dass alle Zutaten gut vermischt sind. Alles mit einem Schneebesen oder Rührlöffel nochmals sorgfältig durchrühren, damit vor allem trockene Zutaten vom Rand mit untergerührt werden.

3. Teigmenge halbieren. Unter eine Hälfte den geraspelten Apfel, unter die andere Hälfte den Mohn ziehen. Apfelteig in eine Springform mit Rohrbodeneinsatz (Ø 24 cm, gefettet, bemehlt) füllen, Mohnteig darauf geben. Kirschen auf dem Mohnteig verteilen. Die Form auf dem Rost in den Backofen schieben.

Ober-/Unterhitze: etwa 180 °C (vorgeheizt)
Heißluft: etwa 160 °C (nicht vorgeheizt)
Gas: Stufe 2–3 (nicht vorgeheizt)
Backzeit: etwa 50 Minuten.

4. Kuchen kurz in der Form stehen lassen, aus der Form lösen und auf einen Kuchenrost stürzen, erkalten lassen. Kuchen mit Puderzucker bestäuben.

Zitrus-Kefirkuchen

Zutaten
1 Tasse ≙ 200 ml

Zum Vorbereiten:
2 Orangen
2 ½ Limetten

Für den Schüttelteig:
2 ½ Tassen (250 g) Weizenmehl
gut 1 Tasse (120 g) Speisestärke
2 gestr. TL Backpulver
1 ½ Tassen (200 g) Zucker
4 Eier (Größe M)
1 Pck. Finesse Orangenfrucht
1 Pck. (250 g) zerlassene, abgekühlte Butter oder Margarine
½ Becher (250 ml [¼ l]) Kefir

Für den Sirup:
1 Orange
½ Limette
2 Zimtstangen
½ Tasse (75 g) Zucker

Zubereitungszeit:
65 Minuten, ohne Abkühlzeit

Insgesamt:
E: 74 g, F: 247 g, Kh: 619 g,
kJ: 21700, kcal: 5148

FÜR GÄSTE

1. Zum Vorbereiten Orangen und Limetten schälen, so dass die weiße Haut mit entfernt wird, Kerne entfernen. Zitrusfrüchte in Scheiben schneiden.

2. Zitrus-Fruchtscheiben nebeneinander auf den Boden einer Blüten- oder Rosettenform (Ø 30 cm, gefettet) legen.

3. Für den Teig Mehl mit Speisestärke und Backpulver mischen, in eine verschließbare Schüssel (3-Liter-Inhalt) sieben, mit Zucker mischen. Eier, Orangenfrucht, Butter oder Margarine und Kefir hinzufügen. Schüssel mit dem Deckel fest verschließen.

4. Mehrmals (insgesamt 15–30 Sekunden) kräftig schütteln, so dass alle Zutaten gut vermischt sind. Alles mit einem Schneebesen oder Rührlöffel nochmals sorgfältig durchrühren, damit vor allem trockene Zutaten vom Rand mit untergerührt werden.

5. Den Teig in die vorbereitete Blüten- oder Rosettenform geben und glatt streichen. Die Form auf dem Rost in den Backofen schieben.

Ober-/Unterhitze: etwa 180 °C (vorgeheizt)
Heißluft: etwa 160 °C (nicht vorgeheizt)
Gas: Stufe 2–3 (nicht vorgeheizt)
Backzeit: etwa 50 Minuten.

6. Den Kuchen in der Form etwas abkühlen lassen, dann aus der Form lösen und auf einen mit Backpapier belegten Kuchenrost stürzen.

7. Für den Sirup Orange und Limette auspressen. Den Saft mit Zimtstangen und Zucker in einem kleinen Topf aufkochen. Bei schwacher Hitze ohne Deckel in etwa 5 Minuten um die Hälfte einkochen lassen. Den warmen Kuchen mit dem Sirup beträufeln. Kuchen erkalten lassen.

Selterkuchen oder Saftkuchen mit Kirschen

Zutaten
1 Tasse ≙ 150 ml

Zum Vorbereiten:
1 Glas Sauerkirschen
(Abtropfgewicht 185 g)

Für den Teig:
3 Tassen Weizenmehl
(je 100 g)
½ Pck. Backpulver
2 Tassen Zucker (je 150 g)
1 Pck. Finesse Geriebene Zitronenschale
4 Eier (Größe M)
1 Tasse (150 ml) Speiseöl
1 Tasse (150 ml) Fanta wild berries

Zum Bestäuben:
Puderzucker

Zubereitungszeit:
15 Minuten

Insgesamt:
E: 64 g, F: 180 g, Kh: 584 g,
kJ: 18155, kcal: 4336

EINFACH

1 Zum Vorbereiten Sauerkirschen in einem Sieb gut abtropfen lassen, evtl. mit Küchenpapier trockentupfen.

2 Für den Teig Mehl mit Backpulver mischen, in eine verschließbare Schüssel (3-Liter-Inhalt) sieben, mit Zucker und Zitronenschale mischen. Eier, Öl und Fanta hinzufügen, Schüssel mit dem Deckel fest verschließen. Mehrmals (insgesamt 15–30 Sekunden, je nach Menge der Zutaten) kräftig schütteln, so dass alle Zutaten gut vermischt sind. Alles mit einem Schneebesen oder Rührlöffel nochmals sorgfältig durchrühren, damit vor allem trockene Zutaten vom Rand mit untergerührt werden.

3 Teig in eine Kastenform (11 x 25 cm, gefettet, mit Backpapier belegt) füllen und glatt streichen. Kirschen auf dem Teig verteilen. Die Form auf dem Rost in den Backofen schieben.

Ober-/Unterhitze: etwa 180 °C (vorgeheizt, unterste Schiene)
Heißluft: etwa 160 °C (nicht vorgeheizt)
Gas: Stufe 2–3 (nicht vorgeheizt)
Backzeit: etwa 60 Minuten.

4 Den Kuchen etwa 10 Minuten in der Form stehen lassen, aus der Form lösen, mitgebackenes Backpapier entfernen und Kuchen auf einem Kuchenrost erkalten lassen. Nach Belieben den Kuchen mit Puderzucker bestäuben.

Tipp: *Kuchen mit Schokoladenglasur überziehen. Mit Kirsch-Alkohol-Pralinen garnieren.*

Limetten-Streusel-Tarte

Zutaten

Zum Vorbereiten:
1 Becher (200 ml) Schlagsahne

Für den Schüttelteig:
2 Becher (250 g) Weizenmehl
1 gestr. TL Backpulver
½ Becher (100 g) Zucker
2 Eier (Größe M)
½ Pck. (125 g) zerlassene, abgekühlte Butter oder Margarine

Für den Limettenguss:
1 Pck. Tortenguss (klar)
2–3 EL Zucker
1 Pck. Bourbon-Vanille-Zucker
geriebene Schale und Saft von 2 Limetten (unbehandelt)

Zum Garnieren:
1 Limette (unbehandelt)
4 EL Zucker
3 EL Wasser
Zitronenmelisse-Blättchen

Zubereitungszeit:
60 Minuten, ohne Abkühlzeit

Insgesamt:
E: 49 g, F: 182 g, Kh: 391 g, kJ: 14704, kcal: 3514

EINFACH

1 Zum Vorbereiten Sahne in eine Rührschüssel geben und zugedeckt kalt stellen. Den Sahnebecher auswaschen, abtrocknen und zum Abmessen verwenden.

2 Für den Teig Mehl mit Backpulver mischen, in eine verschließbare Schüssel (3-Liter-Inhalt) sieben, mit Zucker mischen. Eier und Butter oder Margarine hinzufügen. Schüssel mit dem Deckel fest verschließen.

3 Mehrmals (insgesamt 15–30 Sekunden) kräftig schütteln, so dass alle Zutaten gut vermischt sind. Alles mit einem Rührlöffel nochmals sorgfältig durchrühren, damit vor allem trockene Zutaten vom Rand mit untergerührt werden.

4 Den Teig mit bemehlten Fingern in eine Torteform (Ø 28 cm, gefettet) drücken, dabei die Ränder etwas hochdrücken. Die Form auf dem Rost in den Backofen schieben und den Boden vorbacken.

Ober-/Unterhitze: etwa 180 °C (vorgeheizt, unterste Einschubleiste)
Heißluft: etwa 160 °C (vorgeheizt)
Gas: Stufe 2–3 (vorgeheizt)
Backzeit: etwa 12 Minuten.

5 Die Form auf einen Kuchenrost stellen. Für den Guss Tortengusspulver mit Zucker, Vanille-Zucker, Limettenschale und -saft mischen und mit der kalt gestellten Sahne gut verrühren. Den Guss auf dem vorgebackenen Boden verteilen. Die Form wieder auf dem Rost in den Backofen schieben und **bei gleicher Backofeneinstellung etwa 20 Minuten** fertig backen.

6 Die Form auf einen Kuchenrost stellen. Die Tarte in der Form erkalten lassen.

7 Zum Garnieren Limette gründlich waschen, trockentupfen und in dünne Scheiben schneiden. Zucker und Wasser in einem kleinen Topf erhitzen, bis der Zucker gelöst ist. Limettenscheiben hineingeben und aufkochen lassen. Limettenscheiben abtropfen lassen und auf die Tarte legen. Mit Melisse-Blättchen garnieren.

Hefekuchen

Zutaten

Zum Vorbereiten:
100 g Trockenpflaumen

Für den Teig:
350 g Weizenmehl (Type 550)
1 Pck. Trockenhefe
70 g Zucker
1 Prise Salz
1 Ei (Größe M)
100 g zerlassene, abgekühlte Butter oder Margarine
1 TL Honig
einige Tropfen Butter-Vanille-Aroma
125 ml (1/8 l) lauwarmes Wasser
250 ml (1/4 l) lauwarme Milch

Zum Bestäuben:
Puderzucker

Zubereitungszeit:
35 Minuten,
ohne Teiggehzeit

Insgesamt:
E: 59 g, F: 102 g, Kh: 411 g,
kJ: 12282, kcal: 2935

PREISWERT

1. Zum Vorbereiten Pflaumen in Würfel oder Streifen schneiden.

2. Für den Teig Mehl in eine verschließbare Schüssel (3-Liter-Inhalt) sieben, mit Hefe, Zucker und Salz mischen. Ei, Butter oder Margarine, Honig, Aroma, Wasser und Milch hinzufügen, Schüssel mit dem Deckel fest verschließen. Mehrmals (insgesamt 15–30 Sekunden, je nach Menge der Zutaten) kräftig schütteln, so dass alle Zutaten gut vermischt sind, Pflaumenstücke hinzugeben. Alles mit einem Schneebesen oder Rührlöffel nochmals sorgfältig durchrühren, damit vor allem trockene Zutaten vom Rand mit untergerührt werden. Den Teig zugedeckt 15 Minuten an einem warmen Ort stehen lassen.

3. Teig in eine Kastenform (25 x 11 cm, gefettet) füllen, nochmals so lange an einem warmen Ort gehen lassen, bis er sich sichtbar vergrößert hat. Die Form auf dem Rost in den Backofen schieben.

Ober-/Unterhitze: etwa 180 °C (vorgeheizt)
Heißluft: etwa 160 °C (nicht vorgeheizt)
Gas: Stufe 2–3 (nicht vorgeheizt)
Backzeit: etwa 40 Minuten.

4. Kuchen etwa 10 Minuten in der Form stehen lassen, dann auf einen mit Backpapier belegten Kuchenrost stürzen und erkalten lassen. Mit Puderzucker bestäuben.

Variante mit Hefe und Backpulver: Zusätzlich 1 gestrichenen Teelöffel Backpulver unter das Mehl mischen. Den Teig dann in der Form nicht mehr gehen lassen, sondern sofort die Form auf dem Rost in den Backofen schieben.

Ober-/Unterhitze: etwa 180 °C (vorgeheizt)
Heißluft: etwa 160 °C (nicht vorgeheizt)
Gas: Stufe 2–3 (nicht vorgeheizt)
Backzeit: 40–45 Minuten.

Limetten-Kokos-Käsekuchen

Zutaten

Zum Vorbereiten:
4 Pck. (je 250 g) Magerquark

Für den Streuselteig:
2 Becher (300 g) Weizenmehl
½ Becher (100 g) Zucker
1 Pck. Vanillin-Zucker
1 Prise Salz
½ Pck. (125 g) Butter oder Margarine

Zum Bestreuen:
4 EL (etwa 30 g) Kokosraspel

Für die Quarkcreme:
3 Limetten (unbehandelt)
⅓ Pck. (50 g) weiche Butter
4 EL Schlagsahne
¾ Becher (150 g) Zucker
1 Prise Salz
1 Pck. Pudding-Pulver Vanille-Geschmack
5 Eigelb (Größe M)
5 Eiweiß (Größe M)

Für die Streusel:
4 EL Kokosraspel

Zubereitungszeit:
50 Minuten

Insgesamt:
E: 208 g, F: 233 g, Kh: 561 g,
kJ: 22616, kcal: 5401

EINFACH

1. Zum Vorbereiten Quark in eine Rührschüssel geben und zugedeckt kalt stellen. Einen Quarkbecher auswaschen, abtrocknen und zum Abmessen verwenden.

2. Für den Teig Mehl in eine Rührschüssel sieben, mit Zucker, Vanillin-Zucker und Salz mischen. Butter oder Margarine hinzufügen. Die Zutaten mit Handrührgerät mit Rührbesen zu Streuseln von gewünschter Größe verarbeiten.

3. Zwei Drittel des Teiges auf den Boden einer Springform (Ø 26 cm, gefettet) geben und mit einem Esslöffel andrücken. Kokosraspel auf den Teigboden streuen.

4. Für die Creme Limetten heiß waschen und trockentupfen. Schale abreiben und Saft auspressen.

5. Limettenschale und -saft, Butter, Sahne, Zucker, Salz, Pudding-Pulver und Eigelb zu dem kalt gestellten Quark geben. Die Zutaten zu einer geschmeidigen Masse verrühren. Eiweiß steif schlagen und unterheben. Die Quarkmasse auf den Teigboden geben und glatt streichen. Die restlichen Teigstreusel mit Kokosraspeln mischen und darüber streuen. Die Form auf dem Rost in den Backofen schieben.

Ober-/Unterhitze: etwa 180 °C (vorgeheizt)
Heißluft: etwa 160 °C (nicht vorgeheizt)
Gas: Stufe 2–3 (nicht vorgeheizt)
Backzeit: 60–70 Minuten.

6. Den Kuchen etwa 10 Minuten im ausgeschalteten Backofen stehen lassen.

7. Die Form auf einen Kuchenrost stellen. Kuchen etwas abkühlen lassen. Dann aus der Form lösen und auf einem Kuchenrost erkalten lassen.

Malaga-Schnitten

Zutaten

Für den Teig:
250 g Weizenmehl
100 g Speisestärke
3 gestr. TL Backpulver
150 g Zucker, 1 Pck. Bourbon-Vanille-Zucker
6 Eier (Größe M)
200 g zerlassene, abgekühlte Butter oder Margarine
100 ml Milch
50 g abgezogene, gehackte Mandeln

1 Orange (unbehandelt)

Für die Füllung:
250 ml (¼ l) Schlagsahne
1 Pck. Sahnesteif
250 g Mascarpone (italienischer Frischkäse)
1 Pck. Finesse Jamaika-Rum-Aroma, 50 g Zucker
120 g Schoko-Rosinen

Zum Garnieren:
50 g abgezogene, gehobelte, geröstete Mandeln
30 g Schoko-Rosinen

Zubereitungszeit:
40 Minuten, ohne Abkühlzeit

Insgesamt:
E: 123 g, F: 469 g, Kh: 608 g, kJ: 31108, kcal: 7434

GUT VORZUBEREITEN

1. Für den Teig Mehl mit Speisestärke und Backpulver mischen, in eine verschließbare Schüssel (3-Liter-Inhalt) sieben, mit Zucker und Vanille-Zucker mischen. Eier, Butter oder Margarine und Milch hinzufügen, Schüssel mit dem Deckel fest verschließen. Mehrmals (insgesamt 15–30 Sekunden, je nach Menge der Zutaten) kräftig schütteln, so dass alle Zutaten gut vermischt sind. Mandeln hinzugeben, alles mit einem Schneebesen oder Rührlöffel nochmals sorgfältig durchrühren, damit vor allem trockene Zutaten vom Rand mit untergerührt werden.

2. Teig in eine Kastenform (30 x 11 cm, gefettet, bemehlt) füllen und glatt streichen. Die Form auf dem Rost in den Backofen schieben.

Ober-/Unterhitze: etwa 180 °C (vorgeheizt)
Heißluft: etwa 160 °C (nicht vorgeheizt)
Gas: Stufe 2–3 (nicht vorgeheizt)
Backzeit: etwa 60 Minuten.

3. Den Kuchen etwa 10 Minuten in der Form stehen lassen, dann aus der Form lösen, etwas abkühlen lassen. Orange waschen, trockentupfen und Schale fein abreiben. Orange auspressen. Saft und Schale vermischen. Den warmen Kuchen mehrmals mit einem Holzstäbchen einstechen, Saft darüber träufeln. Kuchen vollständig erkalten lassen.

4. Für die Füllung Sahne mit Sahnesteif steif schlagen. Mascarpone, Aroma und Zucker verrühren. Sahne unterheben (von der Creme ⅓ abnehmen). Zuletzt Schoko-Rosinen unterheben. Kuchen zweimal waagerecht durchschneiden. Die Hälfte der Rosinen-Creme auf dem unteren Boden verteilen. Mit dem zweiten Boden bedecken, mit Creme bestreichen. Mit dem oberen Boden belegen und andrücken. Rand und Oberfläche mit der restlichen Creme bestreichen.

5. Zum Garnieren Kuchen mit Mandeln und Schoko-Rosinen garnieren.

Walnuss-Toffee-Tarte

Zutaten
1 Tasse ≙ 250 ml

Zum Vorbereiten:
½ Pck. (125 g) Schoko-karamellbonbons (mit Schokolade überzogen)
1 Tasse (200 g) Walnuss-kernhälften

Für den Rührteig:
½ Pck. (125 g) Butter oder Margarine
½ Tasse (110 g) Zucker
1 Pck. Vanillin-Zucker
2 Eier (Größe M)
1½ Tassen (255 g) Weizen-mehl
1 gestr. TL Backpulver
5 EL Milch

Zum Bestreichen:
½ Dose (200 g) gezuckerte Kondensmilch

Zum Bestäuben:
Puderzucker

Zubereitungszeit:
40 Minuten

Insgesamt:
E: 89 g, F: 270 g, Kh: 533 g, kJ: 21286, kcal: 5085

EINFACH

1 Zum Vorbereiten Bonbons mit einem scharfen Messer in dünne Scheiben schneiden. Ein Drittel der Walnusskerne fein hacken.

2 Für den Teig Butter oder Margarine mit Handrührgerät mit Rührbesen auf höchster Stufe geschmeidig rühren. Nach und nach Zucker und Vanillin-Zucker unterrühren. So lange rühren, bis eine gebundene Masse entstanden ist.

3 Eier nach und nach unterrühren (jedes Ei etwa ½ Minute). Mehl und Backpulver mischen, sieben, abwechselnd portionsweise mit der Milch auf mittlerer Stufe unterrühren. Bonbonscheiben und die gehackten Walnusskerne unterheben.

4 Den Teig in eine Tarteform (Ø 28 cm, gefettet) geben und glatt streichen. Die restlichen Walnusskernhälften gleichmäßig auf den Teig legen, leicht andrücken. Kondensmilch darauf verteilen. Die Form auf dem Rost in den Backofen schieben.

Ober-/Unterhitze: etwa 180 °C (vorgeheizt)
Heißluft: etwa 160 °C (vorgeheizt)
Gas: Stufe 2–3 (vorgeheizt)
Backzeit: etwa 30 Minuten.

5 Die Form auf einen Kuchenrost stellen. Kuchen erkalten lassen. Mit Puderzucker bestäuben.

Arabischer Safrankuchen

Zutaten

Zum Vorbereiten:
60 g Pinienkerne
100 g getrocknete, entsteinte Aprikosen
100 g getrocknete, entsteinte Datteln
50 g Rosinen

Für den Teig:
300 g Weizenmehl
1 Pck. Backpulver
1 Pck. Saucen-Pulver Vanille-Geschmack
½ Döschen gemahlener Safran (0,1 g)
180 g Zucker
5 Eier (Größe M)
100 g Kefir
125 ml (⅛ l) Speiseöl

Zum Bestreichen:
2 EL Aprikosenkonfitüre
1 EL Wasser
evtl. einige Tropfen Rosenwasser

Zubereitungszeit:
35 Minuten

Insgesamt:
E: 98 g, F: 194 g, Kh: 606 g,
kJ: 19956, kcal: 4767

GUT VORZUBEREITEN – ETWAS TEURER

1 Zum Vorbereiten Pinienkerne in einer Pfanne ohne Fett goldbraun rösten. Aprikosen und Datteln in kleine Würfel schneiden. Aprikosen, Datteln, Rosinen und Pinienkerne mischen.

2 Für den Teig Mehl mit Backpulver mischen, in eine verschließbare Schüssel (3-Liter-Inhalt) sieben, mit Saucenpulver, Safran und Zucker mischen. Eier, Kefir und Öl hinzufügen, Schüssel mit dem Deckel fest verschließen. Mehrmals (insgesamt 15–30 Sekunden, je nach Menge der Zutaten) kräftig schütteln, so dass alle Zutaten gut vermischt sind. Alles mit einem Schneebesen oder Rührlöffel nochmals sorgfältig durchrühren, damit vor allem trockene Zutaten vom Rand mit untergerührt werden.

3 Vorbereitete Trockenobst-Nuss-Mischung halbieren. Eine Hälfte der Mischung unter den Teig heben.

4 Teig in eine Springform (Ø 26 cm, Boden gefettet) füllen, glatt streichen. Restliche Trockenobst-Nuss-Mischung darüber streuen. Die Form auf dem Rost in den Backofen schieben.

Ober-/Unterhitze: etwa 180 °C (vorgeheizt)
Heißluft: etwa 160 °C (nicht vorgeheizt)
Gas: Stufe 2–3 (nicht vorgeheizt)
Backzeit: etwa 45 Minuten.

5 Den Kuchen etwa 10 Minuten in der Form stehen lassen, aus der Form lösen und auf einem Kuchenrost erkalten lassen.

6 Zum Bestreichen Konfitüre durch ein Sieb streichen, mit Wasser aufkochen, Rosenwasser einrühren. Kuchen damit bestreichen und fest werden lassen.

Tipp: *Den Kuchen, sollte er zu dunkel werden, evtl. mit Backpapier abdecken.*

Macadamianuss-Kuchen

Zutaten

Zum Vorbereiten:
1 Becher (250 ml [¼ l]) Schlagsahne

1 Tafel (100 g) Trauben-Nuss-Schokolade
75 g geröstete Macadamianusskerne (ohne Öl geröstet)

Für den Biskuitteig:
4 Eier (Größe M)
2 EL heißes Wasser
⅔ Becher (150 g) Zucker
1 Pck. Vanillin-Zucker
1 ½ Becher (225 g) Weizenmehl
2 gestr. EL Speisestärke
2 gestr. TL Backpulver
8 EL Speiseöl

Für den Belag:
1 EL gesiebter Puderzucker
1 Pck. Sahnesteif

Zum Besprenkeln und Bestreuen:
40 g dunkle Kuchenglasur
25 g geröstete Macadamianusskerne (ohne Öl geröstet)

Zum Garnieren:
75 g grüne, kernlose Weintrauben
nach Belieben Puderzucker

Zubereitungszeit:
45 Minuten, ohne Abkühlzeit

Insgesamt:
E: 77 g, F: 283 g, Kh: 486 g,
kJ: 20777, kcal: 4965

1. Zum Vorbereiten Sahne in einen hohen Rührbecher geben und zugedeckt kalt stellen. Den Becher auswaschen, abtrocknen und zum Abmessen verwenden. Schokolade und Nusskerne fein hacken.

2. Für den Teig Eier und Wasser mit Handrührgerät mit Rührbesen auf höchster Stufe in 1 Minute schaumig schlagen. Zucker und Vanillin-Zucker mischen, in 1 Minute einstreuen, dann noch etwa 2 Minuten schlagen.

3. Mehl mit Speisestärke und Backpulver mischen, die Hälfte davon auf die Eiercreme sieben, kurz auf niedrigster Stufe unterrühren. Restliches Mehlgemisch auf die gleiche Weise unterarbeiten. Speiseöl, fein gehackte Nusskerne und Schokolade vorsichtig unterheben.

4. Den Teig in eine Springform (Ø 22 cm, Boden gefettet, mit Backpapier belegt) füllen. Die Form auf dem Rost in den Backofen schieben.

Ober-/Unterhitze: etwa 180 °C (vorgeheizt)
Heißluft: etwa 160 °C (nicht vorgeheizt)
Gas: Stufe 2–3 (nicht vorgeheizt)
Backzeit: etwa 50 Minuten.

5. Den Gebäckboden aus der Form lösen und auf einen mit Backpapier belegten Kuchenrost stürzen. Mitgebackenes Backpapier entfernen. Boden erkalten lassen.

6. Für den Belag die kalt gestellte Sahne mit Puderzucker und Sahnesteif steif schlagen. Die Sahne auf den Gebäckboden geben und mit einem Esslöffel wellenartig verstreichen.

7. Zum Besprenkeln und Bestreuen Kuchenglasur in einem kleinen Topf nach Packungsanleitung auflösen, etwas abkühlen lassen. Nusskerne fein hacken.

8. Zum Garnieren Weintrauben heiß abspülen, trockentupfen und halbieren. Weintrauben auf die Sahne legen, Nusskerne darauf streuen. Kuchenoberfläche mit Kuchenglasur besprenkeln, erkalten stellen. Nach Belieben mit Puderzucker bestäuben.

Krümelkuchen

Zutaten

Für den Teig:
150 g Weizenmehl
3 gestr. TL Backpulver
1 Pck. Saucen-Pulver Vanille-Geschmack
100 g Zucker
1 Pck. Vanillin-Zucker
4 Eier (Größe M)
150 g zerlassene, abgekühlte Butter oder Margarine

Für den Guss:
etwa 2 EL Nesquik Schoko-Sirup

Für die Krümel:
100 g fein gewürfelte Schokoladen-Orangenbiskuits

Zum Bestäuben:
1 EL Puderzucker

Zum Verzieren:
200 ml Schlagsahne
1 Pck. Vanillin-Zucker
1 Pck. Sahnesteif
Schokoladen-Orangenbiskuits

Zubereitungszeit:
25 Minuten, ohne Abkühlzeit

Insgesamt:
E: 65 g, F: 232 g, Kh: 360 g,
kJ: 16380, kcal: 3915

FÜR KINDER

1. Für den Teig Mehl mit Backpulver mischen, in eine verschließbare Schüssel (3-Liter-Inhalt) sieben, mit Saucen-Pulver, Zucker und Vanillin-Zucker mischen. Eier und Butter oder Margarine hinzufügen, Schüssel mit dem Deckel fest verschließen. Mehrmals (insgesamt 15–30 Sekunden, je nach Menge der Zutaten) kräftig schütteln, so dass alle Zutaten gut vermischt sind. Alles mit einem Schneebesen oder Rührlöffel nochmals sorgfältig durchrühren, damit vor allem trockene Zutaten vom Rand mit untergerührt werden.

2. Den Teig in eine Springform (Ø 26 cm, Boden gefettet) füllen und glatt streichen.

3. Für den Guss Schoko-Sirup direkt aus der Flasche spiralförmig auf den Teig spritzen.

4. Für die Krümel Gebäckwürfel über den Teig streuen. Die Form auf dem Rost in den Backofen schieben.

Ober-/Unterhitze: etwa 180 °C (vorgeheizt)
Heißluft: etwa 160 °C (nicht vorgeheizt)
Gas: Stufe 2–3 (nicht vorgeheizt)
Backzeit: 35–40 Minuten.

5. Den Kuchen aus der Form lösen und auf einem Kuchenrost erkalten lassen. Mit Puderzucker bestäuben.

6. Zum Verzieren Sahne ½ Minute schlagen, Vanillin-Zucker mit Sahnesteif mischen, einrieseln lassen. Sahne steif schlagen, in einen Spritzbeutel mit Sterntülle füllen. Torte mit der Sahne und Schokoladen-Orangenbiskuits verzieren.

Mohnkuchen mit Johannisbeeren

Zutaten

Zum Vorbereiten:
1 Becher (150 ml) Naturjoghurt

Für den Schüttelteig:
3 Becher (330 g) Weizenmehl
2 gestr. TL Backpulver
1 Becher (150 g) Zucker
2 Pck. Vanillin-Zucker
1 Msp. Salz
1 Pck. Finesse Geriebene Zitronenschale
3 Eier (Größe M)
gut 1 Becher (150 ml) Speiseöl
½ Becher (50 g) Mohnsamen

Für den Belag:
1 Pck. Tortenguss, rot
2 EL Zucker, 6 EL Kirschwasser
6 EL Johannisbeersaft
300 g TK-Johannisbeeren

Zum Garnieren:
125 g frische Johannisbeeren
einige Zitronenmelisse-Blättchen
Puderzucker zum Bestäuben

Zubereitungszeit:
35 Minuten

Insgesamt:
E: 79 g, F: 201 g, Kh: 533 g,
kJ: 19524, kcal: 4666

---

1 Zum Vorbereiten Joghurt in eine Schüssel geben und beiseite stellen. Den Becher auswaschen, abtrocknen und zum Abmessen verwenden.

2 Für den Teig Mehl mit Backpulver mischen, in eine verschließbare Schüssel (3-Liter-Inhalt) sieben, mit Zucker, Vanillin-Zucker, Salz und Zitronenschale mischen. Eier, Speiseöl und den beiseite gestellten Joghurt hinzufügen. Schüssel mit dem Deckel fest verschließen.

3 Mehrmals (insgesamt 15–30 Sekunden) kräftig schütteln, so dass alle Zutaten gut vermischt sind. Mohnsamen hinzugeben. Alles mit einem Schneebesen oder Rührlöffel nochmals sorgfältig durchrühren, damit vor allem trockene Zutaten vom Rand mit untergerührt werden. Den Teig in eine Springform (Ø 26 cm, Boden gefettet, bemehlt) geben und glatt streichen.

4 Für den Belag Tortengusspulver mit Zucker, Kirschwasser und Johannisbeersaft verrühren. Die gefrorenen Johannisbeeren vorsichtig unterrühren. Die Johannisbeermasse auf dem Teigboden verteilen und mit einer Gabel spiralförmig unter den Teig ziehen. Die Form auf dem Rost in den Backofen schieben.

Ober-/Unterhitze: etwa 180 °C (vorgeheizt)
Heißluft: etwa 160 °C (vorgeheizt)
Gas: Stufe 2–3 (vorgeheizt)
Backzeit: etwa 30 Minuten.

5 Die Form auf einen Kuchenrost stellen. Den Kuchen etwa 10 Minuten in der Form stehen lassen, dann aus der Form lösen und auf einem Kuchenrost erkalten lassen.

6 Die Kuchenoberfläche mit Johannisbeeren und Melisse-Blättchen garnieren. Mit Puderzucker bestäuben.

Mandel-Orangen-Kuchen

Zutaten

Für den Teig:
250 g Weizenmehl
1 gestr. TL Backpulver
175 g Zucker
1 Pck. Vanillin-Zucker
50 g Hartweizengrieß
1 Msp. gemahlener Zimt
½ TL Finesse Orangenfrucht
4 Eier (Größe M)
125 g zerlassene, abgekühlte Butter oder Margarine
100 ml Speiseöl
150 g abgezogene, gemahlene Mandeln

Für die Füllung:
250 g Orangenmarmelade

Zum Bestreuen:
50 g abgezogene, gehobelte Mandeln

Zum Bestäuben:
Puderzucker

Zubereitungszeit:
25 Minuten

Insgesamt:
E: 106 g, F: 339 g, Kh: 525 g, kJ: 24521, kcal: 5857

RAFFINIERT

1 Für den Teig Mehl und Backpulver mischen, in eine verschließbare Schüssel (3-Liter-Inhalt) sieben, mit Zucker, Vanillin-Zucker, Grieß, Zimt und Orangenfrucht mischen. Eier, Butter oder Margarine und Öl hinzufügen, Schüssel mit dem Deckel fest verschließen. Mehrmals (insgesamt 15–30 Sekunden, je nach Menge der Zutaten) kräftig schütteln, so dass alle Zutaten gut vermischt sind. Mandeln hinzugeben. Alles mit einem Schneebesen oder Rührlöffel nochmals sorgfältig durchrühren, damit vor allem trockene Zutaten vom Rand mit untergerührt werden.

2 Zwei gut gehäufte Esslöffel des Teiges in einen Spritzbeutel mit kleiner Lochtülle oder in ein Schälchen füllen. Den restlichen Teig in eine Springform (Ø 26 cm, gefettet) geben und glatt streichen.

3 Für die Füllung Marmelade auf dem Teig verteilen. Teigrest mit dem Spritzbeutel gitterartig, mit großem Abstand darüber spritzen oder mit dem Teelöffel kleine Häufchen darauf verteilen, mit Mandelblättchen bestreuen. Die Form auf dem Rost in den Backofen schieben.

Ober-/Unterhitze: etwa 180 °C (vorgeheizt)
Heißluft: etwa 160 °C (nicht vorgeheizt)
Gas: Stufe 2–3 (nicht vorgeheizt)
Backzeit: etwa 40 Minuten.

4 Den Kuchen aus der Form lösen und auf einem Kuchenrost erkalten lassen. Kuchen mit Puderzucker bestäuben.

Apfelmuskuchen mit Haferflocken

Zutaten

Zum Vorbereiten:
2 Becher (je 250 g) Schmand

Für den All-in-Teig:
1 ¼ Becher (200 g) Weizenmehl
3 gestr. TL Backpulver
¾ Becher (150 g) Zucker
1 Pck. Vanillin-Zucker
½ TL gemahlener Zimt
1 Prise Salz
½ TL Finesse Geriebene Zitronenschale
4 Eier (Größe M)
6 EL Speiseöl
2 Becher (200 g) Haferflocken
1 Glas Apfelmus (Einwaage 355 g)

Für die Krokantmasse:
6–7 EL Haferflocken
2 EL Sonnenblumenkerne
4 EL Zucker

Zubereitungszeit:
45 Minuten, ohne Abkühlzeit

Insgesamt:
E: 106 g, F: 219 g, Kh: 599 g, kJ: 20798, kcal: 4970

FÜR KINDER – EINFACH

1. Zum Vorbereiten Schmand in eine Schüssel geben und zugedeckt kalt stellen. Einen Schmandbecher auswaschen, abtrocknen und zum Abmessen verwenden.

2. Für den Teig Mehl mit Backpulver mischen und in eine Rührschüssel sieben. Zucker, Vanillin-Zucker, Zimt, Salz, Zitronenschale, Eier, Speiseöl und ½ Becher (125 g) von dem kalt gestellten Schmand hinzufügen. Die Zutaten in 2 Minuten mit Handrührgerät mit Rührbesen auf höchster Stufe zu einem glatten Teig verarbeiten. Haferflocken und Apfelmus unterrühren.

3. Den Teig in eine Springform (Ø 26 cm, Boden gefettet) geben und glatt streichen. Die Form auf dem Rost in den Backofen schieben.

Ober-/Unterhitze: etwa 180 °C (vorgeheizt)
Heißluft: etwa 160 °C (nicht vorgeheizt)
Gas: Stufe 2–3 (nicht vorgeheizt)
Backzeit: etwa 55 Minuten.

4. Die Form auf einen Kuchenrost stellen. Den restlichen, kalt gestellten Schmand verrühren und auf den heißen Kuchen streichen. Den Kuchen erkalten lassen.

5. Für die Krokantmasse Haferflocken und Sonnenblumenkerne in einer Pfanne ohne Fett goldbraun rösten und aus der Pfanne nehmen. Zucker in der Pfanne schmelzen lassen. Die Sonnenblumenkern-Haferflocken-Mischung dazugeben und mit dem Zucker goldbraun karamellisieren. Die Krokantmasse auf ein Stück Backpapier geben und erkalten lassen.

6. Die Krokantmasse mit den Händen zerkrümeln. Krokantstreusel auf den Kuchen streuen.

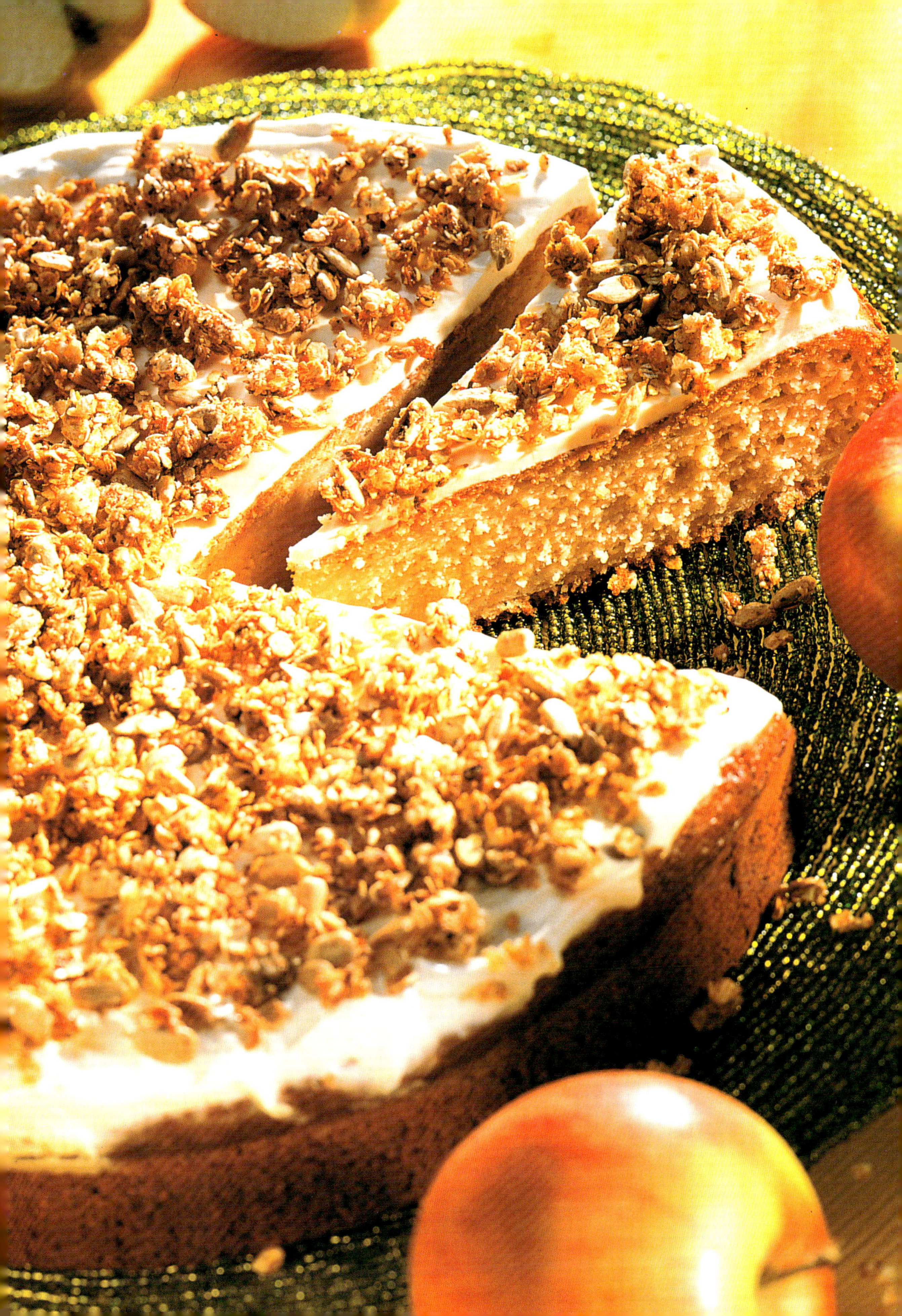

Nusskuchen

Zutaten

Für den Teig:
- 300 g Weizenmehl
- 1 Pck. Backpulver
- 150 g Zucker
- 1 Pck. Vanillin-Zucker
- 4 Eier (Größe M)
- 100 g zerlassene, abgekühlte Butter oder Margarine
- 150 ml Eierlikör
- 1 Pck. Finesse Amaretto-Bittermandel-Aroma
- 50 g gemahlene Haselnusskerne
- 100 g Raspelschokolade

Für den Guss:
- 100 g Halbbitter-Kuvertüre
- 20 g Kokosfett

Zum Bestreuen:
- 100 g weiße Kuvertüre

Zubereitungszeit:
30 Minuten, ohne Abkühlzeit

Insgesamt:
E: 99 g, F: 270 g, Kh: 594 g, kJ: 23425, kcal: 5595

GUT VORZUBEREITEN

---

1. Für den Teig Mehl mit Backpulver mischen, in eine verschließbare Schüssel (3-Liter-Inhalt) sieben, mit Zucker und Vanillin-Zucker mischen. Eier, Butter oder Margarine, Eierlikör und Aroma hinzufügen, Schüssel mit dem Deckel fest verschließen. Mehrmals (insgesamt 15–30 Sekunden, je nach Menge der Zutaten) kräftig schütteln, so dass alle Zutaten gut vermischt sind. Haselnusskerne und Raspelschokolade hinzugeben, alles mit einem Schneebesen oder Rührlöffel nochmals sorgfältig durchrühren, damit vor allem trockene Zutaten vom Rand mit untergerührt werden.

2. Den Teig in eine Springform (Ø 26 cm, gefettet) füllen und glatt streichen. Die Form auf dem Rost in den Backofen schieben.

Ober-/Unterhitze: etwa 180 °C (vorgeheizt)
Heißluft: etwa 160 °C (nicht vorgeheizt)
Gas: Stufe 2–3 (nicht vorgeheizt)
Backzeit: etwa 40 Minuten.

3. Kuchen aus der Form lösen und auf einem Kuchenrost erkalten lassen.

4. Für den Guss Kuvertüre in kleine Stücke hacken, mit dem Kokosfett in einem kleinen Topf im Wasserbad bei schwacher Hitze zu einer geschmeidigen Masse verrühren. Den Kuchen mit dem Guss überziehen.

5. Zum Bestreuen die Kuvertüre mit einem Sparschäler raspeln. Die Raspel auf den noch nicht ganz fest gewordenen Guss streuen, so dass sie am Kuchen haften bleiben, aber nicht schmelzen.

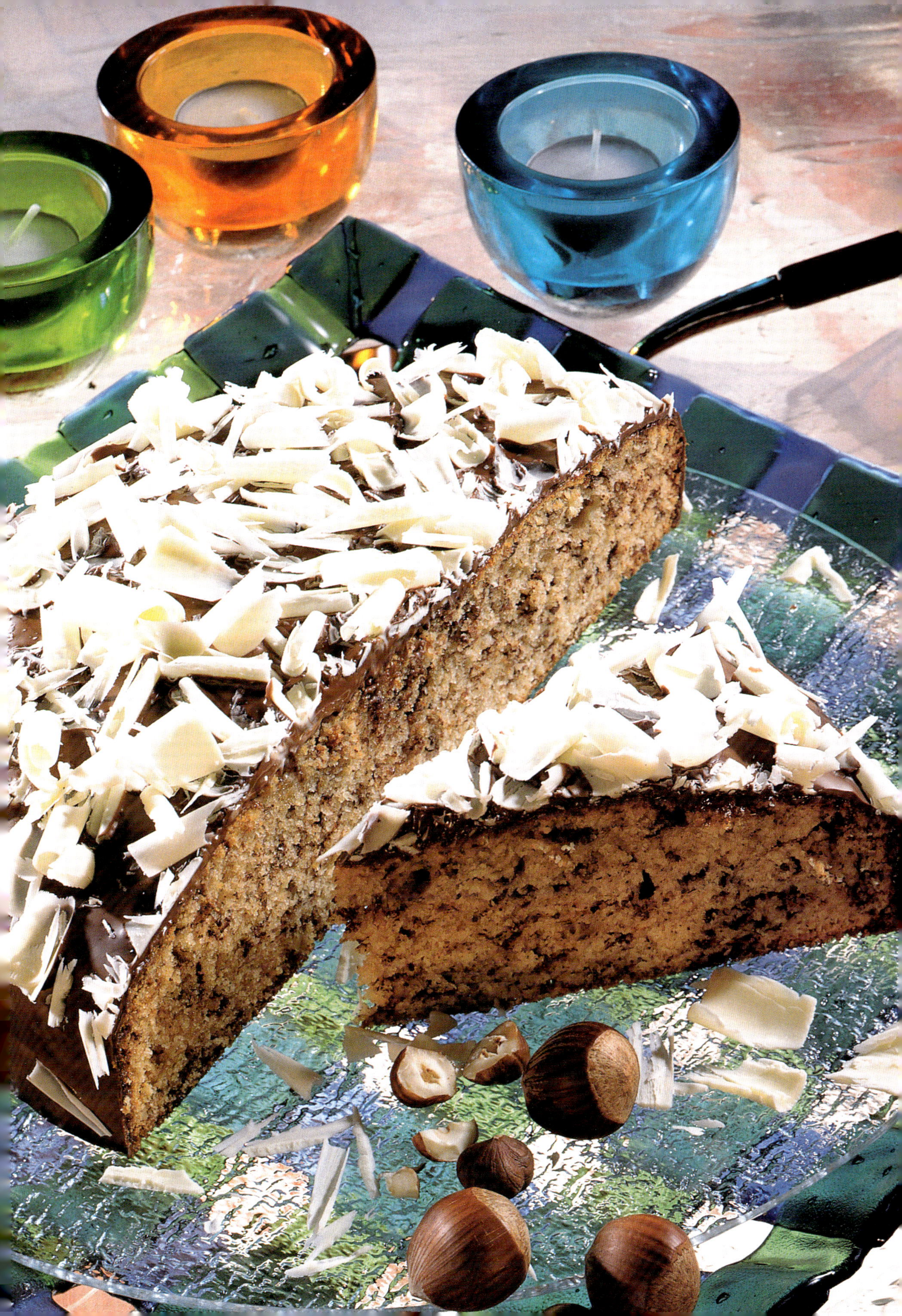

Apfel-Preiselbeer-Kuchen mit Cornflakes

Zutaten

1 Tasse ≙ 200 ml

Zum Vorbereiten:
4 Äpfel (etwa 500 g)
2 EL Zitronensaft
½ Pck. (100 g) Marzipan-Rohmasse

Für den Rührteig:
½ Pck. (125 g) Butter oder Margarine
⅔ Tasse (100 g) Zucker
1 Pck. Vanillin-Zucker
3 Eier (Größe M)
2 ½ Tassen (250 g) Weizenmehl
2 gestr. TL Backpulver
4 EL Milch

Für den Belag:
¼ Pck. (60 g) Butter
⅔ Tasse (100 g) Zucker
2 EL Schlagsahne
2 Tassen (50 g) Cornflakes
½ kleines Glas (100 g) Wild-Preiselbeeren

Zubereitungszeit:
90 Minuten

Insgesamt:
E: 71 g, F: 220 g, Kh: 551 g, kJ: 19349, kcal: 4621

FÜR KINDER

1 Zum Vorbereiten Äpfel schälen, vierteln und entkernen. Apfelviertel in dickere Spalten schneiden und mit Zitronensaft beträufeln. Marzipan-Rohmasse in kleine Stücke schneiden.

2 Für den Teig Butter oder Margarine und Marzipan-Rohmasse mit Handrührgerät mit Rührbesen auf höchster Stufe geschmeidig rühren. Nach und nach Zucker und Vanillin-Zucker unterrühren. So lange rühren, bis eine gebundene Masse entstanden ist. Eier nach und nach unterrühren (jedes Ei etwa ½ Minute). Mehl mit Backpulver mischen, sieben, abwechselnd portionsweise mit der Milch auf mittlerer Stufe unterrühren.

3 Den Teig in eine Springform (Ø 26 cm, Boden gefettet) geben und glatt streichen. Apfelspalten darauf verteilen. Die Form auf dem Rost in den Backofen schieben.

Ober-/Unterhitze: etwa 180 °C (vorgeheizt)
Heißluft: etwa 160 °C (nicht vorgeheizt)
Gas: Stufe 2–3 (nicht vorgeheizt)
Backzeit: etwa 45 Minuten.

4 Die Form auf einen Kuchenrost stellen. Für den Belag Butter, Zucker und Sahne in einem kleinen Topf zum Kochen bringen. Den Topf von der Kochstelle nehmen und Cornflakes unterrühren. Wild-Preiselbeeren in die Zwischenräume der Apfelspalten geben. Den Cornflakes-Guss gleichmäßig darauf verteilen. Die Form wieder auf dem Rost in den Backofen schieben und den Kuchen fertig backen.

Ober-/Unterhitze: etwa 180 °C (vorgeheizt)
Heißluft: etwa 160 °C (vorgeheizt)
Gas: Stufe 2–3 (vorgeheizt)
Backzeit: etwa 15 Minuten.

5 Den Kuchen aus der Form lösen und auf einem Kuchenrost erkalten lassen.

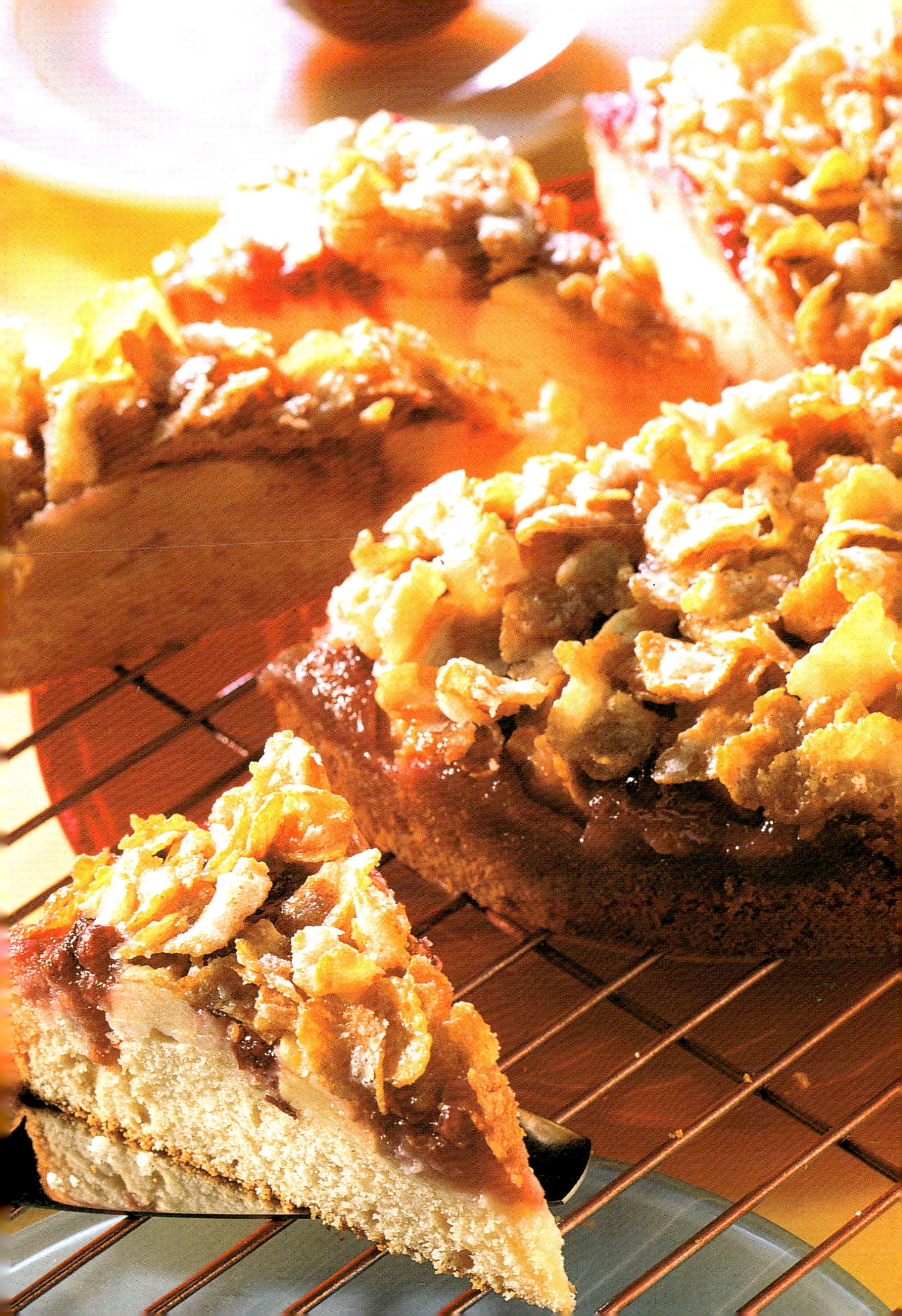

Getränkter Orangenkuchen

Zutaten

Für den Teig:
350 g Weizenmehl
50 g Speisestärke
2 gestr. TL Backpulver
300 g Zucker
1 Pck. Vanillin-Zucker
abgeriebene Schale von
1 Orange (unbehandelt)
abgeriebene Schale von
½ Zitrone (unbehandelt)
6 Eier (Größe M)
350 g zerlassene, abgekühlte
Butter oder Margarine

Zum Tränken:
250 ml (¼ l) Orangensaft
Saft von 1 Zitrone
(etwa 3 EL)
abgeriebene Schale von
1 Orange (unbehandelt)
abgeriebene Schale von
½ Zitrone (unbehandelt)
100 g Zucker

Zubereitungszeit:
40 Minuten

Insgesamt:
E: 89 g, F: 331 g, Kh: 737 g,
kJ: 27088, kcal: 6473

ERFRISCHEND

1. Für den Teig Mehl, Speisestärke und Backpulver in eine verschließbare Schüssel (3-Liter-Inhalt) sieben, mit Zucker, Vanillin-Zucker, Orangen- und Zitronenschale mischen. Eier und Butter oder Margarine hinzufügen, Schüssel mit dem Deckel fest verschließen. Mehrmals (insgesamt 15–30 Sekunden, je nach Menge der Zutaten) kräftig schütteln, so dass alle Zutaten gut vermischt sind. Alle Zutaten mit einem Schneebesen oder Rührlöffel nochmals sorgfältig durchrühren, damit vor allem trockene Zutaten vom Rand mit untergerührt werden.

2. Den Teig in eine Napfkuchenform (Ø 24 cm, gefettet, bemehlt) füllen. Die Form auf dem Rost in den Backofen schieben.

Ober-/Unterhitze: 180–200 °C (vorgeheizt)
Heißluft: 160–180 °C (nicht vorgeheizt)
Gas: etwa Stufe 3 (nicht vorgeheizt)
Backzeit: etwa 60 Minuten.

3. Den Kuchen etwa 10 Minuten in der Form auf einen Kuchenrost stellen, dann aus der Form lösen, stürzen und in die gesäuberte Form zurückgeben. Mehrmals mit einem Holzstäbchen einstechen.

4. Zum Tränken Orangen- und Zitronensaft durch ein Sieb geben, dann mit Orangen- und Zitronenschale und Zucker verrühren. Die Hälfte des Saftes über den Kuchen gießen, den Kuchen stürzen. Die Oberfläche des Kuchens mehrmals mit einem Holzstäbchen einstechen und den restlichen Saft (durch ein Sieb geben) darüber gießen.

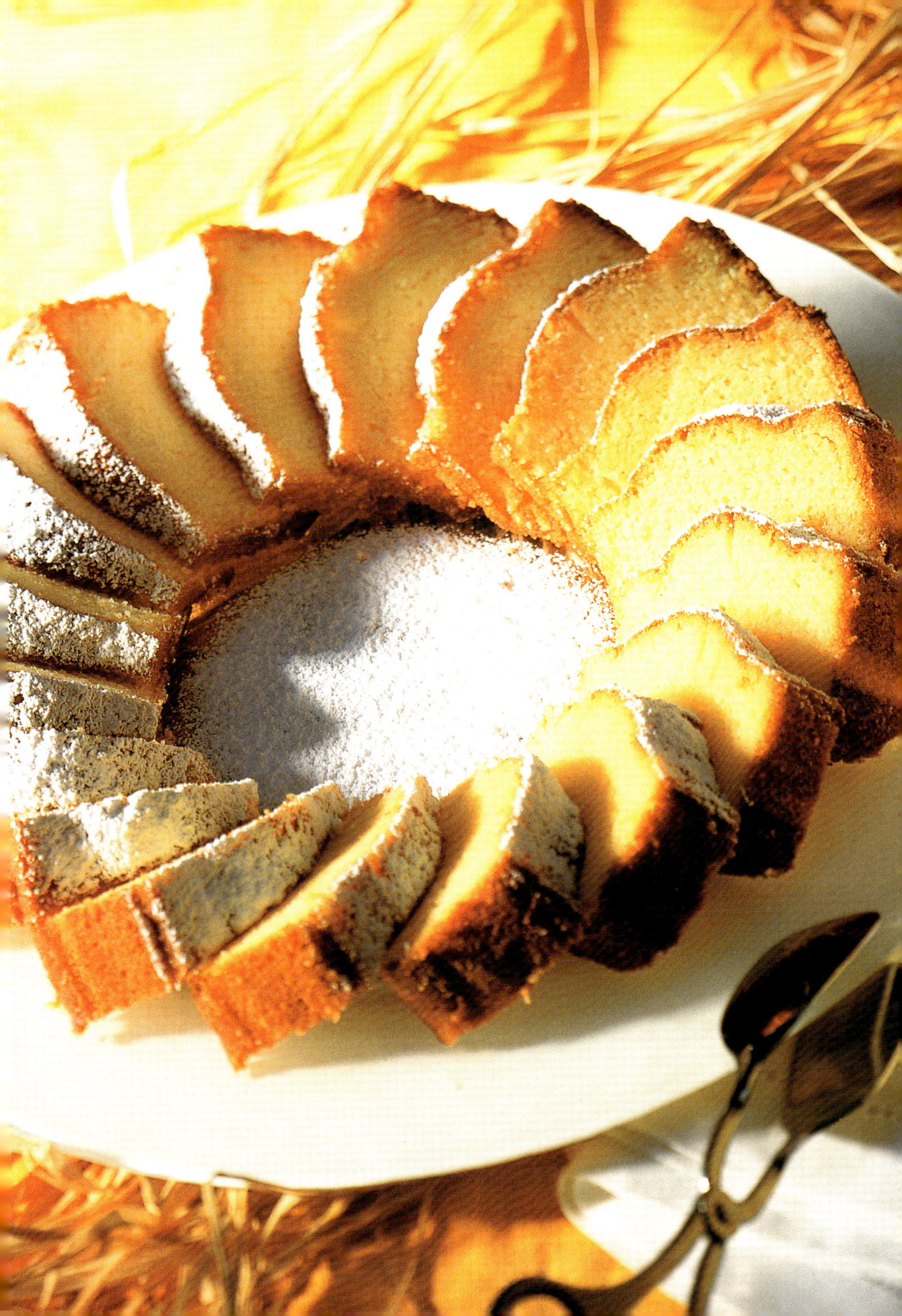

Eierlikör-Pflaumen-Kuchen

Zutaten
1 Tasse ≙ 200 ml

Für den Rührteig:
1 Pck. (250 g) Butter oder Margarine
1 Tasse (150 g) Zucker
1 Pck. Vanillin-Zucker
3 Eier (Größe M)
2 Tassen (200 g) Weizenmehl
1 Tasse (100 g) Speisestärke
½ Pck. Backpulver
½ Tasse (100 ml) Eierlikör
1 Tasse (120 g) Pflaumenmus
4 EL abgezogene, gehackte Mandeln

Für die Form:
3 EL abgezogene, gehobelte Mandeln

Zum Bestäuben:
2 EL Puderzucker

Zubereitungszeit:
35 Minuten, ohne Abkühlzeit

Insgesamt:
E: 66 g, F: 270 g, Kh: 496 g, kJ: 20989, kcal: 5014

*EINFACH –
MIT ALKOHOL*

1. Für den Teig Butter oder Margarine mit Handrührgerät mit Rührbesen auf höchster Stufe geschmeidig rühren. Nach und nach Zucker und Vanillin-Zucker unterrühren. So lange rühren, bis eine gebundene Masse entstanden ist.

2. Eier nach und nach unterrühren (jedes Ei etwa ½ Minute). Mehl mit Speisestärke und Backpulver mischen, sieben, abwechselnd portionsweise mit Eierlikör auf mittlerer Stufe unterrühren.

3. Pflaumenmus mit Mandeln verrühren. Ein Drittel des Teiges in eine Kastenform (25 x 11 cm, gefettet, mit Mandeln ausgestreut) geben. Die Hälfte der Pflaumenmus-Masse auf dem Teig verteilen, jedoch nicht bis an den Rand der Form, damit der Kuchen nicht in der Form haften bleibt. Wieder ein Drittel des Teiges darauf geben. Restliche Pflaumenmus-Masse darauf verteilen und mit dem restlichen Teig bestreichen. Die Form auf dem Rost in den Backofen schieben.

Ober-/Unterhitze: etwa 180 °C (vorgeheizt)
Heißluft: etwa 160 °C (nicht vorgeheizt)
Gas: Stufe 2–3 (nicht vorgeheizt)
Backzeit: etwa 65 Minuten.

4. Den Kuchen in der Form auf einem Kuchenrost etwas abkühlen lassen. Dann aus der Form lösen und auf einen Kuchenrost geben. Den Kuchen erkalten lassen und mit Puderzucker bestäuben.

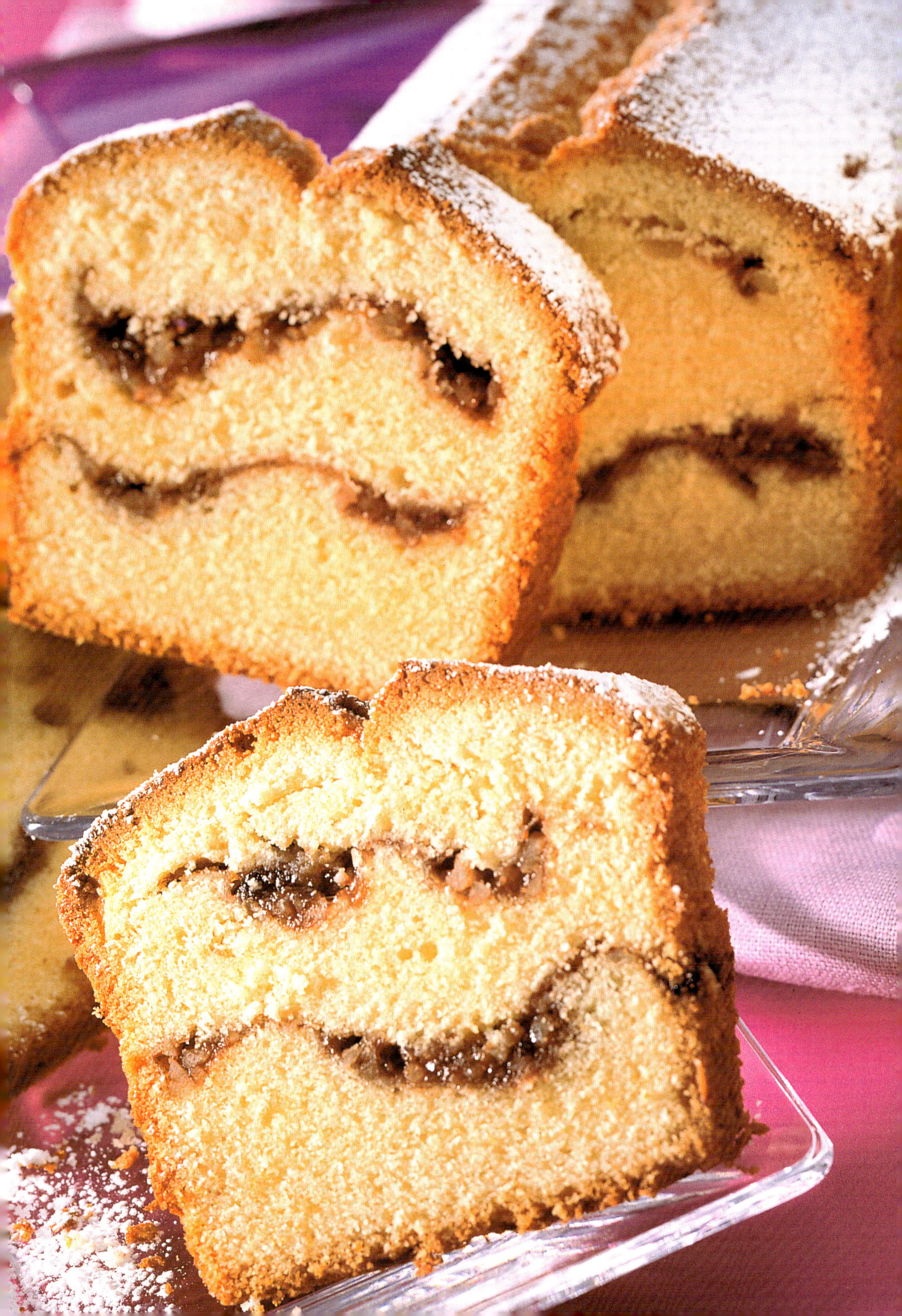

Eierlikörkuchen

Zutaten

Für den Teig:
125 g Weizenmehl
125 g Speisestärke
4 gestr. TL Backpulver
250 g gesiebter Puderzucker
2 Pck. Vanillin-Zucker
5 Eier (Größe M)
250 ml (¼ l) Speiseöl
250 ml (¼ l) Eierlikör

Nach Belieben:
Puderzucker

Zubereitungszeit:
15 Minuten

Insgesamt:
E: 64 g, F: 295 g, Kh: 529 g,
kJ: 23224, kcal: 5545

GUT VORZUBEREITEN

1. Für den Teig Mehl mit Speisestärke und Backpulver mischen, in eine verschließbare Schüssel (3-Liter-Inhalt) sieben, mit Puderzucker und Vanillin-Zucker mischen. Eier, Öl und Eierlikör hinzufügen, Schüssel mit dem Deckel fest verschließen. Mehrmals (insgesamt 15–30 Sekunden, je nach Menge der Zutaten) kräftig schütteln, so dass alle Zutaten gut vermischt sind. Alles mit einem Schneebesen nochmals sorgfältig durchrühren, damit vor allem trockene Zutaten vom Rand mit untergerührt werden.

2. Den Teig in eine Gugelhupfform (Ø 22 cm, gefettet, bemehlt) füllen. Die Form auf dem Rost in den Backofen schieben.

Ober-/Unterhitze: etwa 180 °C (vorgeheizt)
Heißluft: etwa 160 °C (nicht vorgeheizt)
Gas: etwa Stufe 2–3 (nicht vorgeheizt)
Backzeit: etwa 60 Minuten.

3. Kuchen etwa 10 Minuten in der Form stehen lassen, auf einen Kuchenrost stürzen und erkalten lassen.

4. Nach Belieben den Eierlikörkuchen mit Puderzucker bestäuben.

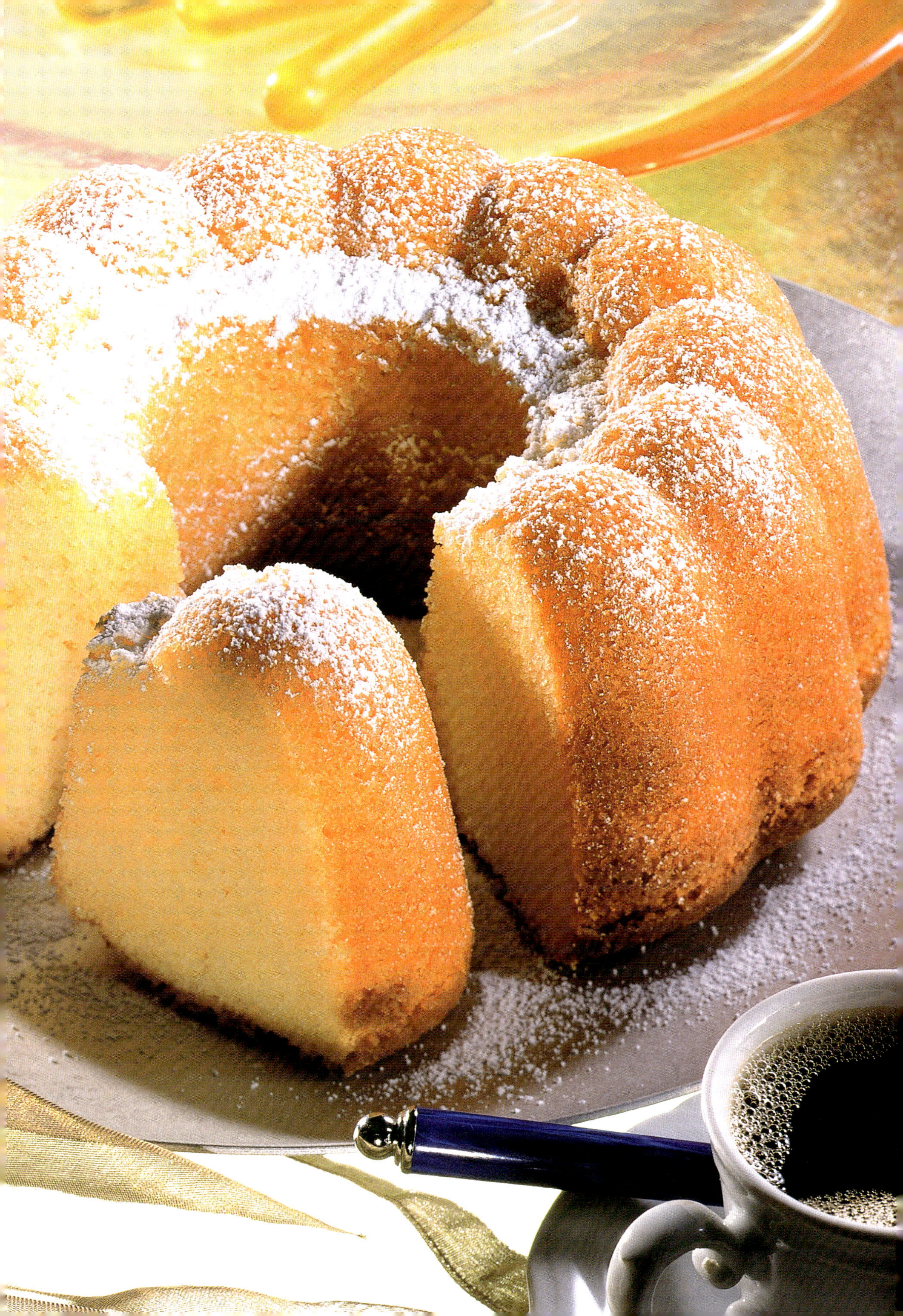

Marmor-Tassenkuchen

Zutaten
1 Tasse ≙ 200 ml

Für den All-in-Teig:
3 Tassen (300 g) Weizenmehl
1 gestr. TL Natron
1 Pck. Backpulver
2 Tassen (300 g) Zucker
1 Pck. Vanillin-Zucker
4 Eier (Größe M)
1 Pck. (250 g) Butter oder Margarine
1 Becher (200 ml) saure Sahne
1 geh. EL gesiebtes Kakaopulver
1 EL Milch

Zum Verzieren:
50 g Halbbitter-Kuvertüre
1 TL Speiseöl

Zubereitungszeit:
25 Minuten, ohne Abkühlzeit

Insgesamt:
E: 75 g, F: 280 g, Kh: 567 g,
kJ: 21913, kcal: 5236

EINFACH – FÜR KINDER

1. Für den Teig Mehl mit Natron und Backpulver mischen und in eine Rührschüssel sieben. Zucker, Vanillin-Zucker, Eier, Butter oder Margarine und Sahne hinzufügen. Die Zutaten in 2 Minuten mit Handrührgerät mit Rührbesen auf höchster Stufe zu einem glatten Teig verarbeiten.

2. Die Hälfte des Teiges in eine Kastenform (25 x 11 cm, gefettet, mit Mehl ausgestäubt) füllen. Unter den restlichen Teig Kakao und Milch rühren.

3. Den dunklen Teig auf dem hellen Teig verteilen. Eine Gabel spiralförmig durch die Teigschichten ziehen, so dass ein Marmormuster entsteht. Die Form auf dem Rost in den Backofen schieben.

Ober-/Unterhitze: etwa 180 °C (vorgeheizt)
Heißluft: etwa 160 °C (nicht vorgeheizt)
Gas: Stufe 2–3 (nicht vorgeheizt)
Backzeit: etwa 50 Minuten.

4. Den Kuchen 10 Minuten in der Form stehen lassen, dann aus der Form lösen und auf einem mit Backpapier belegten Kuchenrost erkalten lassen.

5. Zum Verzieren Kuvertüre in kleine Stücke hacken, mit Speiseöl in einem kleinen Topf im Wasserbad bei schwacher Hitze zu einer geschmeidigen Masse verrühren.

6. Die Masse in ein Pergamentpapiertütchen füllen, eine kleine Ecke abschneiden. Den Kuchen damit besprenkeln. Die Kuvertüre fest werden lassen.

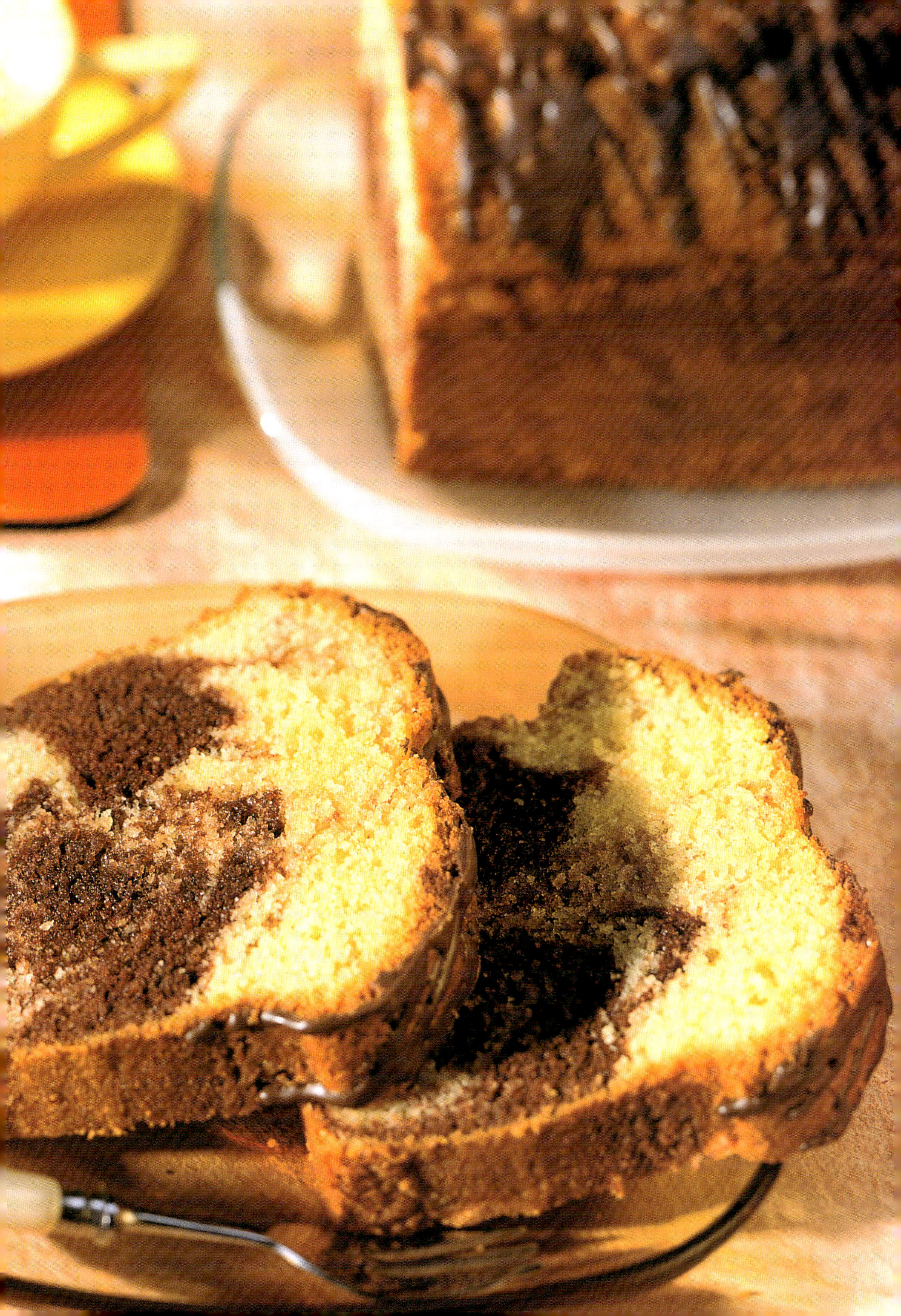

Kokosnusskuchen

Zutaten

Für den Teig:
250 g Weizenmehl
2 gestr. TL Backpulver
150 g Zucker
1 Prise Salz
3 Eier (Größe M)
150 g zerlassene, abgekühlte Butter oder Margarine
150 ml Milch
100 g Kokosraspel

Zum Bestäuben:
Puderzucker

Zubereitungszeit:
20 Minuten

Insgesamt:
E: 62 g, F: 213 g, Kh: 357 g, kJ: 15465, kcal: 3694

SCHNELL

1. Für den Teig Mehl und Backpulver mischen, in eine verschließbare Schüssel (3-Liter-Inhalt) sieben, mit Zucker und Salz mischen. Eier, Butter oder Margarine und Milch hinzufügen, Schüssel mit dem Deckel fest verschließen. Mehrmals (insgesamt 15–30 Sekunden, je nach Menge der Zutaten) kräftig schütteln, so dass alle Zutaten gut vermischt sind. Kokosraspel hinzufügen, alles mit einem Schneebesen oder Rührlöffel nochmals sorgfältig durchrühren, damit vor allem trockene Zutaten vom Rand mit untergerührt werden.

2. Teig in eine Gugelhupfform (Ø 22 cm, gefettet, bemehlt) füllen und glatt streichen. Die Form auf dem Rost in den Backofen schieben.

Ober-/Unterhitze: etwa 180 °C (vorgeheizt)
Heißluft: etwa 160 °C (nicht vorgeheizt)
Gas: Stufe 2–3 (nicht vorgeheizt)
Backzeit: etwa 45 Minuten.

3. Den Kuchen etwa 10 Minuten in der Form stehen lassen, auf einen mit Backpapier belegten Kuchenrost stürzen, erkalten lassen. Den Kuchen mit Puderzucker bestäuben.

Tipp: *Statt Kokosraspel können Sie auch die gleiche Menge gehobelte Haselnusskerne oder gemahlene Mandeln verwenden. Besprenkeln Sie den Kuchen nach dem Erkalten mit aufgelöster Schokolade.*

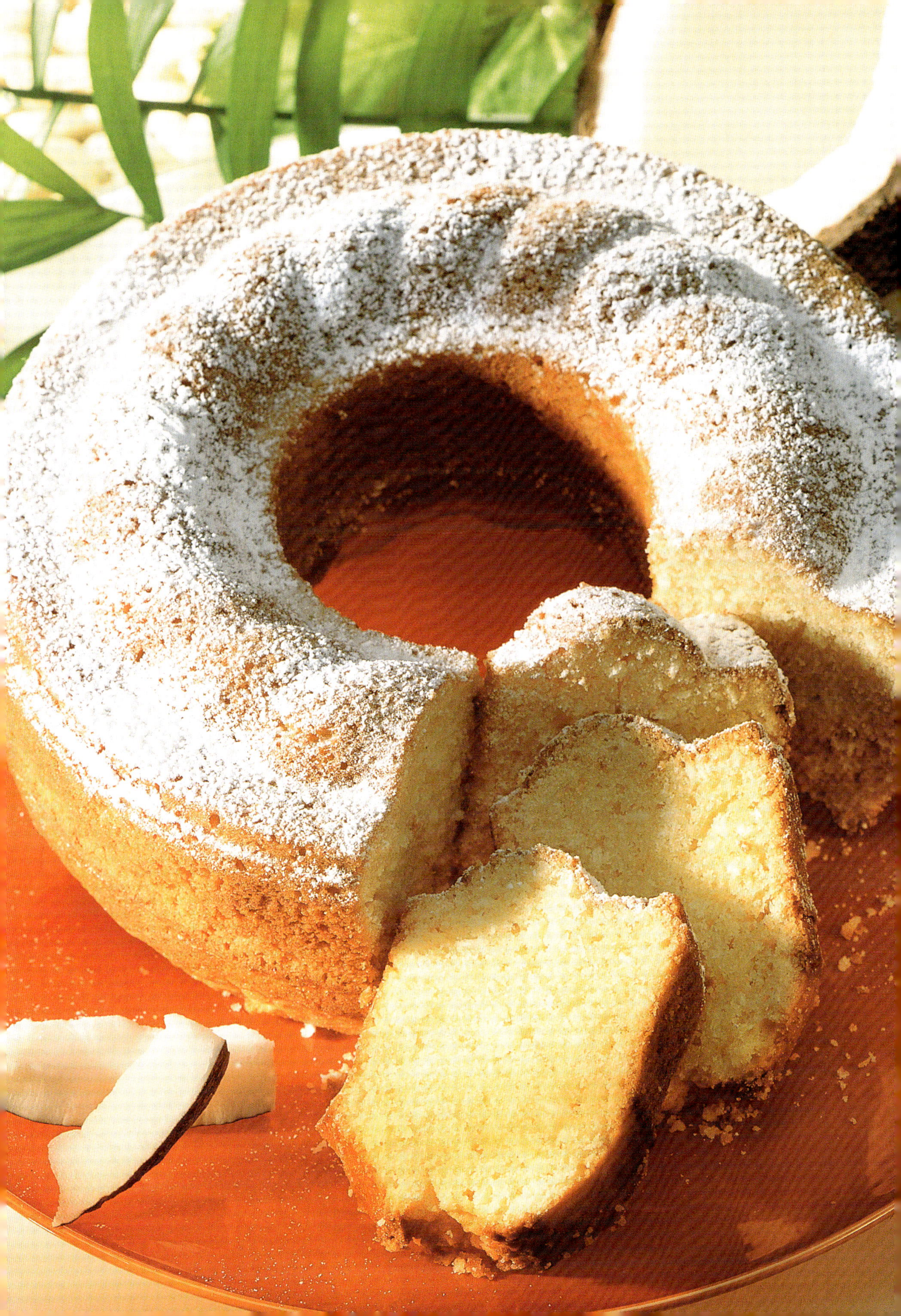

Preiselbeer-Gugelhupf

Zutaten
1 Tasse ≙ 200 ml

Zum Vorbereiten:
1 Pck. (100 g) abgezogene, gestiftelte Mandeln

Für den Rührteig:
1 Pck. (250 g) Butter oder Margarine
1 ½ Tassen (225 g) Zucker
1 Prise Salz
1 Pck. Vanillin-Zucker
4 Eier (Größe M)
4 Tassen (400 g) Weizenmehl
4 gestr. TL Backpulver
1 Glas Preiselbeeren (Einwaage 400 g)

Für den Guss:
1–2 EL Zitronensaft
1 Tasse (125 g) gesiebter Puderzucker

Zubereitungszeit:
35 Minuten, ohne Abkühlzeit

Insgesamt:
E: 96 g, F: 291 g, Kh: 770 g, kJ: 26487, kcal: 6328

RAFFINIERT –
GUT VORZUBEREITEN

1 Zum Vorbereiten Mandeln in einer Pfanne ohne Fett goldbraun rösten. Mandeln erkalten lassen.

2 Für den Teig Butter oder Margarine mit Handrührgerät mit Rührbesen auf höchster Stufe geschmeidig rühren. Nach und nach Zucker, Salz und Vanillin-Zucker unterrühren. So lange rühren, bis eine gebundene Masse entstanden ist.

3 Eier nach und nach unterrühren (jedes Ei etwa ½ Minute). Mehl und Backpulver mischen, sieben und portionsweise auf mittlerer Stufe unterrühren. Preiselbeeren (2 Esslöffel Preiselbeeren beiseite stellen) und die gerösteten Mandeln unterrühren.

4 Den Teig in eine Gugelhupfform (Ø 22 cm, gefettet) geben und glatt streichen. Die Form auf dem Rost in den Backofen schieben.

Ober-/Unterhitze: etwa 180 °C (vorgeheizt)
Heißluft: etwa 160 °C (nicht vorgeheizt)
Gas: Stufe 2–3 (nicht vorgeheizt)
Backzeit: etwa 60 Minuten.

5 Den Gugelhupf 10 Minuten in der Form abkühlen lassen, dann aus der Form lösen und auf einen mit Backpapier belegten Kuchenrost stürzen. Den Gugelhupf erkalten lassen.

6 Für den Guss die beiseite gestellten Preiselbeeren und Zitronensaft durch ein Sieb streichen. Aufgefangenes Püree mit Puderzucker verrühren. Den Kuchen mit dem Guss bestreichen. Guss fest werden lassen.

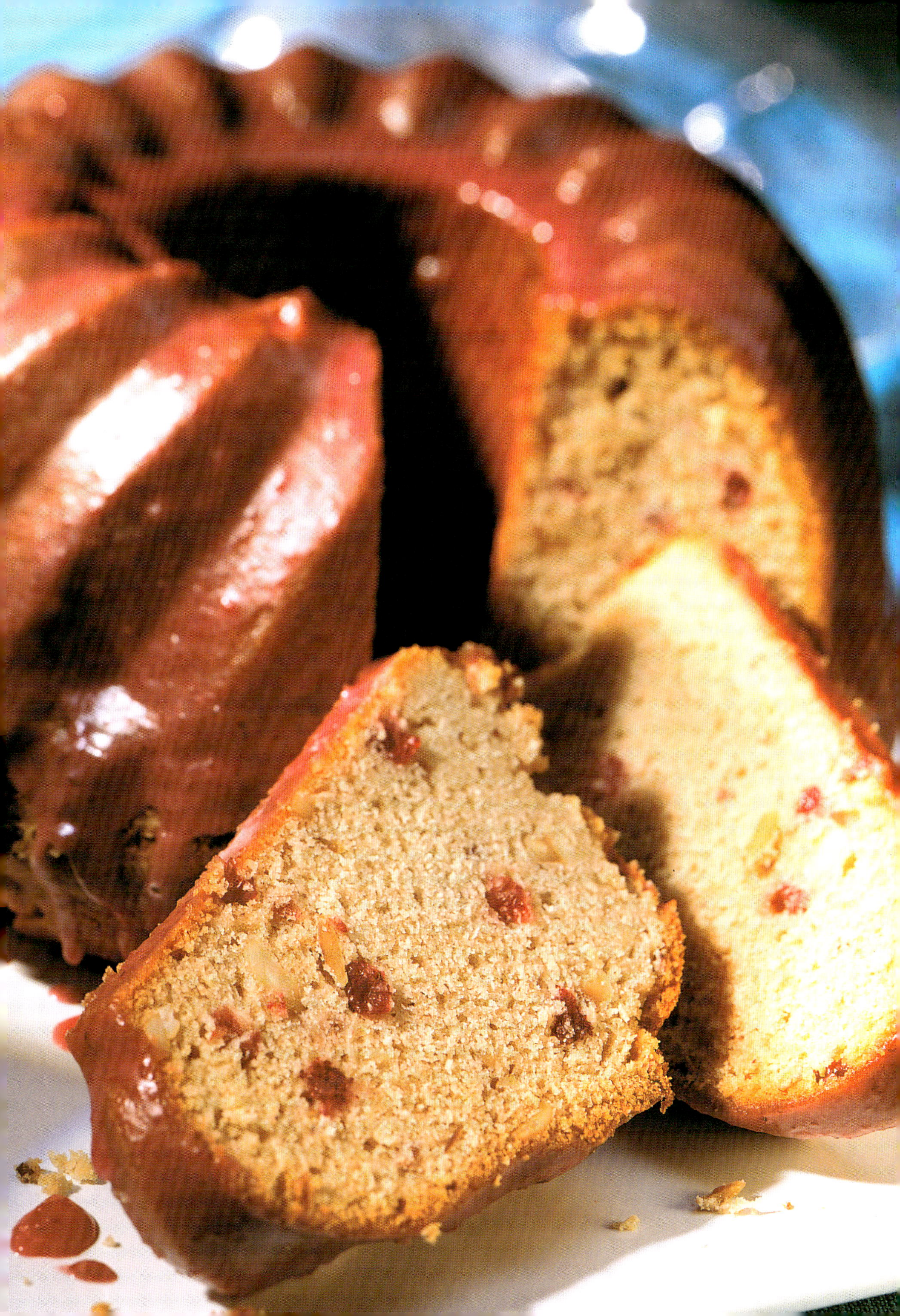

Kirsch-Marmorkuchen

Zutaten
1 Tasse ≙ 250 ml

Für den Rührteig:
1 Pck. (250 g) Butter oder Margarine
1 Tasse (220 g) Zucker
1 Pck. Vanillin-Zucker
1 Prise Salz
4 Eier (Größe M)
3 ½ Tassen (425 g) Weizenmehl
3 gestr. TL Backpulver
½ Tasse (125 ml) Milch
1 Pck. Pudding-Pulver Kirsch-Geschmack, z. B. Fruttina
1 gestr. TL Backpulver
3 EL Zucker
1 geh. EL (10 g) fein gehackter, kandierter Ingwer

Für den Guss:
¾ Tasse (100 g) gesiebter Puderzucker
1 ½ EL Zitronensaft
einige Tropfen rote Speisefarbe

Zum Garnieren:
einige kandierte Kirschen

Zubereitungszeit:
35 Minuten, ohne Abkühlzeit

Insgesamt:
E: 83 g, F: 241 g, Kh: 762 g, kJ: 24164, kcal: 6063

RAFFINIERT – FÜR KINDER

1. Für den Teig Butter oder Margarine mit Handrührgerät mit Rührbesen auf höchster Stufe geschmeidig rühren. Nach und nach Zucker, Vanillin-Zucker und Salz unterrühren. So lange rühren, bis eine gebundene Masse entstanden ist.

2. Eier nach und nach unterrühren (jedes Ei etwa ½ Minute). Mehl und Backpulver mischen, sieben, abwechselnd portionsweise mit der Hälfte der Milch auf mittlerer Stufe unterrühren.

3. Die Hälfte des Teiges in eine Gugelhupfform (Ø 22 cm, gefettet) geben und glatt streichen.

4. Pudding-Pulver und Backpulver mischen, mit Zucker, der restlichen Milch und dem Ingwer unter die zweite Teighälfte rühren.

5. Den roten Teig auf dem hellen Teig verteilen, eine Gabel spiralförmig durch die Teigschichten ziehen, so dass ein Marmormuster entsteht. Die Form auf dem Rost in den Backofen schieben.

Ober-/Unterhitze: etwa 180 °C (vorgeheizt)
Heißluft: etwa 160 °C (nicht vorgeheizt)
Gas: Stufe 2–3 (nicht vorgeheizt)
Backzeit: etwa 55 Minuten.

6. Den Kuchen 10 Minuten in der Form abkühlen lassen, dann aus der Form lösen und auf einen mit Backpapier belegten Kuchenrost stürzen. Kuchen erkalten lassen.

7. Für den Guss Puderzucker, Zitronensaft und Speisefarbe zu einer dickflüssigen Masse verrühren. Den Kuchen mit dem Guss bestreichen.

8. Zum Garnieren Kirschen halbieren und auf den feuchten Guss legen. Guss fest werden lassen.

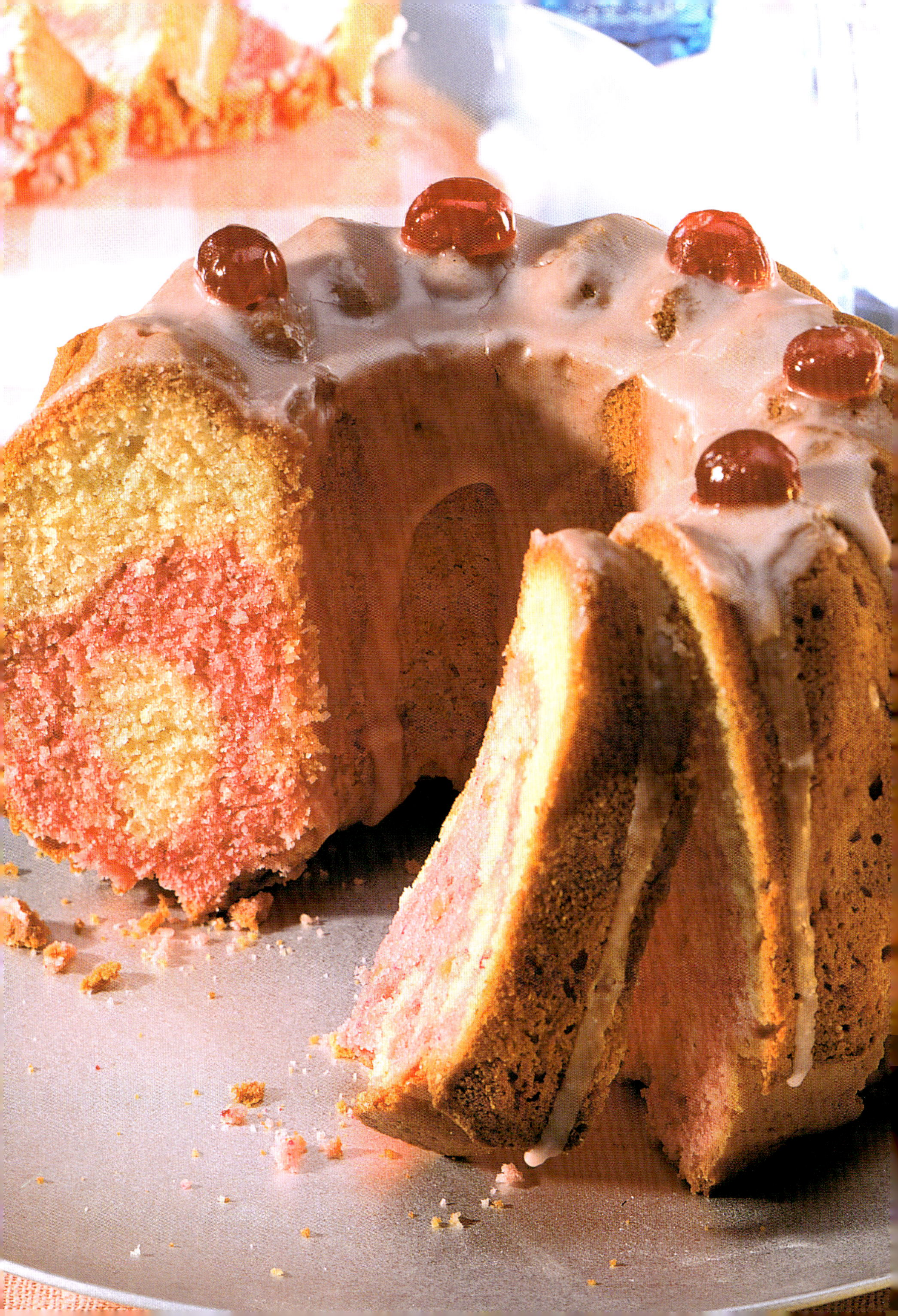

Limetten-Kokosnuss-Sirup-Kuchen

Zutaten

Für den Teig:
- 250 g Weizenmehl
- 2 gestr. TL Backpulver
- 170 g Zucker
- abgeriebene Schale von einer Limette (unbehandelt)
- 3 Eier (Größe M)
- 150 g zerlassene, abgekühlte Butter oder Margarine
- 150 g Naturjoghurt
- 100 g Kokosraspel

Für den Sirup:
- 100 ml Limettensaft
- 170 g Zucker
- 50 ml Wasser

Zubereitungszeit:
35 Minuten

Insgesamt:
E: 64 g, F: 214 g, Kh: 541 g,
kJ: 18638, kcal: 4453

GUT VORZUBEREITEN

1. Für den Teig Mehl mit Backpulver mischen, in eine verschließbare Schüssel (3-Liter-Inhalt) sieben, mit Zucker und Limettenschale mischen. Eier, Butter oder Margarine und Joghurt hinzufügen, Schüssel mit dem Deckel fest verschließen. Mehrmals (insgesamt 15–30 Sekunden, je nach Menge der Zutaten) kräftig schütteln, so dass alle Zutaten gut vermischt sind. Kokosraspel hinzufügen, alles mit einem Schneebesen oder Rührlöffel nochmals sorgfältig verrühren, damit vor allem trockene Zutaten vom Rand mit untergerührt werden.

2. Teig in eine Gugelhupfform (Ø 22 cm, gefettet, bemehlt) füllen und glatt streichen. Die Form auf dem Rost in den Backofen schieben.

Ober-/Unterhitze: etwa 180 °C (vorgeheizt)
Heißluft: etwa 160 °C (nicht vorgeheizt)
Gas: Stufe 2–3 (nicht vorgeheizt)
Backzeit: etwa 45 Minuten.

3. Für den Sirup Limettensaft, Zucker und Wasser in einen Topf geben. Den Zucker bei milder Hitze unter Rühren langsam darin schmelzen lassen. Sirup etwa 2 Minuten ohne Deckel kochen lassen, dabei nicht umrühren.

4. Den Kuchen etwa 10 Minuten in der Form stehen lassen, auf einen mit Backpapier belegten Kuchenrost stürzen. Die Kuchenoberfläche mit einem Holzstäbchen mehrfach einstechen.

5. Kuchen mit dem Rost auf ein Backblech stellen, mit dem heißen Sirup beträufeln. Abgetropften Sirup wieder über den Kuchen träufeln, bis alles vom Kuchen aufgesogen ist. Kuchen erkalten lassen.

Tipp: *Nach Belieben den Kuchen mit Kokosraspeln bestreuen und mit Limettenscheiben garnieren.*

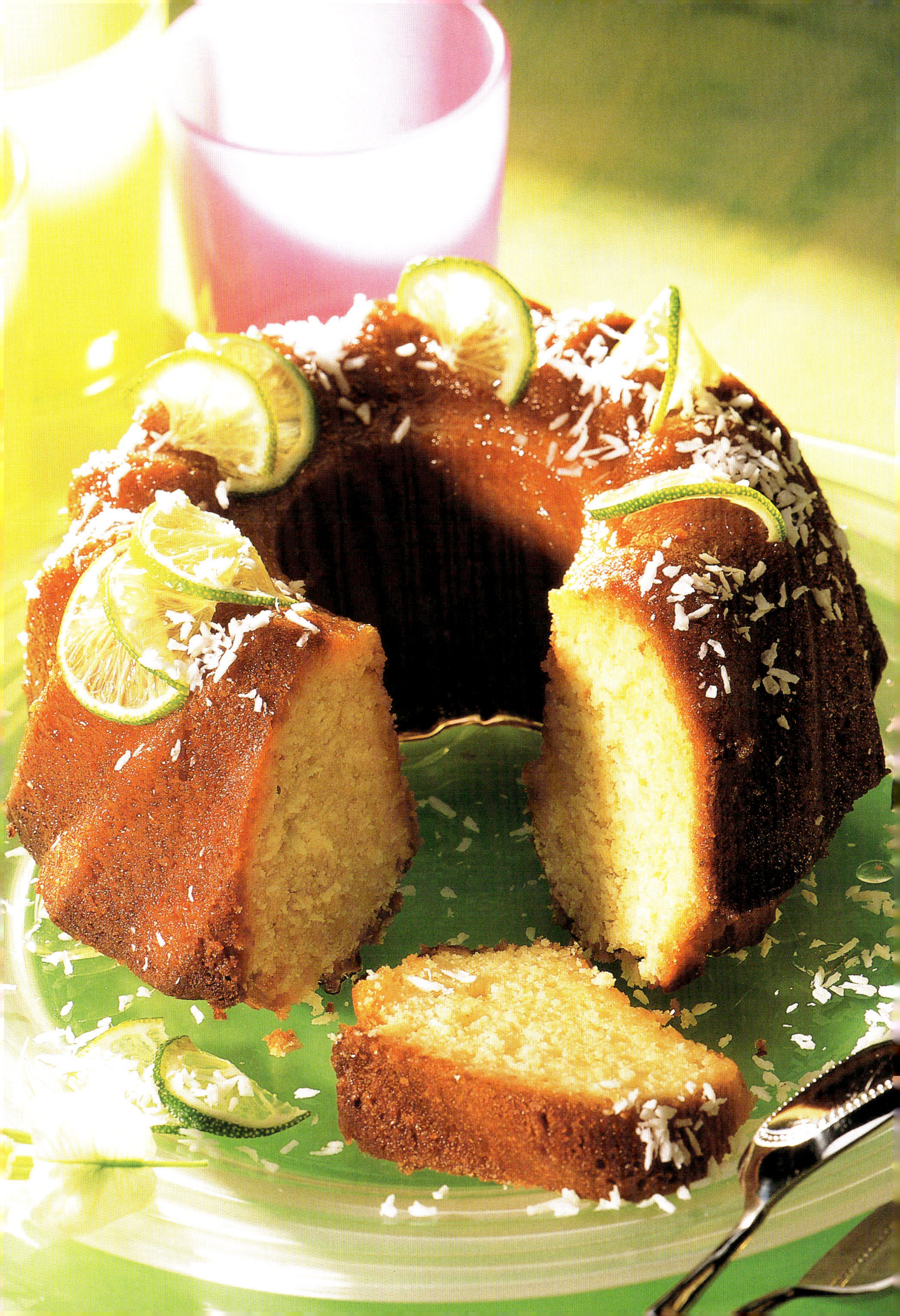

Mokka-Makronen-Kuchen

Zutaten
1 Tasse ≙ 200 ml

Zum Vorbereiten:
gut ½ Tasse (125 ml [⅛ l]) Milch
½ Tafel (50 g) Vollmilchschokolade mit Mokka-Sahne-Cremefüllung
1 EL gesiebtes Kakaopulver

Für den Rührteig:
1 Pck. (250 g) Butter oder Margarine
gut 1 Tasse (180 g) Zucker
3 Eier, 1 Eigelb (Größe M)
2 ½ Tassen (250 g) Weizenmehl
3 gestr. TL Backpulver

Für die Makronenmasse:
1 Eiweiß (Größe M)
2 EL Zucker
½ Tasse (50 g) Macadamianusskerne

Für den Guss und zum Verzieren:
1 ½ Tafeln (150 g) Vollmilchschokolade mit Mokka-Sahne-Cremefüllung

Zum Garnieren:
einige Macadamianusskerne

Zubereitungszeit:
80 Minuten, ohne Abkühlzeit

Insgesamt:
E: 78 g, F: 354 g, Kh: 513 g, kJ: 23942, kcal: 5719

1 Zum Vorbereiten Milch in einem kleinen Topf aufkochen, von der Kochstelle nehmen. Schokolade in Stücke brechen. Schokoladenstücke und Kakao unter Rühren in der Milch auflösen. Die Milch-Schokolade unter Rühren erkalten lassen.

2 Für den Teig Butter oder Margarine mit Handrührgerät mit Rührbesen auf höchster Stufe geschmeidig rühren. Nach und nach Zucker unterrühren. So lange rühren, bis eine gebundene Masse entstanden ist.

3 Eier und Eigelb nach und nach unterrühren (jedes Ei/Eigelb etwa ½ Minute). Mehl mit Backpulver mischen, sieben, abwechselnd portionsweise mit der Milch-Schokolade auf mittlerer Stufe unterrühren. Den Teig in eine Napfkuchenform (Ø 22 cm, gefettet, mit Mehl ausgestäubt) geben und glatt streichen.

4 Für die Makronenmasse Eiweiß mit Handrührgerät mit Rührbesen auf höchster Stufe steif schlagen. Der Schnee muss so fest sein, dass ein Messerschnitt sichtbar bleibt. Nach und nach Zucker unterschlagen. Nusskerne fein mahlen und vorsichtig unterheben.

5 Die Makronenmasse auf dem Teig verteilen und mit einer Gabel spiralförmig durch die Teigschichten ziehen. Die Form auf dem Rost in den Backofen schieben.

Ober-/Unterhitze: etwa 180 °C (vorgeheizt)
Heißluft: etwa 160 °C (nicht vorgeheizt)
Gas: Stufe 2–3 (nicht vorgeheizt)
Backzeit: etwa 60 Minuten.

6 Die Form auf einen Kuchenrost stellen. Den Kuchen 10 Minuten in der Form abkühlen lassen. Dann auf den Kuchenrost stürzen. Kuchen erkalten lassen.

7 Für den Guss Schokolade in kleine Stücke brechen, in einem kleinen Topf im Wasserbad bei schwacher Hitze zu einer geschmeidigen Masse verrühren. Etwas von der aufgelösten Schokolade in ein Pergamentpapiertütchen füllen, eine Spitze abschneiden.

(Fortsetzung Seite 58)

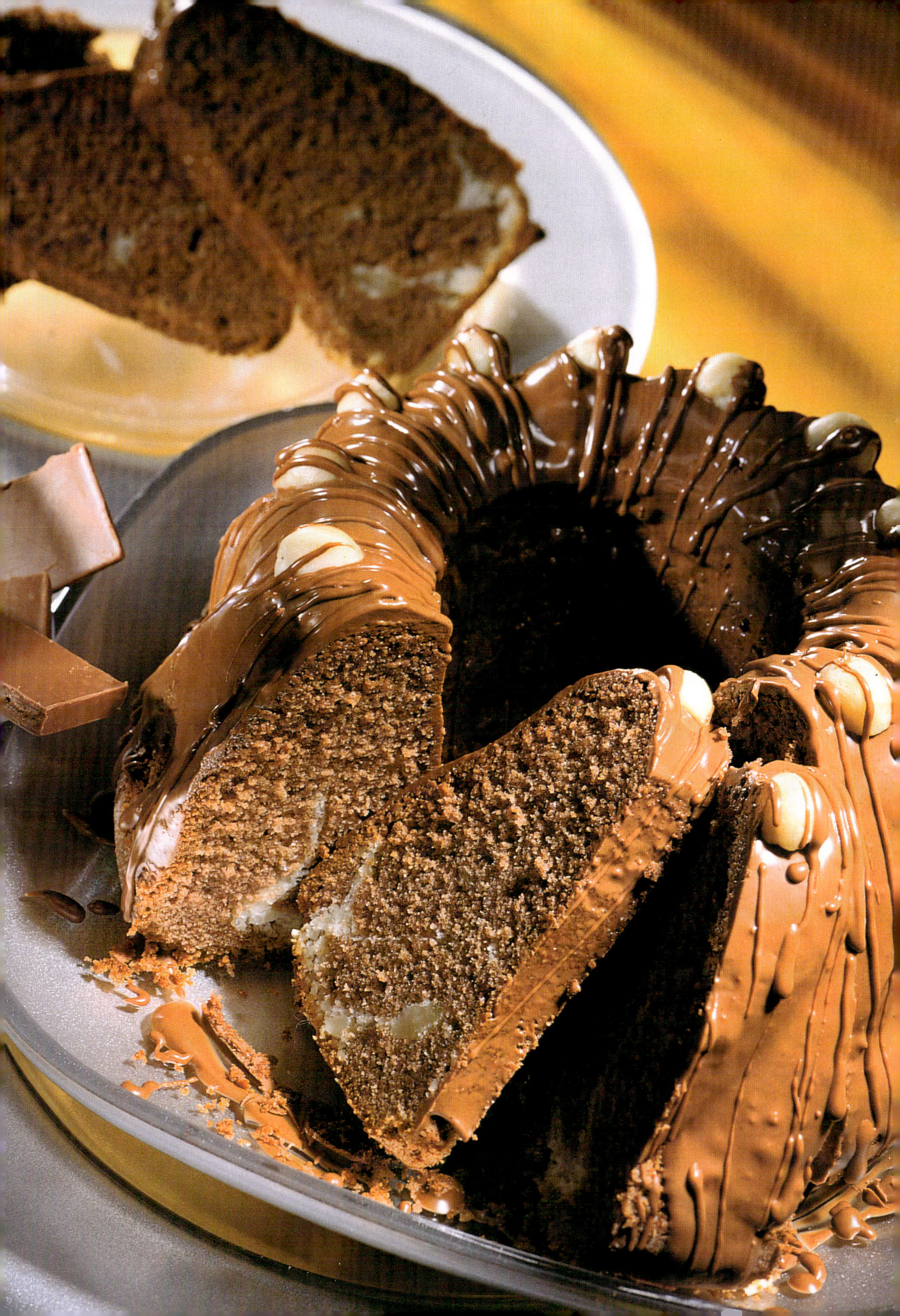

8 Den Kuchen mit der restlichen Schokolade überziehen und mit der Schokolade aus dem Pergamentpapiertütchen verzieren. Nach Belieben Nusskerne in den feuchten Guss drücken. Guss fest werden lassen.

Aprikosen-Tarte

Zutaten
1 Tasse ≙ 250 ml

Zum Vorbereiten:
2 kleine Dosen Aprikosenhälften (Abtropfgewicht je 240 g)

Für den Rührteig:
½ Pck. (125 g) Butter oder Margarine
½ Becher (110 g) Zucker
1 gestr. TL Finesse Orangenfrucht
2 Eier (Größe M)
1 Becher (170 g) Weizenmehl
2 gestr. TL Backpulver
1 Pck. (25 g) gehackte Pistazienkerne

Zum Bestreichen:
3 geh. EL Aprikosenkonfitüre

Zubereitungszeit:
35 Minuten, ohne Abkühlzeit

Insgesamt:
E: 43 g, F: 131 g, Kh: 396 g, kJ: 12756, kcal: 3046

EINFACH – SCHNELL

1 Zum Vorbereiten Aprikosenhälften in einem Sieb gut abtropfen lassen.

2 Für den Teig Butter oder Margarine mit Handrührgerät mit Rührbesen auf höchster Stufe geschmeidig rühren. Nach und nach Zucker und Orangenfrucht unterrühren. So lange rühren, bis eine gebundene Masse entstanden ist.

3 Eier nach und nach unterrühren (jedes Ei etwa ½ Minute). Mehl mit Backpulver mischen, sieben, portionsweise auf mittlerer Stufe unterrühren. Den Teig in eine Tarteform (Ø 28 cm, gefettet) geben und glatt streichen. Pistazienkerne auf den Teig streuen und die Aprikosenhälften darauf verteilen.

4 Die Form auf dem Rost in den Backofen schieben.

Ober-/Unterhitze: etwa 200 °C (vorgeheizt)
Heißluft: etwa 180 °C (nicht vorgeheizt)
Gas: Stufe 3–4 (nicht vorgeheizt)
Backzeit: etwa 35 Minuten.

5 Die Form auf einen Kuchenrost stellen. Die Tarte in der Form erkalten lassen.

6 Zum Bestreichen Konfitüre in einem kleinen Topf unter Rühren aufkochen lassen. Die Tarte mit der Konfitüre bestreichen. Konfitüre fest werden lassen.

Beigabe: *Steif geschlagene Sahne.*

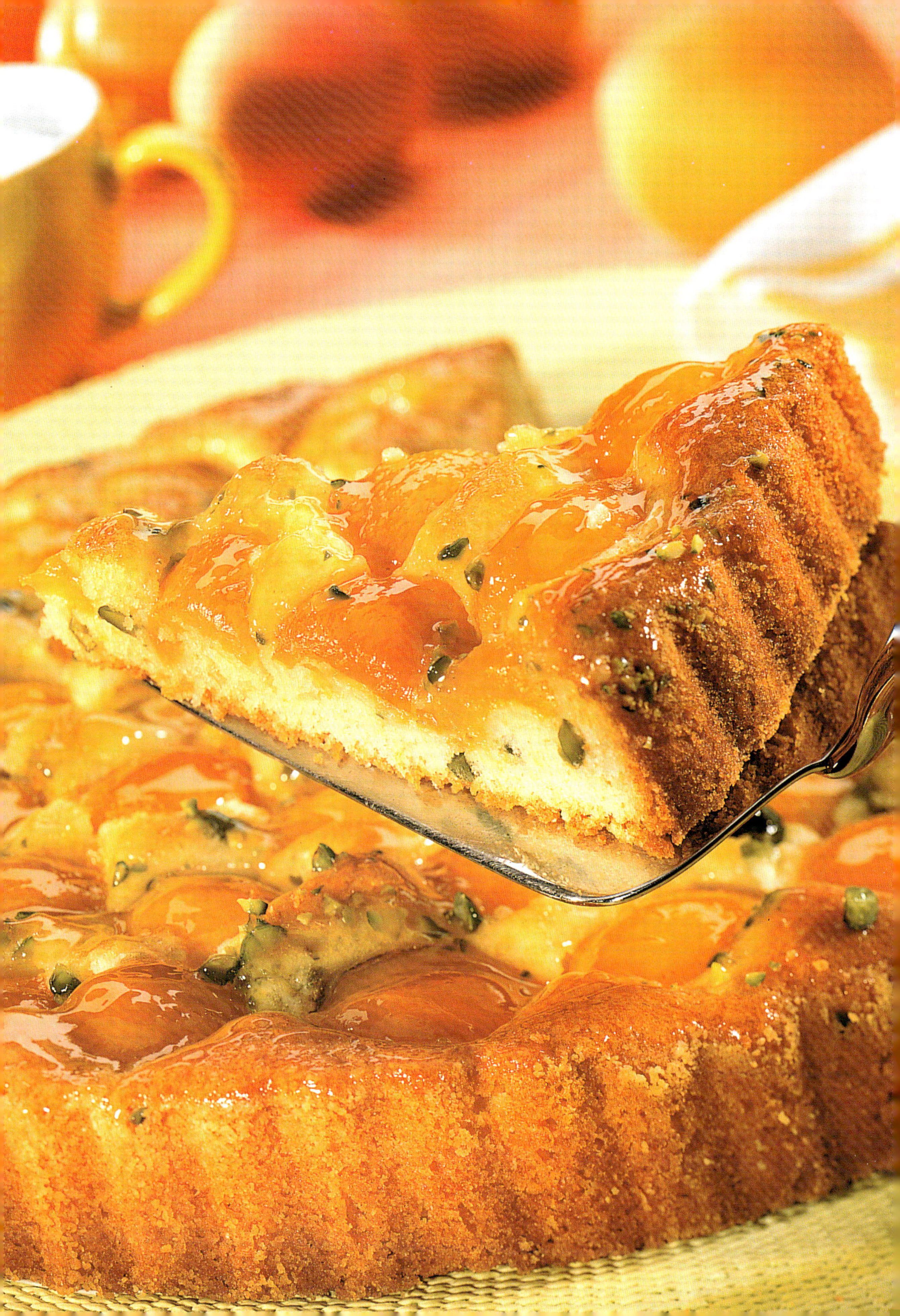

Traubenwähe

Zutaten

Für den Teig:
200 g Weizenmehl
2 gestr. TL Trockenhefe
50 g Zucker
1 Pck. Vanillin-Zucker
50 g zerlassene, abgekühlte Butter oder Margarine
10 EL (120 ml) warme Milch

Für den Belag:
je 250 g helle und dunkle Weintrauben

Für den Guss:
100 ml Schlagsahne
1 Eigelb (Größe M)
1 Pck. Saucenpulver Vanille-Geschmack (ohne Kochen)
1 EL Zucker

Zubereitungszeit:
30 Minuten, ohne Teiggehzeit

Insgesamt:
E: 35 g, F: 85 g, Kh: 316 g, kJ: 9481, kcal: 2266

EINFACH

1. Für den Teig Mehl in eine verschließbare Schüssel (3-Liter-Inhalt) sieben, mit Trockenhefe, Zucker und Vanillin-Zucker mischen. Butter oder Margarine und Milch hinzufügen, Schüssel mit dem Deckel fest verschließen. Mehrmals (insgesamt 15–30 Sekunden, je nach Menge der Zutaten) kräftig schütteln, so dass alle Zutaten gut vermischt sind. Alles mit einem Rührlöffel nochmals sorgfältig durchrühren, damit vor allem trockene Zutaten vom Rand mit untergerührt werden.

2. Den Teig gleichmäßig in eine Tarteform (Ø 28 cm) oder eine Springform (Ø 26 cm, gefettet) füllen, am Rand etwas hochdrücken. Zugedeckt bei Zimmertemperatur etwa 15 Minuten stehen lassen.

3. Für den Belag Weintrauben waschen, trockentupfen, halbieren, entkernen und dachziegelartig auf dem Teig verteilen.

4. Für den Guss Sahne mit Eigelb, Saucenpulver und Zucker verrühren. Guss über die Trauben gießen. Die Form auf dem Rost in den Backofen schieben.

Ober-/Unterhitze: etwa 200 °C (vorgeheizt)
Heißluft: etwa 180 °C (vorgeheizt)
Gas: Stufe 3–4 (vorgeheizt)
Backzeit: etwa 30 Minuten.

Tipp: *Anstelle von Trockenhefe kann auch ein Päckchen Hefeteig Garant verwendet werden. Hefeteig Garant ist ein spezielles Backtriebmittel für alle Hefeteige. Die lange Teiggehzeit entfällt. Das Aufgehen des Teiges erfolgt während des Backvorganges.*

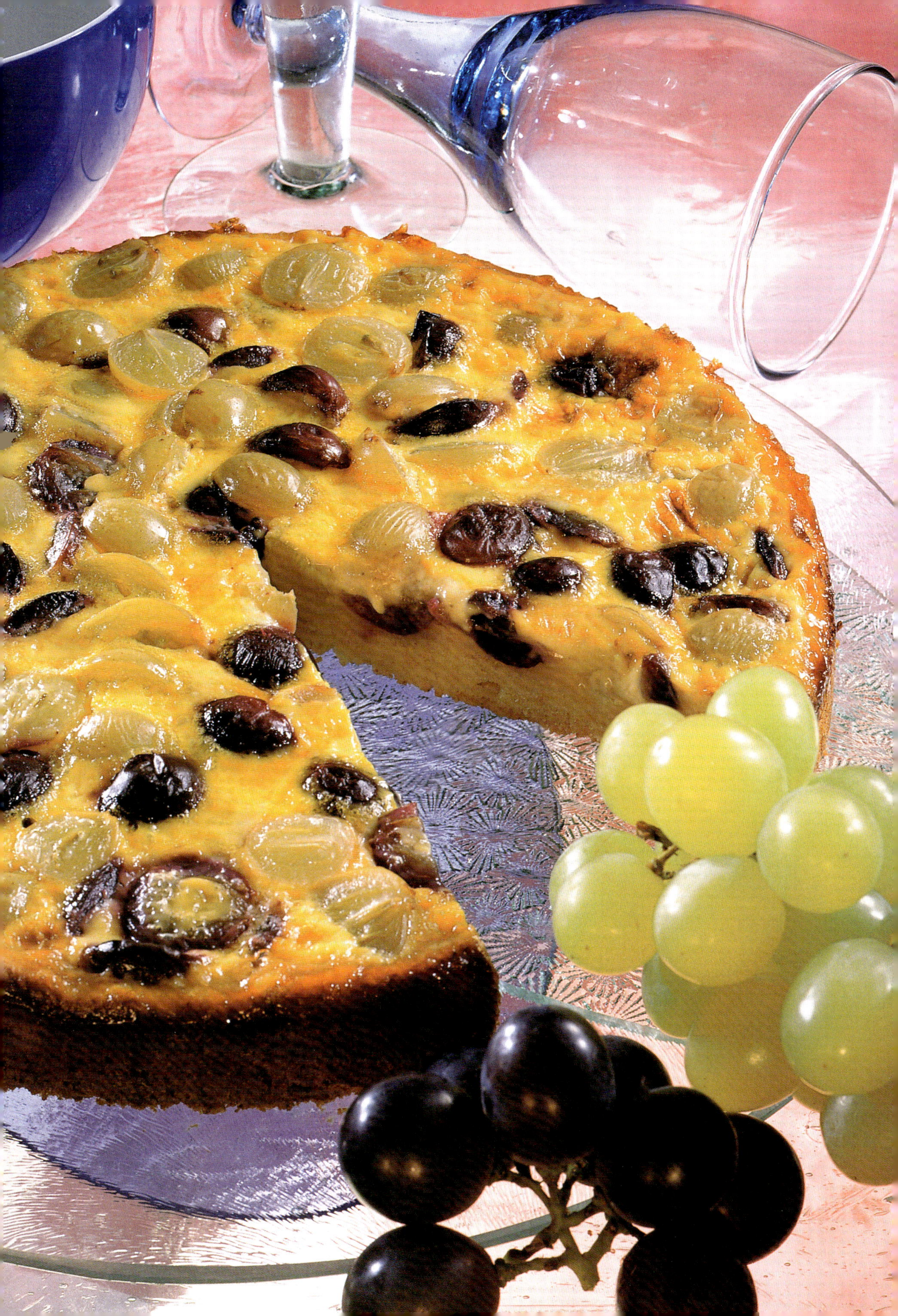

Orangen-Mohn-Sirup-Kuchen

Zutaten
1 Tasse ≙ 200 ml

Zum Vorbereiten:
4 EL Mohnsamen
¾ Tasse (150 ml) Orangensaft

Für den Rührteig:
knapp 1 Pck. (200 g) Butter oder Margarine
1 Tasse (150 g) Zucker
1 Prise Salz
1 TL Finesse Orangenfrucht
4 Eier (Größe M)
3 Tassen (350 g) Weizenmehl
3 gestr. TL Backpulver
1 Pck. (100 g) abgezogene, gemahlene Mandeln

Für den Sirup:
1 ⅔ Tassen (225 g) Zucker
1 Tasse (200 ml) Orangensaft
5 EL Zitronensaft

Zubereitungszeit:
45 Minuten, ohne Quell- und Abkühlzeit

Insgesamt:
E: 104 g, F: 269 g, Kh: 709 g,
kJ: 24661, kcal: 5893

GUT VORZUBEREITEN

1. Zum Vorbereiten Mohn mit Orangensaft übergießen und etwa 30 Minuten quellen lassen.

2. Für den Teig Butter oder Margarine mit Handrührgerät mit Rührbesen auf höchster Stufe geschmeidig rühren. Nach und nach Zucker, Salz und Orangenfrucht unterrühren. So lange rühren, bis eine gebundene Masse entstanden ist.

3. Eier nach und nach unterrühren (jedes Ei etwa ½ Minute). Mehl mit Backpulver mischen, sieben, portionsweise auf mittlerer Stufe unterrühren. Zuletzt Mandeln und die Mohn-Orangensaft-Mischung unterrühren.

4. Den Teig in eine Springform (Ø 26 cm, Boden gefettet) geben und glatt streichen. Die Form auf dem Rost in den Backofen schieben.

Ober-/Unterhitze: etwa 180 °C (vorgeheizt)
Heißluft: etwa 160 °C (nicht vorgeheizt)
Gas: Stufe 2–3 (nicht vorgeheizt)
Backzeit: etwa 45 Minuten.

5. Den Kuchen 10 Minuten in der Form abkühlen lassen, dann aus der Form lösen und auf einen Kuchenrost legen. Kuchen mit dem Kuchenrost auf ein Backblech stellen. Kuchen mit einem Holzstäbchen mehrfach einstechen.

6. Für den Sirup Zucker, Orangen- und Zitronensaft in einem kleinen Topf mischen und erhitzen, bis der Zucker geschmolzen ist. Das Ganze bei mittlerer Hitze etwa 2 Minuten ohne Deckel etwas einkochen lassen, dabei nicht umrühren!

7. Den Kuchen mit dem Sirup beträufeln, bis der gesamte Sirup vom Kuchen aufgesogen ist.

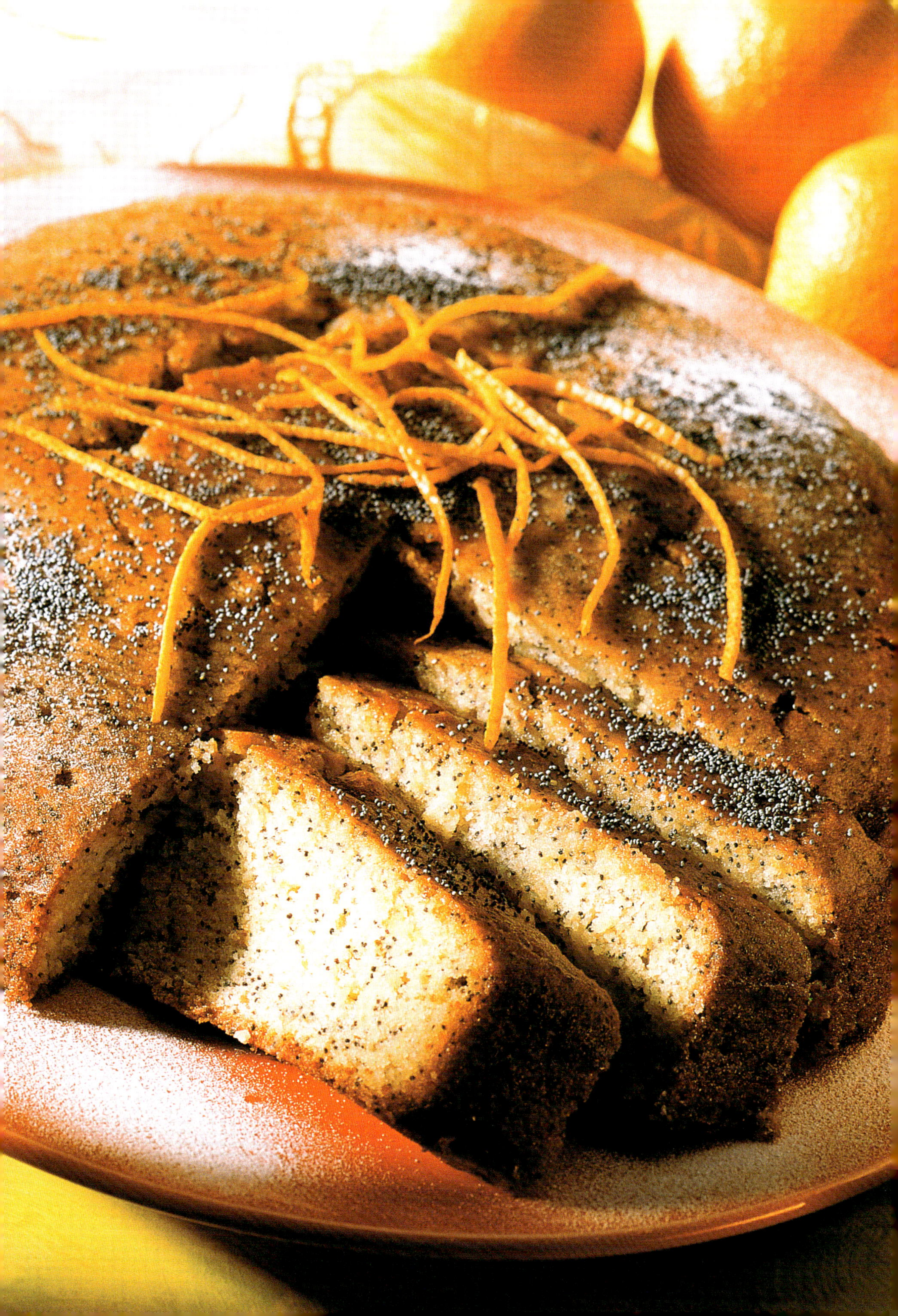

Sonnenblumentarte

Zutaten

Für den Teig:
150 g Weizenmehl
(Type 550)
1 gestr. TL Backpulver
100 g Zucker
½ TL gemahlener Zimt
1 Ei (Größe M)
100 g zerlassene, abgekühlte
Butter oder Margarine
6 EL Milch
30 g Mohnsamen

Für den Belag:
1 kleine Dose Pfirsichhälften
(Abtropfgewicht 250 g)

Für den Guss:
100 g Zucker
2 EL flüssiger Honig (30 g)
3 EL Schlagsahne
60 g Butter
60 g Sonnenblumenkerne

Zubereitungszeit:
35 Minuten

Insgesamt:
E: 50 g, F: 197 g, Kh: 394 g,
kJ: 15275, kcal: 3650

RAFFINIERT

1. Für den Teig Mehl mit Backpulver mischen, in eine verschließbare Schüssel (3-Liter-Inhalt) sieben, mit Zucker und Zimt mischen. Ei, Butter oder Margarine und Milch hinzufügen, Schüssel mit dem Deckel fest verschließen. Mehrmals (insgesamt 15–30 Sekunden, je nach Menge der Zutaten) kräftig schütteln, so dass alle Zutaten gut vermischt sind. Mohn hinzugeben, alles mit einem Schneebesen oder Rührlöffel nochmals sorgfältig durchrühren, damit vor allem trockene Zutaten vom Rand mit untergerührt werden.

2. Den Teig in eine Tarteform (Ø 30 cm, gefettet) füllen und glatt streichen.

3. Für den Belag Pfirsiche in einem Sieb abtropfen lassen, in Spalten schneiden und auf den Teigrand legen.

4. Für den Guss Zucker, Honig, Sahne, Butter und Sonnenblumenkerne in einem Topf erhitzen, bis der Zucker geschmolzen ist. Die Masse ohne Deckel etwas einkochen lassen.

5. Den heißen Guss auf dem Kuchen verteilen. Form auf dem Rost in den Backofen schieben.

Ober-/Unterhitze: etwa 200 °C (vorgeheizt)
Heißluft: etwa 180 °C (nicht vorgeheizt)
Gas: Stufe 3–4 (nicht vorgeheizt)
Backzeit: etwa 35 Minuten.

6. Die Form auf einen Kuchenrost stellen und erkalten lassen. Die Tarte rundherum mit einem Messer lösen, in Stücke schneiden.

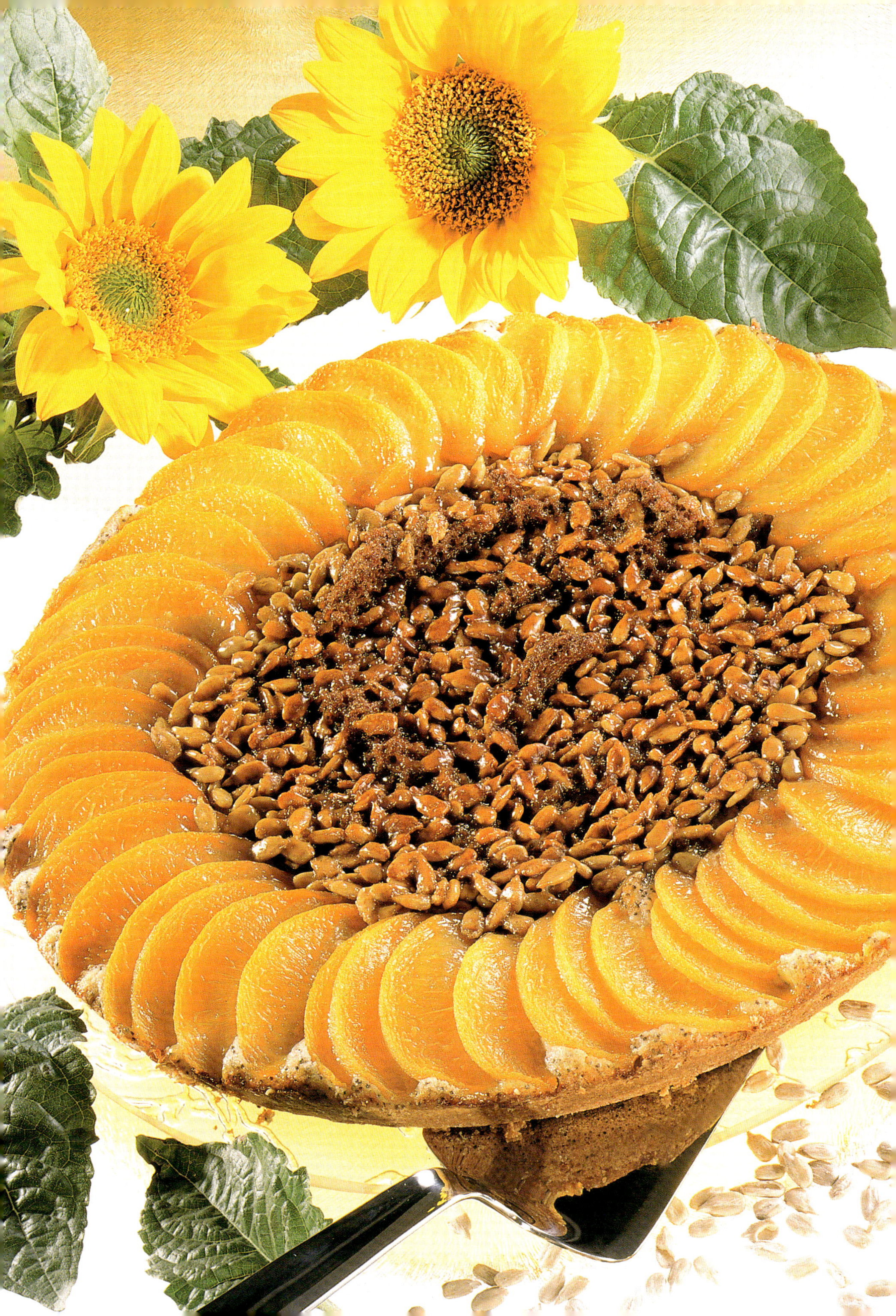

Heidelbeertarte

Zutaten

Für den Teig:
250 g Dinkel-
Vollkornmehl
2 gestr. TL Backpulver
120 g brauner Zucker
1 Prise Salz
2 Eier (Größe M)
8 EL (100 ml) Milch
5 EL (50 ml) Nussöl
3 EL Speiseöl

Für den Belag:
1 Pck. (300 g)
TK-Heidelbeeren

Zum Bestäuben:
Puderzucker

Zubereitungszeit:
25 Minuten

Insgesamt:
E: 47 g, F: 100 g, Kh: 372 g,
kJ: 11257, kcal: 2687

KLASSISCH

1 Für den Teig Mehl und Backpulver in einer verschließbaren Schüssel (3-Liter-Inhalt) mischen. Zucker, Salz, Eier, Milch, Nuss- und Speiseöl hinzufügen, Schüssel mit dem Deckel fest verschließen. Mehrmals (insgesamt 15–30 Sekunden, je nach Menge der Zutaten) kräftig schütteln, so dass alle Zutaten gut vermischt sind. Alles mit einem Schneebesen oder Rührlöffel nochmals sorgfältig durchrühren, damit vor allem trockene Zutaten vom Rand mit untergerührt werden.

2 Den Teig in eine Tarteform (Ø 30 cm, gefettet) füllen und mit gefrorenen Heidelbeeren bestreuen. Die Form auf dem Rost in den Backofen schieben.

Ober-/Unterhitze: etwa 180 °C (vorgeheizt)
Heißluft: etwa 160 °C (nicht vorgeheizt)
Gas: Stufe 2–3 (nicht vorgeheizt)
Backzeit: etwa 35 Minuten.

3 Die Form auf einen Kuchenrost stellen und erkalten lassen. Tarte vor dem Servieren mit Puderzucker bestäuben. Nach Belieben die erkaltete Tarte mit Hilfe eines Pfannenwenders aus der Form nehmen und auf eine Platte legen.

Tipp: *Gut schmeckt dazu Eierlikörsahne. Dazu unter 250 ml (¼ l) steif geschlagene Sahne 3 Esslöffel Eierlikör heben.*

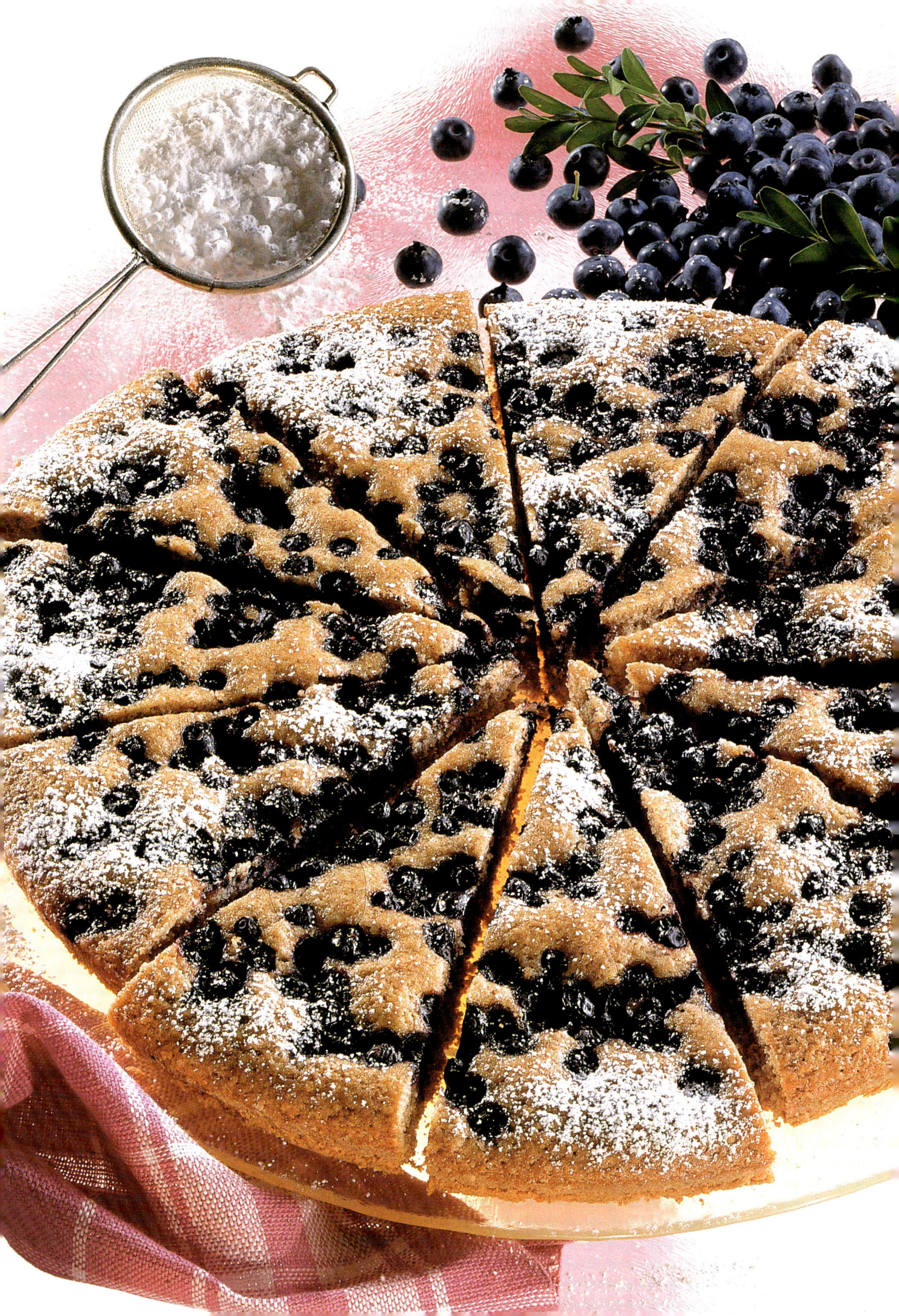

Brausepulverkuchen

Zutaten

Zum Vorbereiten:
1 Becher (150 g) Vollmilch-Joghurt

Für den All-in-Teig:
3 Becher (330 g) Weizenmehl
3 gestr. TL Backpulver
1 ½ Becher (225 g) Zucker
4 Eier (Größe M)
1 Pck. (250 g) zerlassene, abgekühlte Butter oder Margarine
knapp 1 Becher (125 ml) Milch
1 Pck. Brausepulver (10 Portionsbeutel)
Speisefarbe

Für die Füllung:
1 Pck. (200 g) Doppelrahm-Frischkäse
1 EL Zucker
1 EL Zitronensaft
1 Becher (200 ml) Schlagsahne
2 Pck. Sahnesteif

Zubereitungszeit:
45 Minuten, ohne Abkühlzeit

Insgesamt:
E: 105 g, F: 371 g, Kh: 570 g, kJ: 26086, kcal: 6233

1. Zum Vorbereiten Joghurt in eine Rührschüssel geben und zugedeckt kalt stellen. Den Becher auswaschen, abtrocknen und zum Abmessen verwenden.

2. Für den Teig Mehl mit Backpulver mischen und in eine Rührschüssel sieben. Zucker, Eier, Fett und Milch hinzufügen. Zutaten in 2 Minuten mit Handrührgerät mit Rührbesen auf höchster Stufe zu einem glatten Teig verarbeiten.

3. Den Teig vierteln. Jeweils ein Teigviertel mit je 2 Portionsbeuteln einer Sorte Brausepulver verrühren (evtl. zusätzlich die entsprechende Speisefarbe mit unterrühren). Die Teige mit einem Esslöffel ringförmig von außen nach innen in eine Springform (Ø 26 cm, Boden gefettet) füllen, dabei den Teig immer wieder zum Rand schieben. Die Form auf dem Rost in den Backofen schieben.

Ober-/Unterhitze: etwa 180 °C (vorgeheizt)
Heißluft: etwa 160 °C (nicht vorgeheizt)
Gas: Stufe 2–3 (nicht vorgeheizt)
Backzeit: etwa 35 Minuten.

4. Den Kuchen in der Form auf einem Kuchenrost etwas abkühlen lassen, dann aus der Form lösen und auf einem mit Backpapier belegten Kuchenrost erkalten lassen. Kuchen einmal waagerecht durchschneiden.

5. Für die Füllung den kalt gestellten Joghurt mit Frischkäse, Zucker und Zitronensaft zu einer geschmeidigen Masse verrühren. Sahne mit Sahnesteif steif schlagen und unterheben. Den unteren Boden auf eine Platte legen. Drei Viertel der Käse-Sahne-Masse darauf streichen, mit dem oberen Boden bedecken und leicht andrücken. Restliche Käse-Sahne-Masse in einen Spritzbeutel mit Lochtülle (Ø 10 mm) füllen. Tupfen auf die Kuchenoberfläche spritzen. Mit dem restlichen Brausepulver bestreuen.

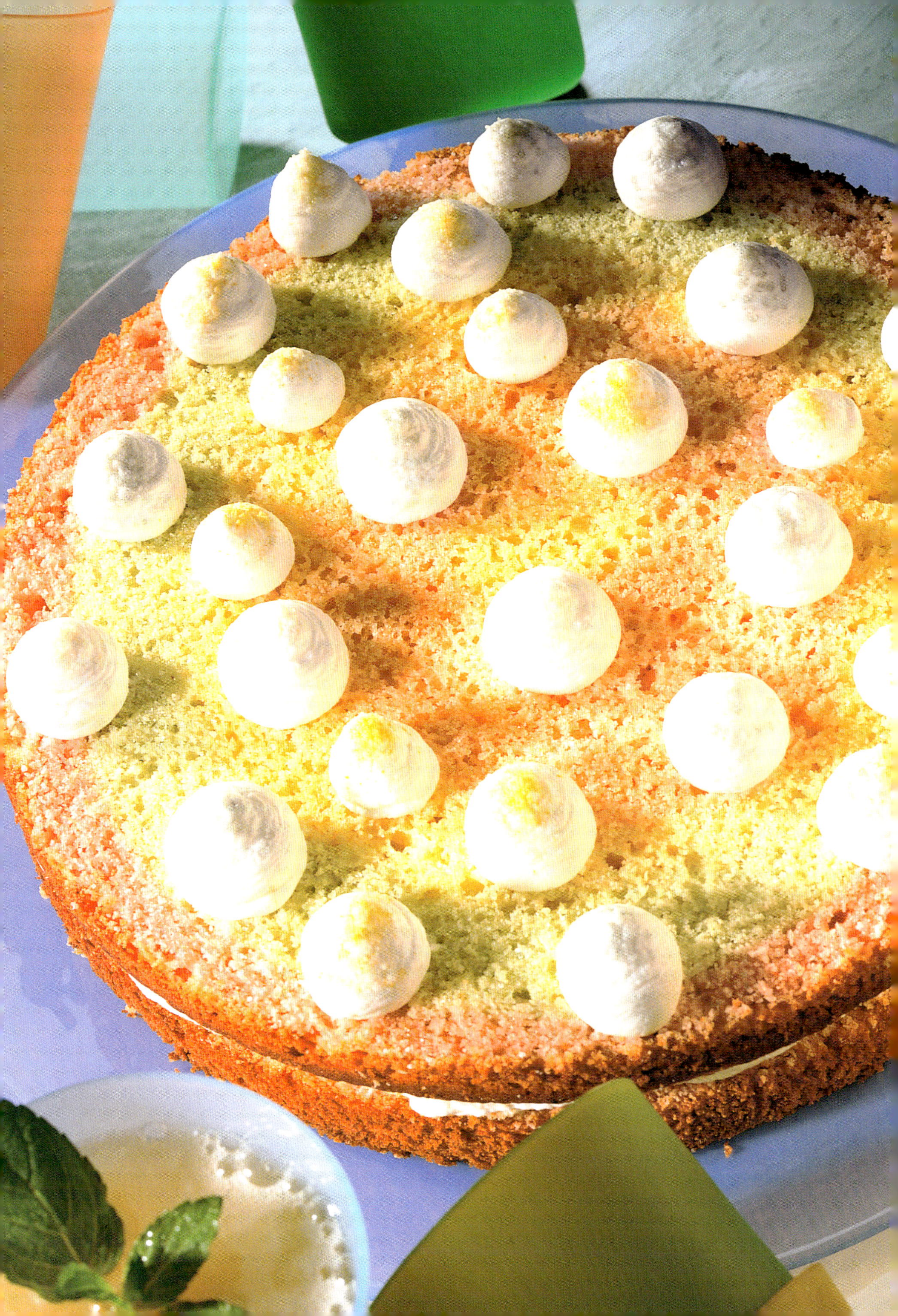

Nektarinenkuchen

Zutaten

1 Tasse ≙ 200 ml

Zum Vorbereiten:
4–5 (750 g) Nektarinen
2 EL Zitronensaft

Für den Schüttelteig:
2 ½ Tassen (250 g) Weizenmehl
3 gestr. TL Backpulver
½ Tasse (75 g) Zucker
2 Pck. Vanillin-Zucker
1 Prise Salz
1 Pck. Finesse Geriebene Zitronenschale
3 Eier (Größe M)
½ Pck. (125 g) zerlassene, abgekühlte Butter oder Margarine
Saft von 1 Zitrone
¾ Becher (150 ml) Schlagsahne
1 Pck. (100 g) abgezogene, gemahlene Mandeln

Zum Bestreuen:
1 Pck. (100 g) abgezogene, gehobelte Mandeln

Zubereitungszeit:
35 Minuten

Insgesamt:
E: 100 g, F: 279 g, Kh: 394 g, kJ: 19958, kcal: 4766

EINFACH

1 Zum Vorbereiten Nektarinen waschen, trockentupfen, halbieren, entsteinen und in Spalten schneiden. Nektarinenspalten mit Zitronensaft beträufeln und etwas durchziehen lassen.

2 Für den Teig Mehl mit Backpulver mischen, in eine verschließbare Schüssel (3-Liter-Inhalt) sieben, mit Zucker, Vanillin-Zucker, Salz und Zitronenschale mischen. Eier, Butter oder Margarine, Zitronensaft und Sahne hinzufügen. Schüssel mit dem Deckel fest verschließen.

3 Mehrmals (insgesamt 15–30 Sekunden) kräftig schütteln, so dass alle Zutaten gut vermischt sind. Mandeln hinzugeben. Alles mit einem Schneebesen oder Rührlöffel nochmals sorgfältig durchrühren, damit vor allem trockene Zutaten vom Rand mit untergerührt werden.

4 Den Teig in eine Springform (Ø 26 cm, Boden gefettet) geben und glatt streichen. Die Nektarinenspalten auf den Teig legen und mit Mandeln bestreuen. Die Form auf dem Rost in den Backofen schieben.

Ober-/Unterhitze: etwa 180 °C (vorgeheizt)
Heißluft: etwa 160 °C (nicht vorgeheizt)
Gas: Stufe 2–3 (nicht vorgeheizt)
Backzeit: etwa 60 Minuten.

5 Die Form auf einen Kuchenrost stellen. Den Kuchen in der Form erkalten lassen. Dann aus der Form lösen. Den Kuchen auf eine Tortenplatte legen.

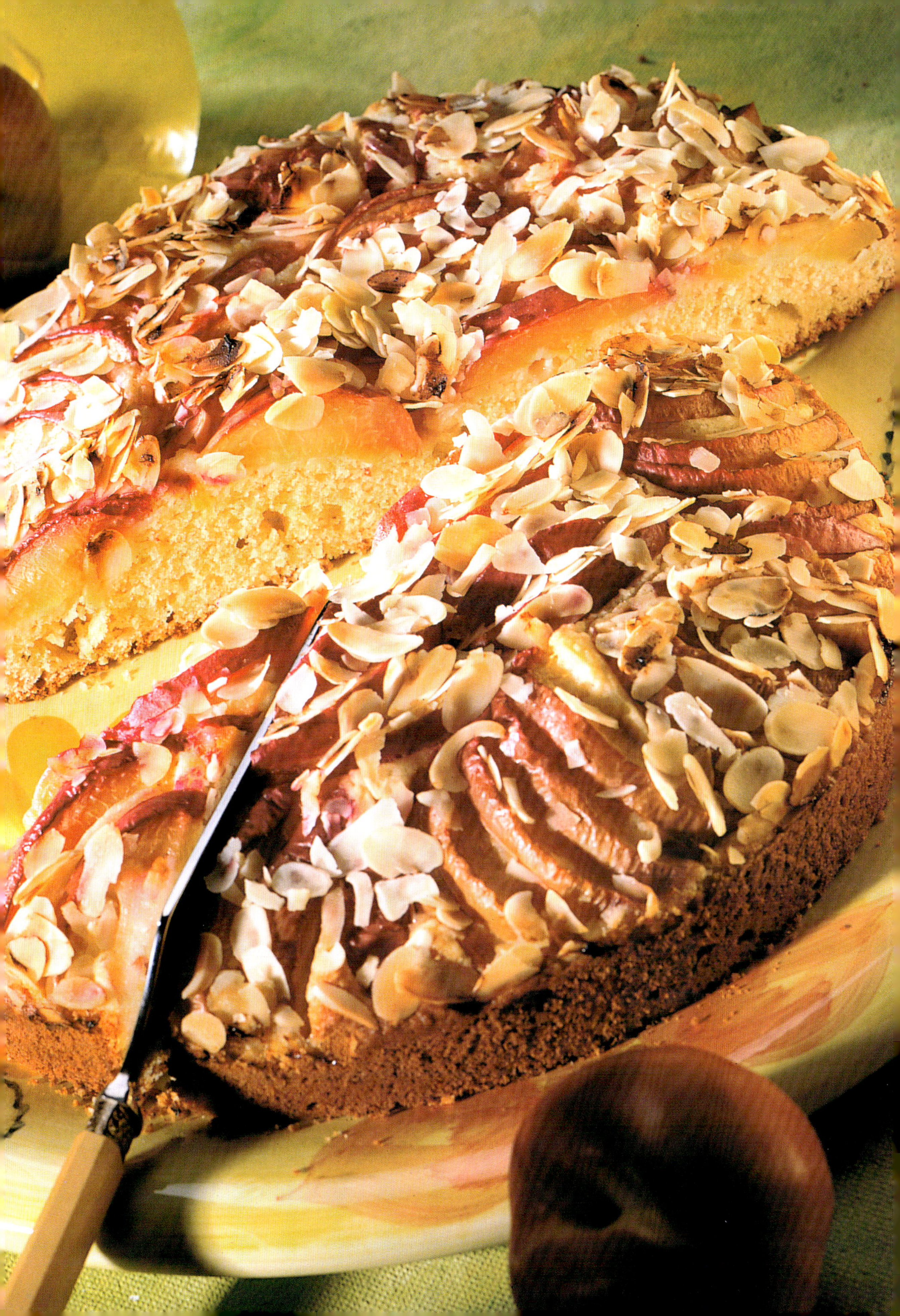

Gefüllter gelber Kastenkuchen

Zutaten

Für den Teig:
- 150 g Weizenmehl
- 2 gestr. TL Backpulver
- 2 Pck. Pudding-Pulver Vanille-Geschmack
- 120 g Zucker
- 1 Prise Salz
- 2 Eier (Größe M)
- 120 g zerlassene, abgekühlte Butter oder Margarine
- 125 ml (⅛ l) Buttermilch

Für die Füllung:
- 2 reife Mangos (etwa 300 g Fruchtfleisch)
- 70 g Zucker
- 2–3 EL Zitronensaft
- 1 Pck. Tortenguss, klar
- 2 gestr. EL Zucker
- 200 ml Orangensaft

Zum Bestäuben:
- Puderzucker

Zubereitungszeit:
50 Minuten, ohne Kühlzeit

Insgesamt:
E: 40 g, F: 116 g, Kh: 477 g
kJ: 13354, kcal: 3191

*RAFFINIERT –
ETWAS TEURER*

---

1 Für den Teig Mehl mit Backpulver und Pudding-Pulver mischen, in eine verschließbare Schüssel (3-Liter-Inhalt) sieben, mit Zucker und Salz mischen. Eier, Butter oder Margarine und Buttermilch hinzufügen, Schüssel mit dem Deckel fest verschließen. Mehrmals (insgesamt 15–30 Sekunden, je nach Menge der Zutaten) kräftig schütteln, so dass alle Zutaten gut vermischt sind. Alles mit einem Schneebesen oder Rührlöffel nochmals sorgfältig durchrühren, damit vor allem trockene Zutaten vom Rand mit untergerührt werden.

2 Teig in eine Kastenform (25 x 11 cm, gefettet) füllen und glatt streichen. Die Form auf dem Rost in den Backofen schieben.

Ober-/Unterhitze: etwa 180 °C (vorgeheizt)
Heißluft: etwa 160 °C (nicht vorgeheizt)
Gas: Stufe 2–3 (nicht vorgeheizt)
Backzeit: etwa 40 Minuten.

3 Die Form 10 Minuten auf einen Kuchenrost stellen, dann den Kuchen vorsichtig lösen und erkalten lassen.

4 Für die Füllung Mangos schälen, vom Stein lösen, Fruchtfleisch in kleine Würfel schneiden. Fruchtfleisch mit Zucker und Zitronensaft mischen.

5 Aus Tortenguss, Zucker und Orangensaft nach Packungsanleitung einen Guss zubereiten, Fruchtwürfel unterrühren und nochmals gut aufkochen. Etwa 45 Minuten abkühlen lassen, bis die Masse dicklich wird.

6 Den Kuchen zweimal waagerecht durchschneiden, mit Mangokompott füllen und eine Stunde kalt stellen. Kuchen vor dem Servieren mit Puderzucker bestäuben. Mit einem elektrischen Messer oder Sägemesser in Scheiben schneiden.

Tipp: *Statt Mangowürfel die gleiche Menge Pfirsichwürfel verwenden.*

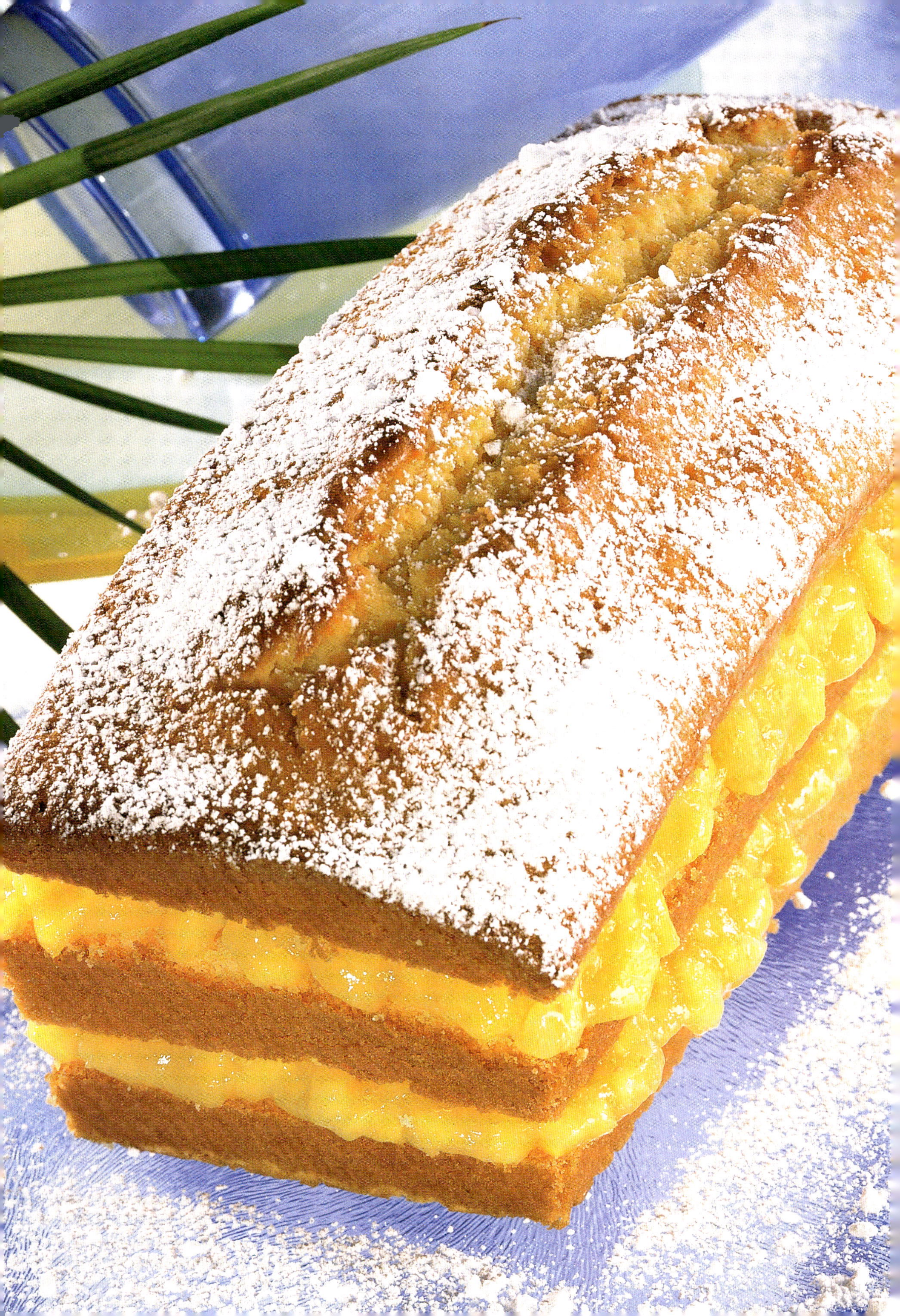

Pfirsich-Mandel-Kuchen

Zutaten

Zum Vorbereiten:
100 g abgezogene, gehackte Mandeln
1 kleine Dose Pfirsichhälften (Abtropfgewicht 250 g)

Für den Teig:
200 g Weizenmehl
2 TL gestr. Backpulver
150 g Zucker
3 Eier (Größe M)
200 g zerlassene, abgekühlte Butter oder Margarine
2 EL Weinbrand
einige Tropfen Bittermandel-Aroma

Zum Bestäuben:
Puderzucker

Zubereitungszeit:
35 Minuten

Insgesamt:
E: 67 g, F: 240 g, Kh: 362 g
kJ: 17126, kcal: 4092

EINFACH

1 Zum Vorbereiten Mandeln in einer Pfanne ohne Fett goldbraun rösten und erkalten lassen. Pfirsiche in einem Sieb abtropfen lassen und in feine Würfel schneiden.

2 Für den Teig Mehl mit Backpulver mischen und in eine verschließbare Schüssel (3-Liter-Inhalt) sieben, mit Zucker mischen. Eier, Butter oder Margarine, Weinbrand und Aroma hinzufügen, Schüssel mit dem Deckel fest verschließen. Mehrmals (insgesamt 15–30 Sekunden, je nach Menge der Zutaten) kräftig schütteln, so dass alle Zutaten gut vermischt sind. Mandeln und Pfirsichwürfel hinzugeben, alles mit einem Schneebesen oder Rührlöffel nochmals sorgfältig durchrühren, damit vor allem trockene Zutaten vom Rand mit untergerührt werden.

3 Teig in eine Kastenform (25 x 11 cm, gefettet) füllen. Die Form auf dem Rost in den Backofen schieben.

Ober-/Unterhitze: etwa 180 °C (vorgeheizt)
Heißluft: etwa 160 °C (nicht vorgeheizt)
Gas: Stufe 2–3 (nicht vorgeheizt)
Backzeit: etwa 50 Minuten.

4 Den Kuchen etwa 5 Minuten in der Form stehen lassen, dann auf einen mit Backpapier belegten Kuchenrost stürzen und erkalten lassen. Kuchen mit Puderzucker bestäuben.

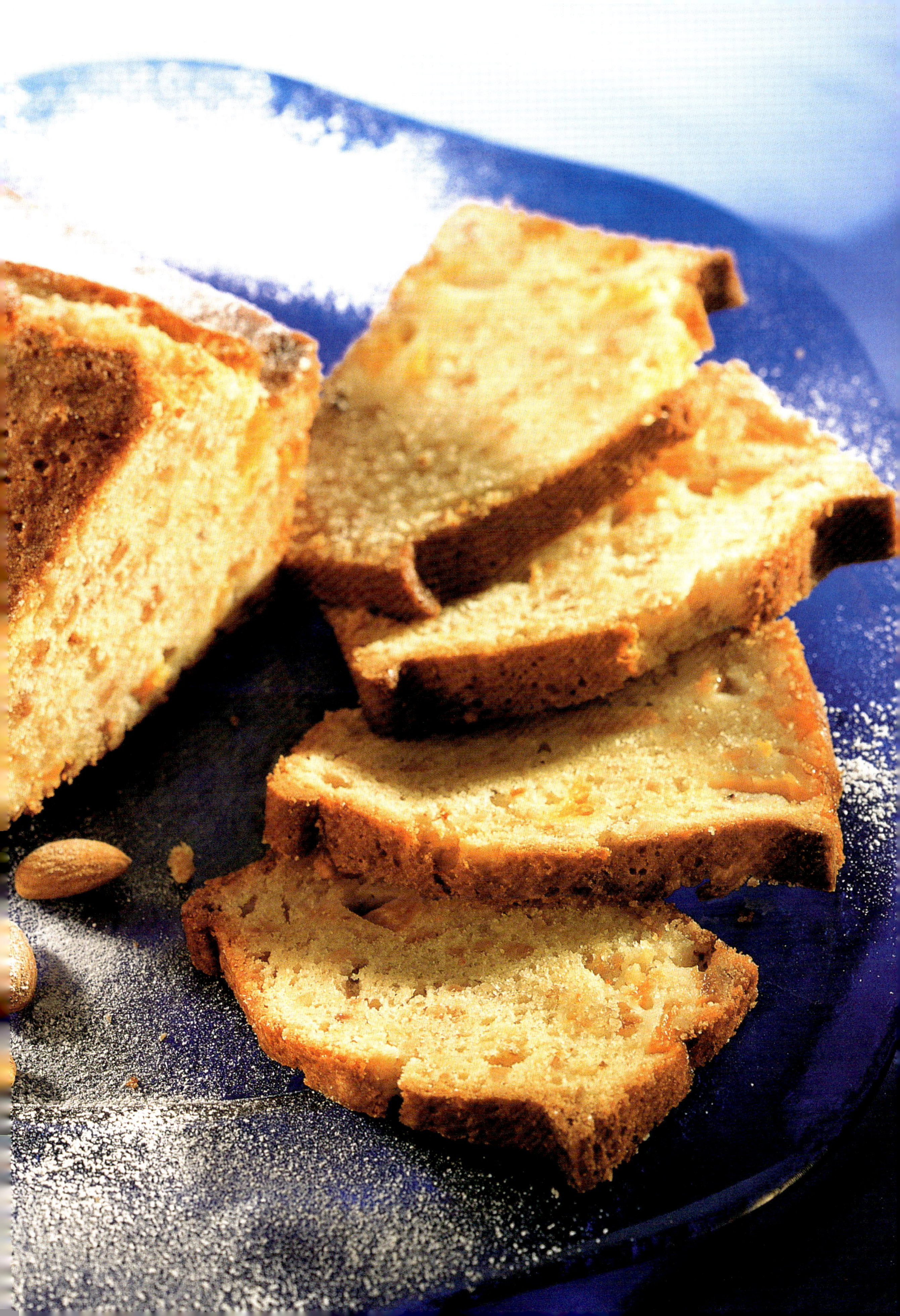

Espresso-Karamell-Kuchen

Zutaten
1 Tasse ≙ 250 ml

Für den Rührteig:
1 Pck. (250 g) Butter oder Margarine
1 Tasse (220 g) Zucker
1 Prise Salz
5 Eier (Größe M)
2 Tassen (340 g) Weizenmehl
2 gestr. TL Backpulver
3 gestr. TL Instant-Espresso-Pulver
1–2 EL brauner Rum
1 Pck. Karamell-Kugeln (100 g, z.B. Daim)

Für den Guss:
2–3 TL Instant-Espresso-Pulver
2 EL heißes Wasser
4–5 EL Puderzucker

Zubereitungszeit:
40 Minuten, ohne Abkühlzeit

Insgesamt:
E: 82 g, F: 254 g, Kh: 570 g,
kJ: 21468, kcal: 5129

GUT VORZUBEREITEN

1. Für den Teig Butter oder Margarine mit Handrührgerät mit Rührbesen auf höchster Stufe geschmeidig rühren. Nach und nach Zucker und Salz unterrühren. So lange rühren, bis eine gebundene Masse entstanden ist.

2. Eier nach und nach unterrühren (jedes Ei etwa ½ Minute). Mehl mit Backpulver mischen, sieben, portionsweise auf mittlerer Stufe unterrühren. Den Teig halbieren. Espresso-Pulver und Rum verrühren und unter eine Teighälfte rühren.

3. Mit einem Esslöffel abwechselnd etwas von dem hellen und dunklen Teig in eine Kastenform (30 x 11 cm, gefettet, mit Backpapier ausgelegt) geben. Auf jede Teigschicht einige Karamell-Kugeln streuen. Die Form auf dem Rost in den Backofen schieben.

Ober-/Unterhitze: etwa 180 °C (vorgeheizt)
Heißluft: etwa 160 °C (nicht vorgeheizt)
Gas: Stufe 2–3 (nicht vorgeheizt)
Backzeit: etwa 60 Minuten.

4. Den Kuchen aus der Form lösen und auf einem Kuchenrost erkalten lassen.

5. Für den Guss Espresso-Pulver und Wasser verrühren. Puderzucker nach und nach unterrühren. Den Kuchen mit dem Guss bestreichen. Guss fest werden lassen.

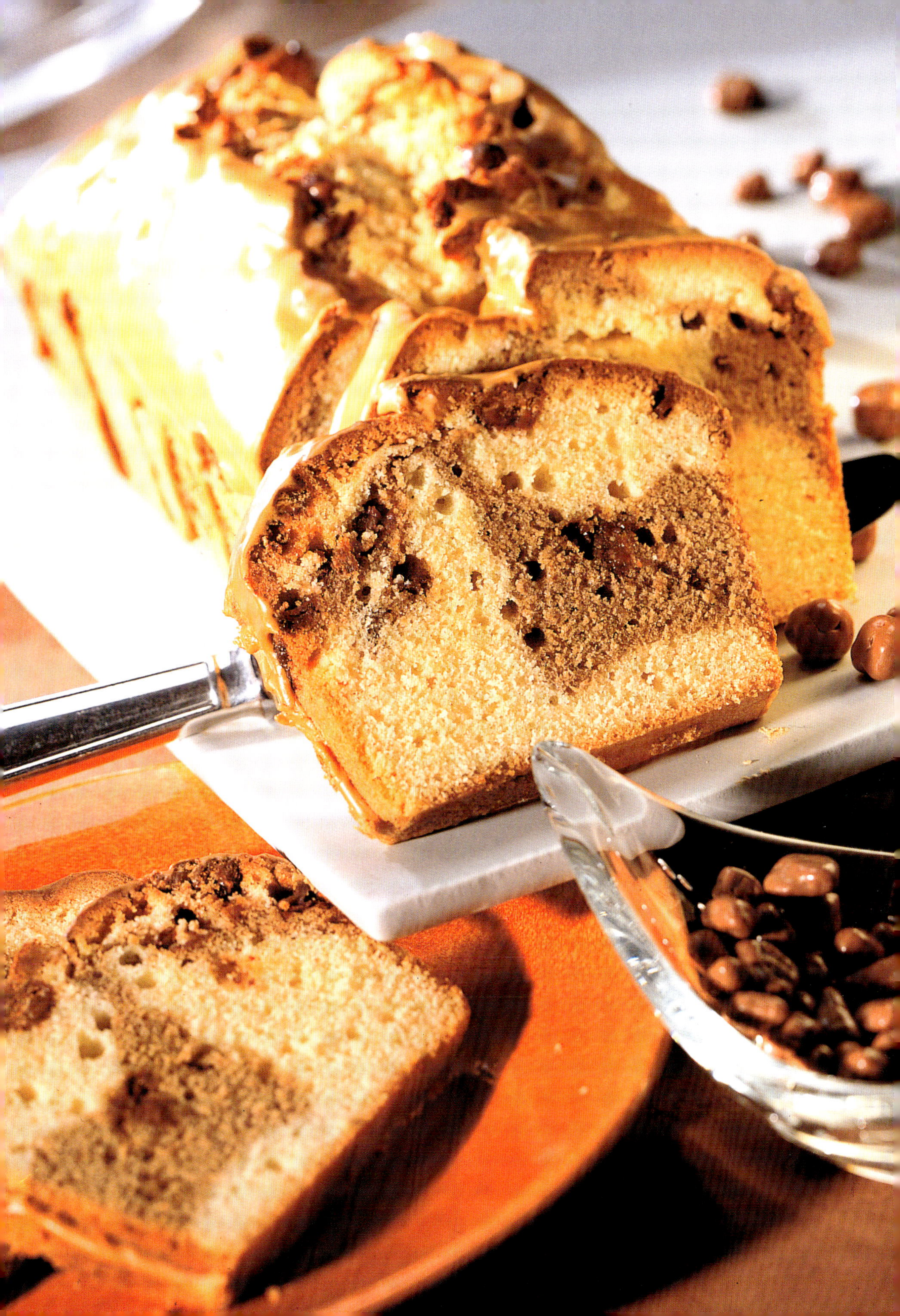

Kombucha-Krokant-Kuchen

Zutaten
1 Tasse ≙ 250 ml

Zum Vorbereiten:
1 kleine Dose Mandarinen (Abtropfgewicht 175 g)

Für den Schüttelteig:
3 Tassen (510 g) Weizenmehl
1 Pck. Backpulver
6 Eier (Größe M)
¾ Tasse (150 ml) Speiseöl
½ Tasse (125 g) flüssiger Orangenblüten-Honig
2 Fläschchen (je 125 ml) Kombucha Joghurtdrink-mild (von Mibell)
½ Tasse (60 g) Haselnuss-Krokant

Zum Tränken:
5 EL Kombucha-Teegetränk
1 Pck. Finesse Bourbon-Vanille-Aroma

Für den Guss:
1 ½ Tassen (210 g) gesiebter Puderzucker
3–4 EL Kombucha-Teegetränk

Zubereitungszeit:
50 Minuten, ohne Abkühlzeit

Insgesamt:
E: 105 g, F: 203 g, Kh: 791 g, kJ: 23410, kcal: 5594

RAFFINIERT

1. Zum Vorbereiten Mandarinen in einem Sieb gut abtropfen lassen, den Saft dabei auffangen.

2. Für den Teig Mehl mit Backpulver mischen, in eine verschließbare Schüssel (3-Liter-Inhalt) sieben. Eier, Speiseöl, Honig und Joghurtdrink hinzufügen. Schüssel mit dem Deckel fest verschließen.

3. Mehrmals (insgesamt 15–30 Sekunden) kräftig schütteln, so dass alle Zutaten gut vermischt sind. Alles mit einem Schneebesen oder Rührlöffel nochmals sorgfältig durchrühren, damit vor allem trockene Zutaten vom Rand mit untergerührt werden.

4. Mandarinen und Krokant vorsichtig unter den Teig heben. Den Teig in eine Napfkuchenform (Ø 24 cm, gefettet, mit Mehl ausgestäubt) geben und glatt streichen.

5. Die Form auf dem Rost in den Backofen schieben.

Ober-/Unterhitze: etwa 180 °C (vorgeheizt)
Heißluft: etwa 160 °C (nicht vorgeheizt)
Gas: Stufe 2–3 (nicht vorgeheizt)
Backzeit: etwa 60 Minuten.

6. Die Form auf einen Kuchenrost stellen. Den Kuchen 10 Minuten in der Form stehen lassen, dann aus der Form lösen und auf den Kuchenrost stürzen. Kuchen etwas abkühlen lassen.

7. Zum Tränken Teegetränk, Aroma und den aufgefangenen Mandarinensaft verrühren. Den warmen Kuchen damit tränken. Den Kuchen erkalten lassen.

8. Für den Guss Puderzucker mit Teegetränk zu einer geschmeidigen Masse verrühren. Den Kuchen mit dem Guss überziehen, fest werden lassen.

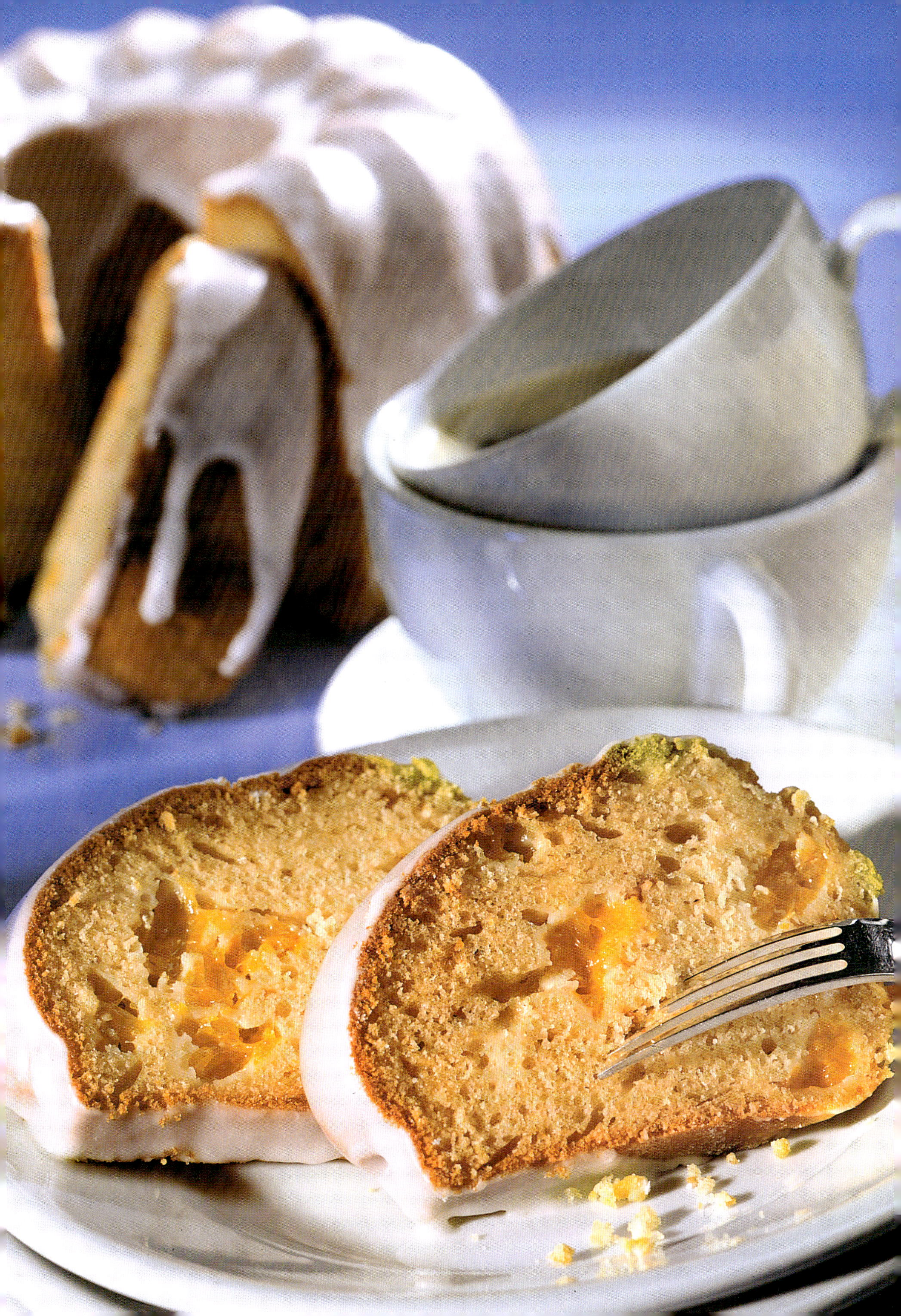

Birnen-Walnuss-Brot

Zutaten

Zum Vorbereiten:
100 g getrocknete Birnen
2 EL Zitronensaft

Für den Teig:
250 g Weizenmehl
3 gestr. TL Backpulver
125 g Zucker
1 Msp. Salz
2 Pck. Finesse Geriebene Zitronenschale
125 g zerlassene, abgekühlte Butter oder Margarine
3 Eier (Größe M)
2 EL Zitronensaft
1 Becher (150 g) saure Sahne
150 g gehackte Walnusskerne

Zubereitungszeit:
25 Minuten,
ohne Durchziehzeit

Insgesamt:
E: 78 g, F: 200 g, Kh: 395 g,
kJ: 16089, kcal: 3843

ZUM VERSCHENKEN

1. Zum Vorbereiten Birnen klein schneiden, mit Zitronensaft beträufeln und etwas durchziehen lassen.

2. Für den Teig Mehl mit Backpulver mischen, in eine verschließbare Schüssel (3-Liter-Inhalt) sieben, mit Zucker, Salz und Zitronenschale mischen. Butter oder Margarine, Eier, Zitronensaft und Sahne hinzufügen, Schüssel mit dem Deckel fest verschließen. Mehrmals (insgesamt 15–30 Sekunden, je nach Menge der Zutaten) kräftig schütteln, so dass alle Zutaten gut vermischt sind. Walnusskerne und Birnen hinzugeben, alles mit einem Schneebesen oder Rührlöffel nochmals sorgfältig durchrühren, damit vor allem trockene Zutaten vom Rand mit untergerührt werden.

3. Den Teig in eine Kastenform (30 x 11 cm, gefettet, mit Backpapier ausgelegt) füllen, glatt streichen. Die Form auf dem Rost in den Backofen schieben.

Ober-/Unterhitze: etwa 180 °C (vorgeheizt)
Heißluft: etwa 160 °C (nicht vorgeheizt)
Gas: Stufe 2–3 (nicht vorgeheizt)
Backzeit: etwa 65 Minuten.

4. Das Brot evtl. nach 40 Minuten mit Backpapier abdecken.

5. Das Brot etwa 10 Minuten in der Form stehen lassen, aus der Form lösen, Backpapier entfernen und auf einem Kuchenrost erkalten lassen.

Tipp: *Das Brot in Klarsichtfolie verpacken, mit einer dekorativen Schleife zubinden – ideal als Geschenk.*

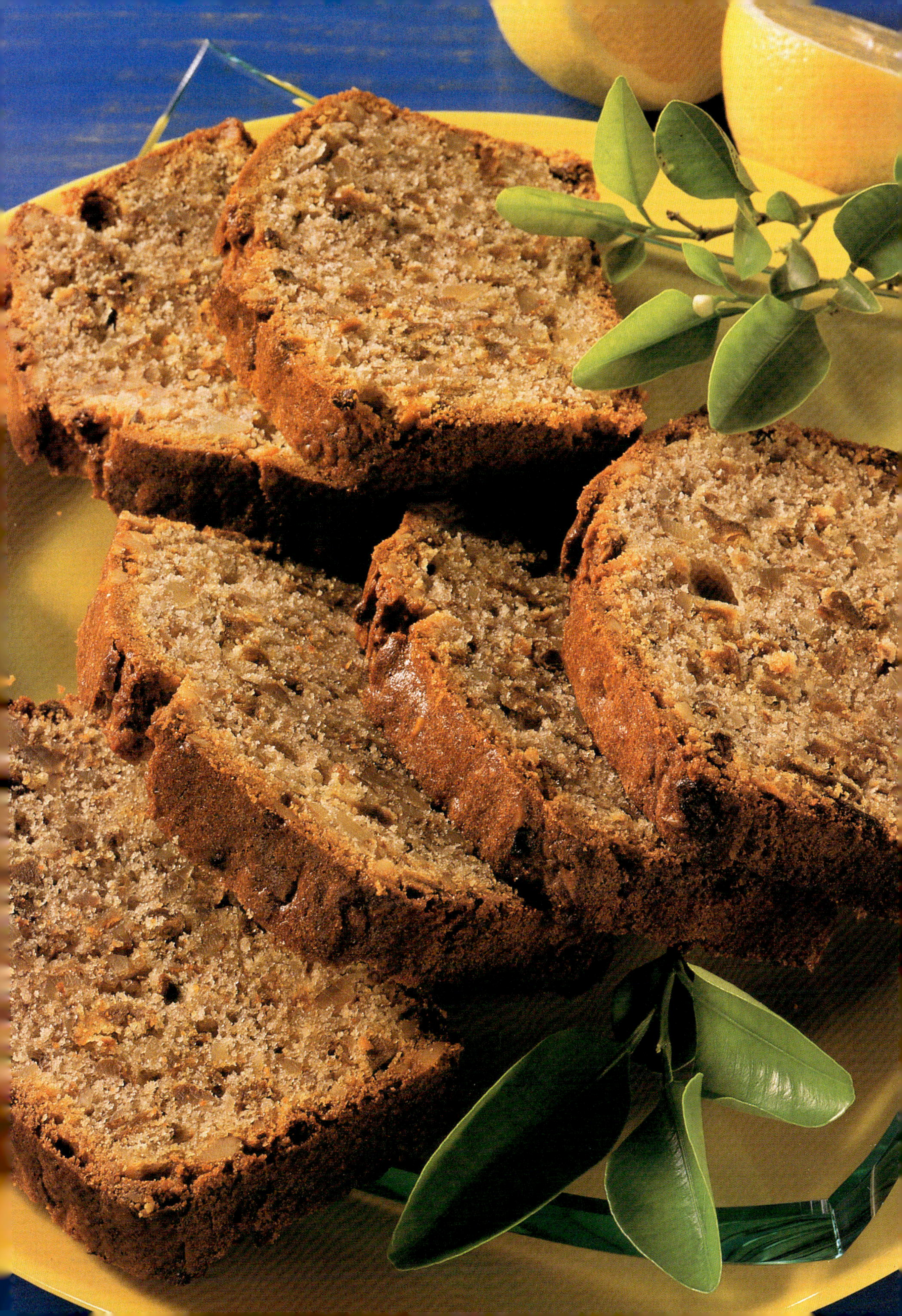

Kokosrosette

Zutaten

Für den Belag:
50 g Butter
75 g Zucker
1 Pck. Vanillin-Zucker
1 EL Milch
75 g Kokosraspel

Für den Teig:
150 g Weizenmehl
3 gestr. TL Backpulver
30 g Zucker
50 g zerlassene, abgekühlte Butter oder Margarine
75 g Naturjoghurt
3 EL Milch

Zum Bestreichen:
2 EL Milch

Zum Garnieren:
50 g Halbbitter-Kuvertüre

Zubereitungszeit:
20 Minuten, ohne Abkühlzeit

Insgesamt:
E: 28 g, F: 153 g, Kh: 262 g,
kJ: 10882, kcal: 2600

RAFFINIERT

1. Für den Belag Butter zerlassen, nach und nach Zucker, Vanillin-Zucker und Milch unterrühren, Kokosraspel hinzufügen, gut verrühren und erkalten lassen.

2. Für den Teig Mehl mit Backpulver mischen, in eine verschließbare Schüssel (3-Liter-Inhalt) sieben, mit Zucker mischen. Butter oder Margarine, Joghurt und Milch hinzufügen, Schüssel mit dem Deckel fest verschließen. Mehrmals (insgesamt 15–30 Sekunden, je nach Menge der Zutaten) kräftig schütteln, so dass alle Zutaten gut vermischt sind. Alles mit einem Rührlöffel nochmals sorgfältig durchrühren, damit vor allem trockene Zutaten vom Rand mit untergerührt werden.

3. Den Teig mit einer Gabel durcharbeiten, dann mit bemehlten Fingern in eine Rosettenform (Ø 30 cm, gefettet) drücken, mit Milch bestreichen.

4. Die Kokosmasse gleichmäßig darauf verteilen. Die Form auf dem Rost in den Backofen schieben.

Ober-/Unterhitze: etwa 180 °C (vorgeheizt)
Heißluft: etwa 160 °C (vorgeheizt)
Gas: Stufe 2–3 (vorgeheizt)
Backzeit: etwa 25 Minuten.

5. Den Kuchen aus der Form lösen, auf einen Kuchenrost stürzen, erkalten lassen.

6. Zum Garnieren Kuvertüre in kleine Stücke schneiden, in einem kleinen Topf im Wasserbad bei schwacher Hitze zu einer geschmeidigen Masse verrühren. Kuvertüre in einen Gefrierbeutel füllen, eine kleine Ecke abschneiden und den Kuchen blütenartig verzieren.

Tipp: *Kokosmasse eventuell während des Backens mit einem doppelten Bogen Backpapier abdecken, damit sie nicht zu braun wird. Anstelle einer Rosettenform kann der Kuchen auch in einer Springform (Ø 26 cm) gebacken werden, dann erhöht sich die Backzeit auf etwa 30 Minuten.*

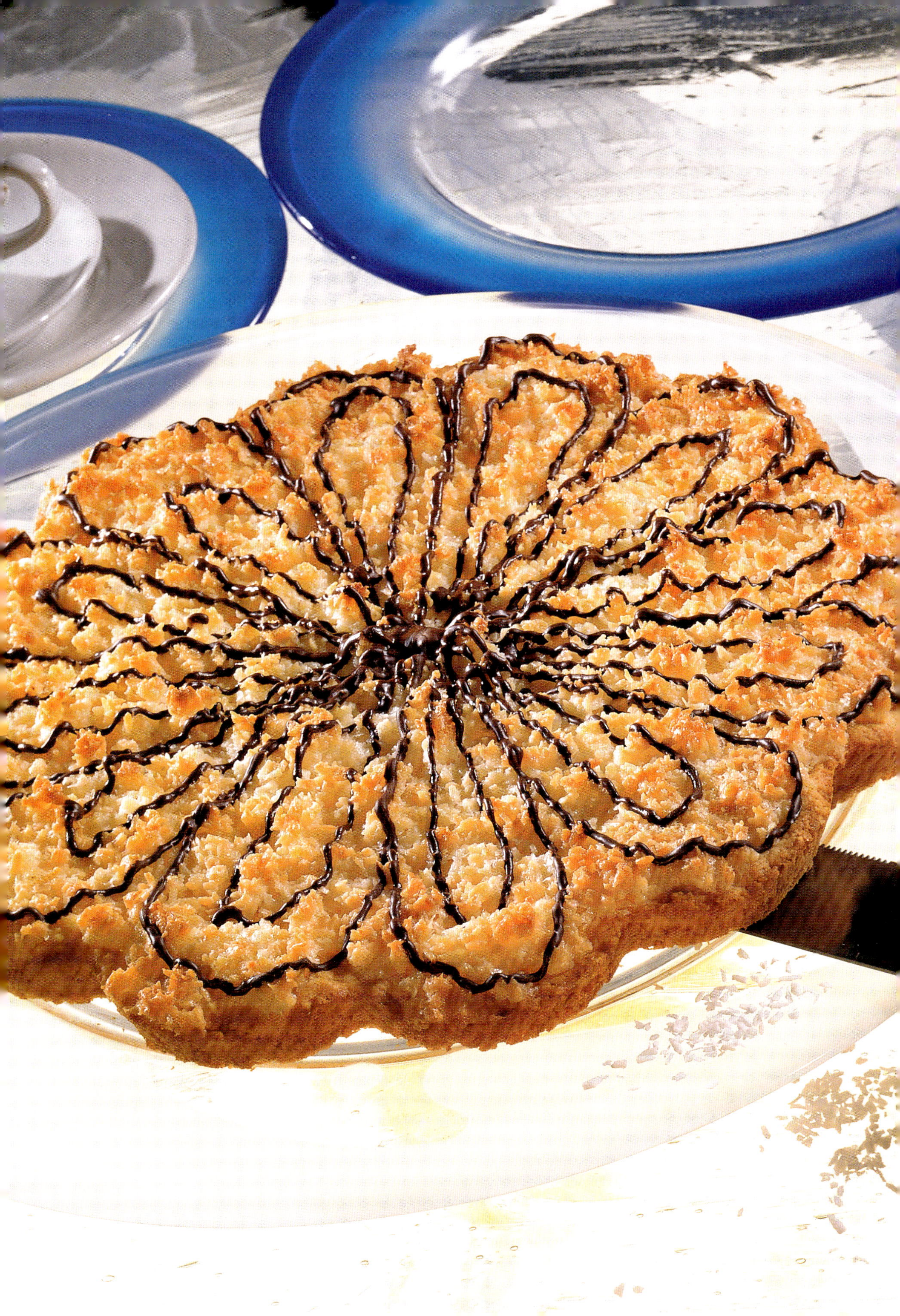

Erdbeer-Kastenkuchen

Zutaten

Zum Vorbereiten:
2 Becher (je 150 g) Erdbeerjoghurt

Für den Rührteig:
½ Pck. (125 g) Butter oder Margarine
½ Becher (75 g) Zucker
1 TL Finesse Geriebene Zitronenschale
½ Becher (150 g) Erdbeerkonfitüre
3 Eier (Größe M)
3 Becher (330 g) Weizenmehl
3 gestr. TL Backpulver
einige Tropfen rote Speisefarbe

Für die Füllung:
1 Becher (250 g) Mascarpone (italienischer Frischkäse)
1 Pck. Sahnesteif
1 EL Puderzucker

Zum Beträufeln:
1 EL Erdbeerkonfitüre

Zubereitungszeit:
55 Minuten, ohne Kühlzeit

Insgesamt:
E: 83 g, F: 242 g, Kh: 493 g,
kJ: 19438, kcal: 4645

*RAFFINIERT –
FÜR KINDER*

1. Zum Vorbereiten Joghurt in eine Rührschüssel geben und zugedeckt kalt stellen. Einen Joghurtbecher auswaschen, abtrocknen und zum Abmessen verwenden.

2. Für den Teig Butter oder Margarine mit Handrührgerät mit Rührbesen auf höchster Stufe geschmeidig rühren. Nach und nach Zucker, Zitronenschale und Konfitüre unterrühren. So lange rühren, bis eine gebundene Masse entstanden ist.

3. Eier nach und nach unterrühren (jedes Ei etwa ½ Minute). Mehl und Backpulver mischen, sieben, portionsweise auf mittlerer Stufe unterrühren. Speisefarbe unterrühren.

4. Den Teig in eine Kastenform (25 x 11 cm, gefettet, mit Backpapier ausgelegt) füllen und glatt streichen. Die Form auf dem Rost in den Backofen schieben.

Ober-/Unterhitze: etwa 180 °C (vorgeheizt)
Heißluft: etwa 160 °C (nicht vorgeheizt)
Gas: Stufe 2–3 (nicht vorgeheizt)
Backzeit: etwa 55 Minuten.

5. Den Kuchen 10 Minuten in der Form abkühlen lassen, dann aus der Form stürzen. Kuchen auf einem Kuchenrost erkalten lassen. Mitgebackenes Backpapier entfernen. Den Kuchen wieder umdrehen.

6. Die Kuchenkruste an der Oberfläche gerade schneiden, dann der Länge nach einen Keil (3 cm tief) aus dem Kuchen schneiden.

7. Für die Füllung Mascarpone, Sahnesteif und Puderzucker mit dem kalt gestellten Joghurt mit Handrührgerät mit Rührbesen auf mittlerer Stufe geschmeidig rühren.

8. Drei Viertel der Käse-Joghurt-Masse in den Kuchen füllen und glatt streichen. Den ausgeschnittenen Keil mit der Kruste nach unten auf die Füllung legen und mit der restlichen Füllung bestreichen.

(Fortsetzung Seite 86)

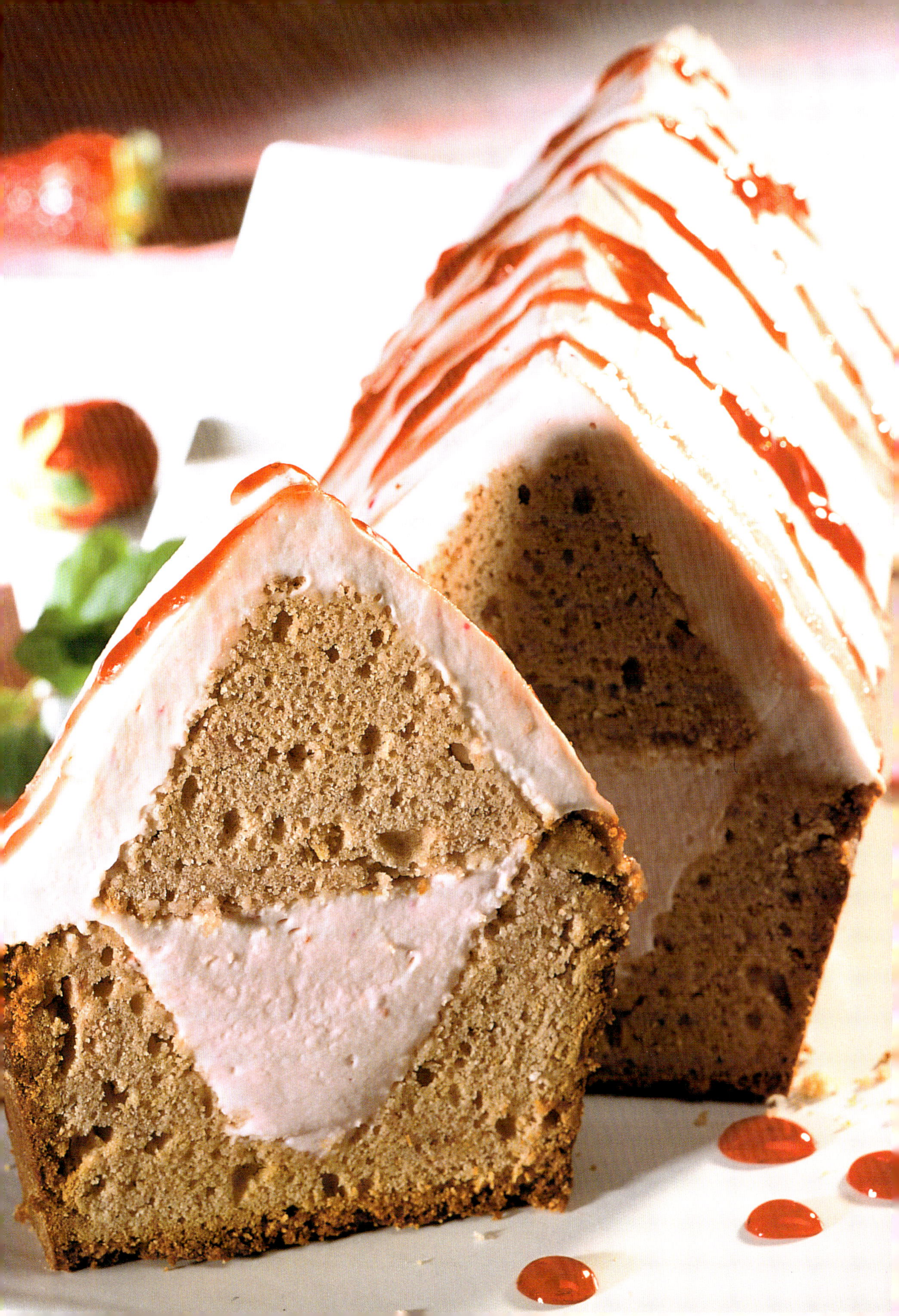

9 Zum Beträufeln Konfitüre in einem kleinen Topf aufkochen lassen und durch ein Sieb streichen. Die Konfitüre in einen kleinen Gefrierbeutel füllen, eine kleine Ecke abschneiden. Den Kuchen mit der Konfitüre beträufeln. Kuchen etwa 1 Stunde kalt stellen.

Malzbierkuchen mit Ananas

Zutaten
1 Tasse ≙ 250 ml

Zum Vorbereiten:
1 kleine Dose Ananasstücke (Abtropfgewicht 250 g)
1 ½ Tassen (150 g) geröstete, leicht gesalzene Erdnusskerne

Für den Rührteig:
1 Pck. (250 g) Butter oder Margarine
1 Tasse (220 g) Zucker
1 TL Finesse Geriebene Zitronenschale
3 Eier (Größe M)
2 ½ Tassen (425 g) Weizenmehl
3 gestr. TL Backpulver
½ Tasse (125 ml) Malzbier

Zum Füllen:
½ Glas (175 g) Erdnusscreme mit Erdnussstückchen

Zubereitungszeit:
50 Minuten, ohne Abkühlzeit

Insgesamt:
E: 148 g, F: 400 g, Kh: 620 g, kJ: 28898, kcal: 6905

1 Zum Vorbereiten Ananasstücke in einem Sieb abtropfen lassen, den Saft dabei auffangen. Größere Ananasstücke etwas kleiner schneiden. Erdnusskerne fein hacken.

2 Für den Teig Butter oder Margarine mit Handrührgerät mit Rührbesen auf höchster Stufe geschmeidig rühren. Nach und nach Zucker und Zitronenschale unterrühren. So lange rühren, bis eine gebundene Masse entstanden ist.

3 Eier nach und nach unterrühren (jedes Ei etwa ½ Minute). Mehl und Backpulver mischen, sieben, abwechselnd portionsweise mit dem Malzbier auf mittlerer Stufe unterrühren. Erdnusskerne mit den Ananasstücken mischen und unterheben.

4 Den Teig in eine Kastenform (30 x 11 cm, gefettet, mit Backpapier ausgelegt) geben und glatt streichen. Die Form auf dem Rost in den Backofen schieben.

Ober-/Unterhitze: etwa 180 °C (vorgeheizt)
Heißluft: etwa 160 °C (nicht vorgeheizt)
Gas: Stufe 2–3 (nicht vorgeheizt)
Backzeit: etwa 55 Minuten.

5 Den Kuchen 10 Minuten in der Form stehen lassen, dann aus der Form lösen und auf einem Kuchenrost erkalten lassen. Mitgebackenes Backpapier entfernen.

6 Den Kuchen zweimal waagerecht durchschneiden. Den unteren Boden mit der Hälfte der Erdnusscreme bestreichen, mit dem mittleren Boden bedecken und etwas andrücken. Den mittleren Boden mit der restlichen Erdnusscreme bestreichen, den oberen Boden darauf legen und etwas andrücken.

RAFFINIERT

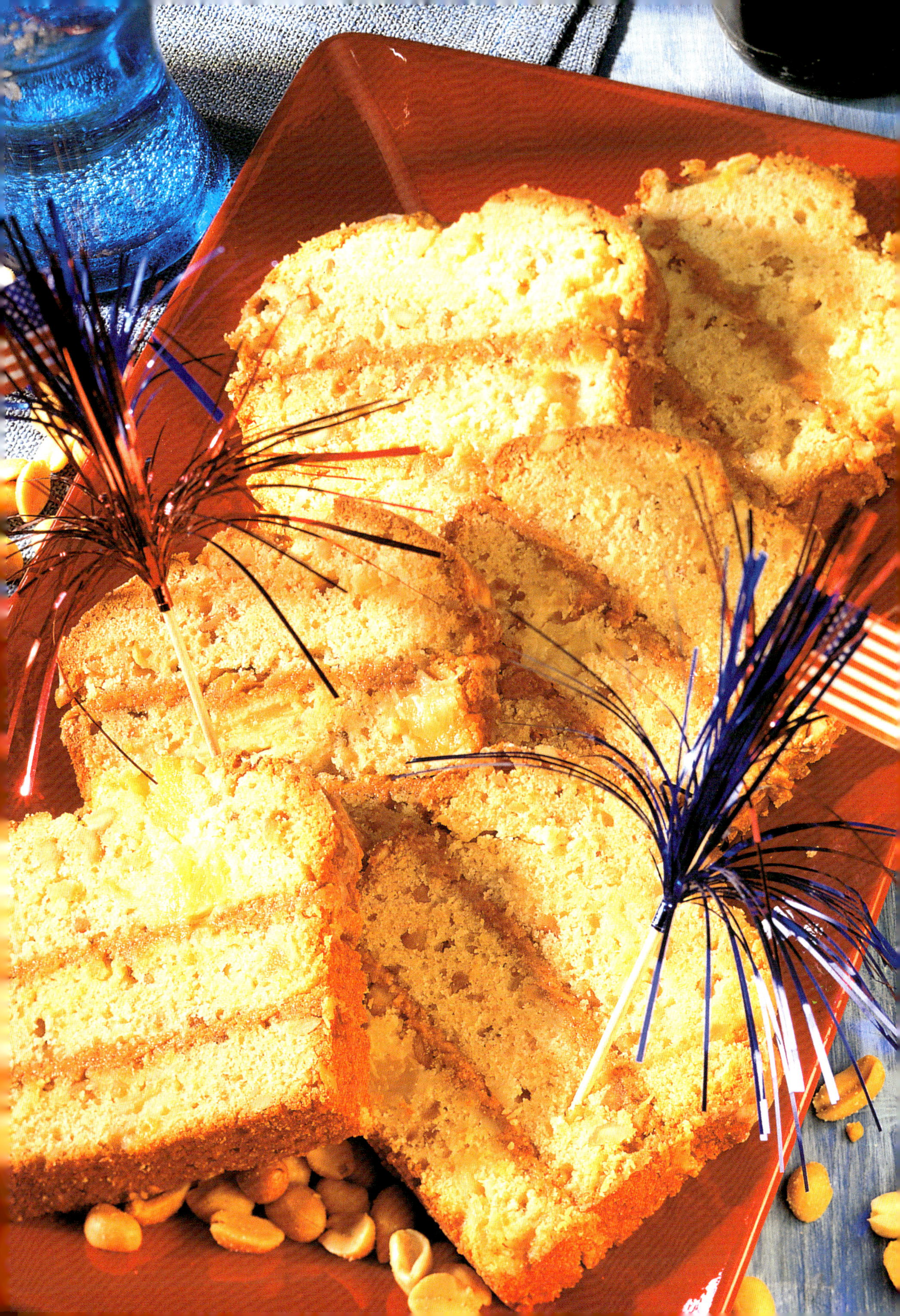

Mini-Kuchen für den Kindergeburtstag
(3 kleine Kuchen)

Zutaten

Für den Teig:
300 g Weizenmehl
1 Pck. Backpulver
150 g Zucker
1 Pck. Vanillin-Zucker
4 Eier (Größe M)
175 g zerlassene, abgekühlte Butter oder Margarine
150 ml Buttermilch

100 g M&M's® minis (kleine Schokolinsen mit buntem Zuckerüberzug)

Für den Guss:
200 g Puderzucker
3–4 EL Zitronensaft
gelbe, grüne und rote Speisefarbe

Zubereitungszeit:
35 Minuten, ohne Abkühlzeit

Insgesamt:
E: 73 g, F: 177 g, Kh: 672 g, kJ: 19674, kcal: 4700

FÜR KINDER

1. Für den Teig Mehl mit Backpulver mischen, in eine verschließbare Schüssel (3-Liter-Inhalt) sieben, mit Zucker und Vanillin-Zucker mischen. Eier, Butter oder Margarine und Buttermilch hinzufügen, Schüssel mit dem Deckel fest verschließen. Mehrmals (insgesamt 15–30 Sekunden, je nach Menge der Zutaten) kräftig schütteln, so dass alle Zutaten gut vermischt sind. Alles mit einem Schneebesen nochmals sorgfältig durchrühren, damit vor allem trockene Zutaten vom Rand mit untergerührt werden.

2. Teig in drei kleine Kastenformen (9 x 18 cm, gefettet, mit Backpapier belegt) füllen. Schokolinsen auf den Teig streuen und mit einer Gabel leicht unterziehen. Die Formen auf dem Rost in den Backofen schieben.

Ober-/Unterhitze: etwa 180 °C (vorgeheizt)
Heißluft: etwa 160 °C (nicht vorgeheizt)
Gas: Stufe 2–3 (nicht vorgeheizt)
Backzeit: etwa 45 Minuten.

3. Den Kuchen etwa 10 Minuten in den Formen stehen lassen, dann aus der Form nehmen, Backpapier entfernen und auf einem Kuchenrost erkalten lassen.

4. Für den Guss Puderzucker und Zitronensaft zu einer dicklichen Masse verrühren. Masse dritteln, jeweils ein Drittel mit einer Lebensmittelfarbe einfärben, als Fäden über die Kuchen ziehen, trocknen lassen.

Tipp: Sie können den Teig auch in kleinen Gugelhupfformen backen.

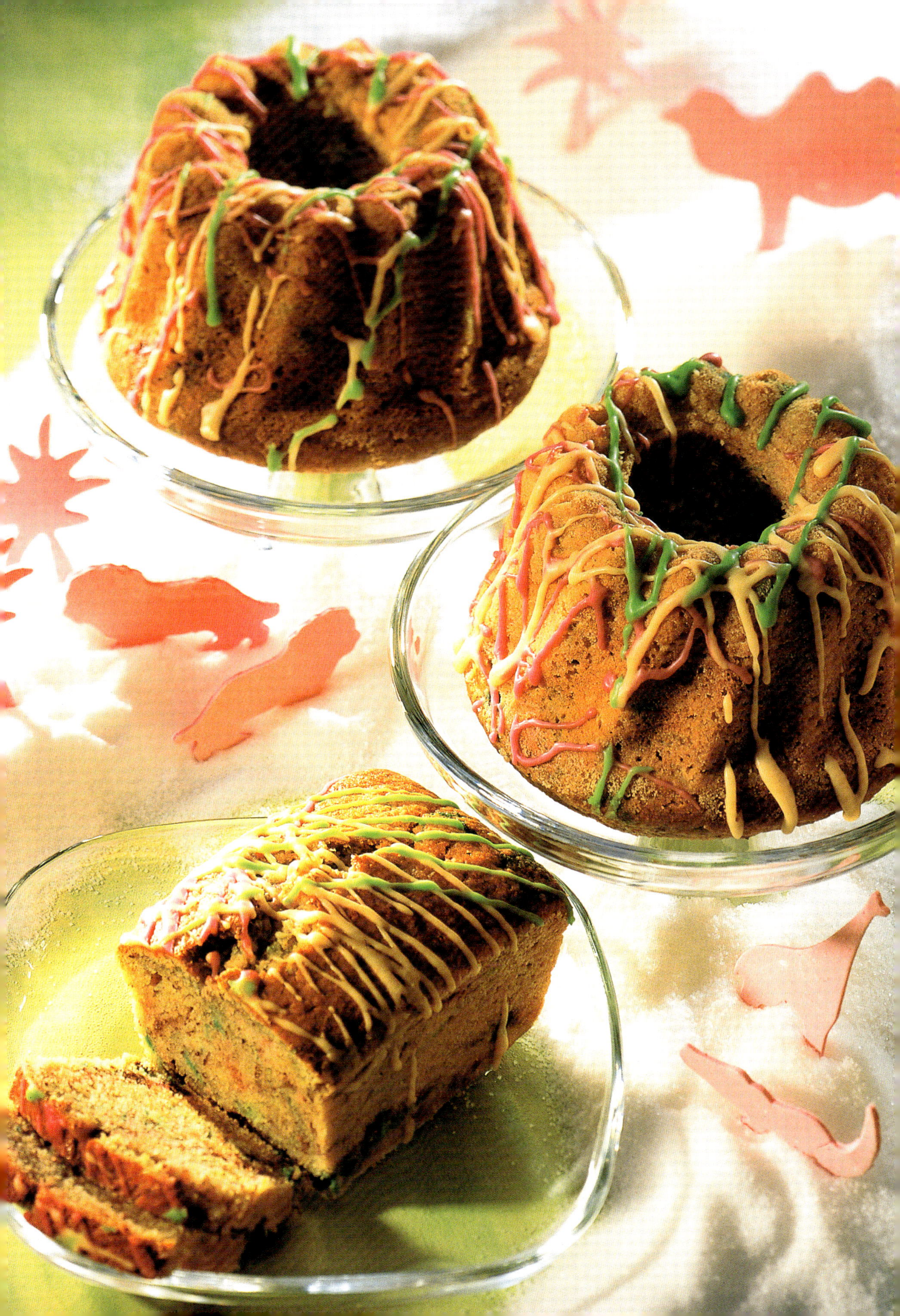

Gewürz-Karamell-Kuchen

Zutaten

Für den Teig:
- 250 g Weizenmehl
- 2 gestr. TL Backpulver
- 120 g brauner Zucker
- 1 TL gemahlener Zimt
- ½ TL gemahlene Muskatblüte (Macis)
- ½ TL gemahlener Ingwer
- 2 Eier (Größe M)
- 170 g zerlassene, abgekühlte Butter oder Margarine
- 2 EL heller Sirup (40 g)
- 125 ml (⅛ l) Milch

Für den Sirup:
- 1 Vanilleschote
- 150 g Zucker
- 80 ml Zitronensaft
- 60 ml Wasser
- Schale von 1 Zitrone (unbehandelt)
- 4 grüne Kardamomkapseln
- 1 Zimtstange

Zubereitungszeit:
50 Minuten,
ohne Abkühlzeit

Insgesamt:
E: 49 g, F: 161 g, Kh: 502 g,
kJ: 15694, kcal: 3749

ZUM VERSCHENKEN

1 Für den Teig Mehl mit Backpulver mischen, in eine verschließbare Schüssel (3-Liter-Inhalt) sieben, mit Zucker, Zimt, Muskat und Ingwer mischen. Eier, Butter oder Margarine, Sirup und Milch hinzufügen, Schüssel mit dem Deckel fest verschließen. Mehrmals (insgesamt 15–30 Sekunden, je nach Menge der Zutaten) kräftig schütteln, so dass alle Zutaten gut vermischt sind. Alles mit einem Schneebesen oder Rührlöffel nochmals sorgfältig durchrühren, damit vor allem trockene Zutaten vom Rand mit untergerührt werden.

2 Teig in eine Gugelhupfform (Ø 22 cm, gefettet, bemehlt) füllen, glatt streichen. Die Form auf dem Rost in den Backofen schieben.

Ober-/Unterhitze: etwa 180 °C (vorgeheizt)
Heißluft: etwa 160 °C (nicht vorgeheizt)
Gas: Stufe 2–3 (nicht vorgeheizt)
Backzeit: etwa 45 Minuten.

3 Für den Sirup Vanilleschote längs aufschneiden und das Mark herausschaben. Zucker in einem Topf goldgelb karamellisieren lassen, mit Zitronensaft und Wasser ablöschen. So lange rühren, bis sich der Karamell aufgelöst hat. Zitronenschale, Kardamomkapseln, Zimtstange und Vanillemark und -schote hinzufügen, die Zutaten etwa 3 Minuten köcheln lassen.

4 Kuchen 10 Minuten in der Form stehen lassen, auf einen mit Backpapier belegten Kuchenrost stürzen. Mehrmals mit einem Holzstäbchen einstechen. Kuchenrost auf eine Platte stellen. Vanilleschote, Kardamomkapseln und Zimtstange aus dem Sirup nehmen. Kuchen mit dem Sirup beträufeln. Abgetropften Sirup wieder über den Kuchen träufeln, bis alles vom Kuchen aufgesogen ist. Kuchen erkalten lassen.

Tipp: Zur Dekoration die Vanilleschote in die Gugelhupfform legen. Teig in die Form füllen und backen.

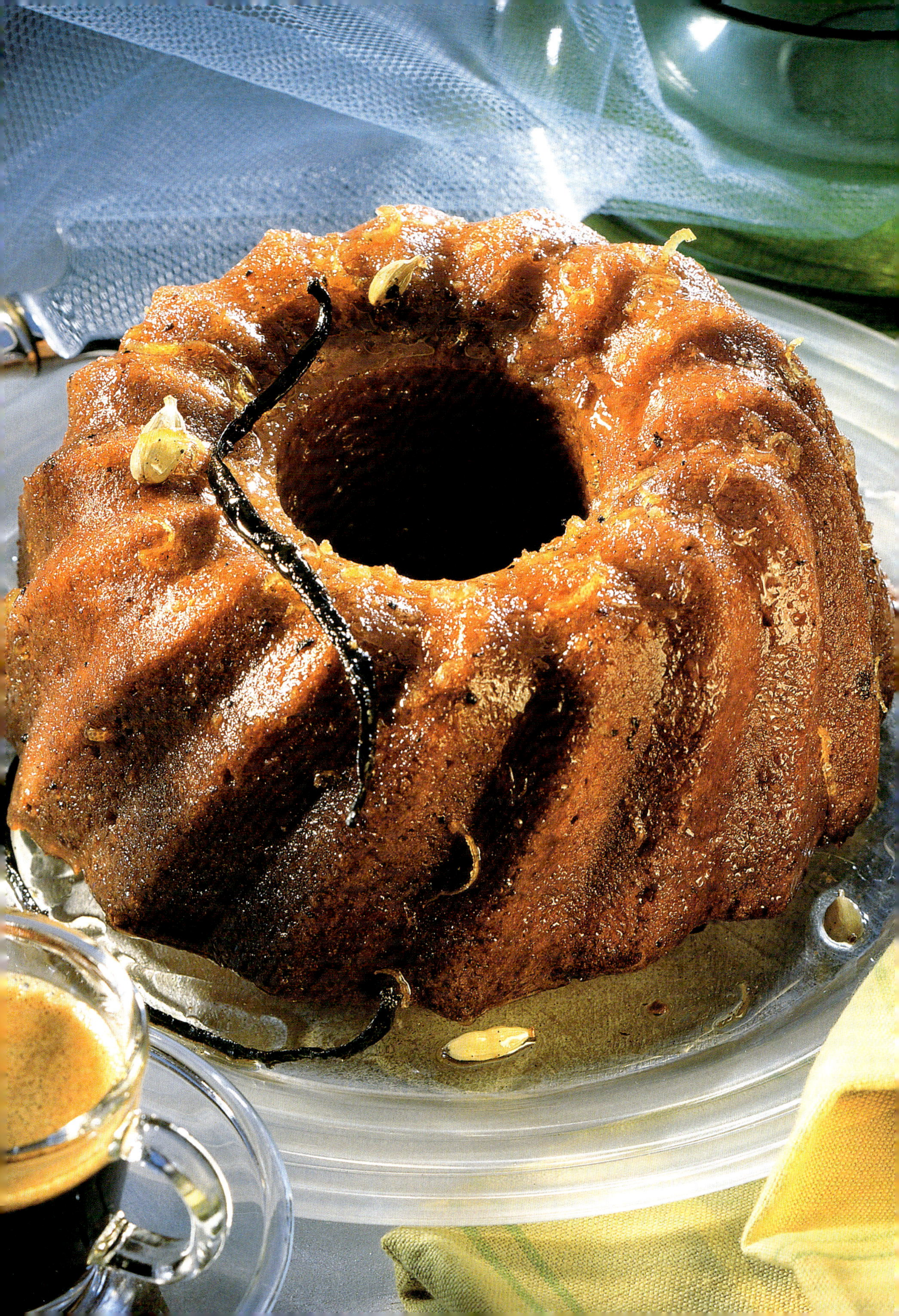

Früchtekuchen mit Haferflocken

Zutaten
1 Tasse ≙ 250 ml

Zum Vorbereiten:
1 Dose Aprikosenhälften (Abtropfgewicht 240 g)
½ Pck. (150 g) TK-Blaubeeren
½ Pck. Finesse Geriebene Zitronenschale

Für den All-in-Teig:
1 Tasse (170 g) Weizenmehl
2 gestr. TL Backpulver
½ Pck. Finesse Geriebene Zitronenschale
½ Tasse (110 g) Zucker
1 Pck. Vanillin-Zucker
1 Prise Salz
2 Eier (Größe M)
6 EL Speiseöl
½ Tasse (125 ml) Aprikosensaft
1 Tasse (100 g) kernige Haferflocken

Für den Guss:
1 Tasse (140 g) gesiebter Puderzucker
1 EL Zitronensaft

Zubereitungszeit:
40 Minuten, ohne Abkühlzeit

Insgesamt:
E: 50 g, F: 83 g, Kh: 553 g,
kJ: 13649, kcal: 3259

1 Zum Vorbereiten Aprikosenhälften in einem Sieb gut abtropfen lassen, den Saft dabei auffangen. Aprikosenhälften fein würfeln. Aprikosenwürfel mit den gefrorenen Blaubeeren und der Zitronenschale mischen.

2 Für den Teig Mehl mit Backpulver mischen und in eine Rührschüssel sieben. Zitronenschale, Zucker, Vanillin-Zucker, Salz, Eier, Öl und Aprikosensaft hinzufügen. Die Zutaten in 2 Minuten mit Handrührgerät mit Rührbesen auf höchster Stufe zu einem glatten Teig verarbeiten. Die vorbereitete Früchtemischung und Haferflocken hinzugeben und vorsichtig unterheben.

3 Den Teig in 4 kleine Kastenformen (je 300 ml Inhalt, gefettet, bemehlt) verteilen. Die Formen auf dem Rost in den Backofen schieben.

Ober-/Unterhitze: etwa 180 °C (vorgeheizt)
Heißluft: etwa 160 °C (nicht vorgeheizt)
Gas: Stufe 2–3 (nicht vorgeheizt)
Backzeit: etwa 35 Minuten.

4 Die Kuchen etwa 10 Minuten in den Formen abkühlen lassen, dann auf einen Kuchenrost stürzen. Die Kuchen wieder umdrehen.

5 Für den Guss Puderzucker, Zitronensaft und 1–2 Esslöffel von dem aufgefangenen Aprikosensaft zu einer dickflüssigen Masse verrühren. Die Kuchenoberflächen sofort mit dem Guss bestreichen. Die Kuchen erkalten lassen.

Tipp: *Der Teig kann auch in einer Kastenform (25 x 11 cm, gefettet, mit Backpapier ausgelegt) und* **bei der oben angegebenen Backtemperatur etwa 55 Minuten** *gebacken werden.*

FRUCHTIG

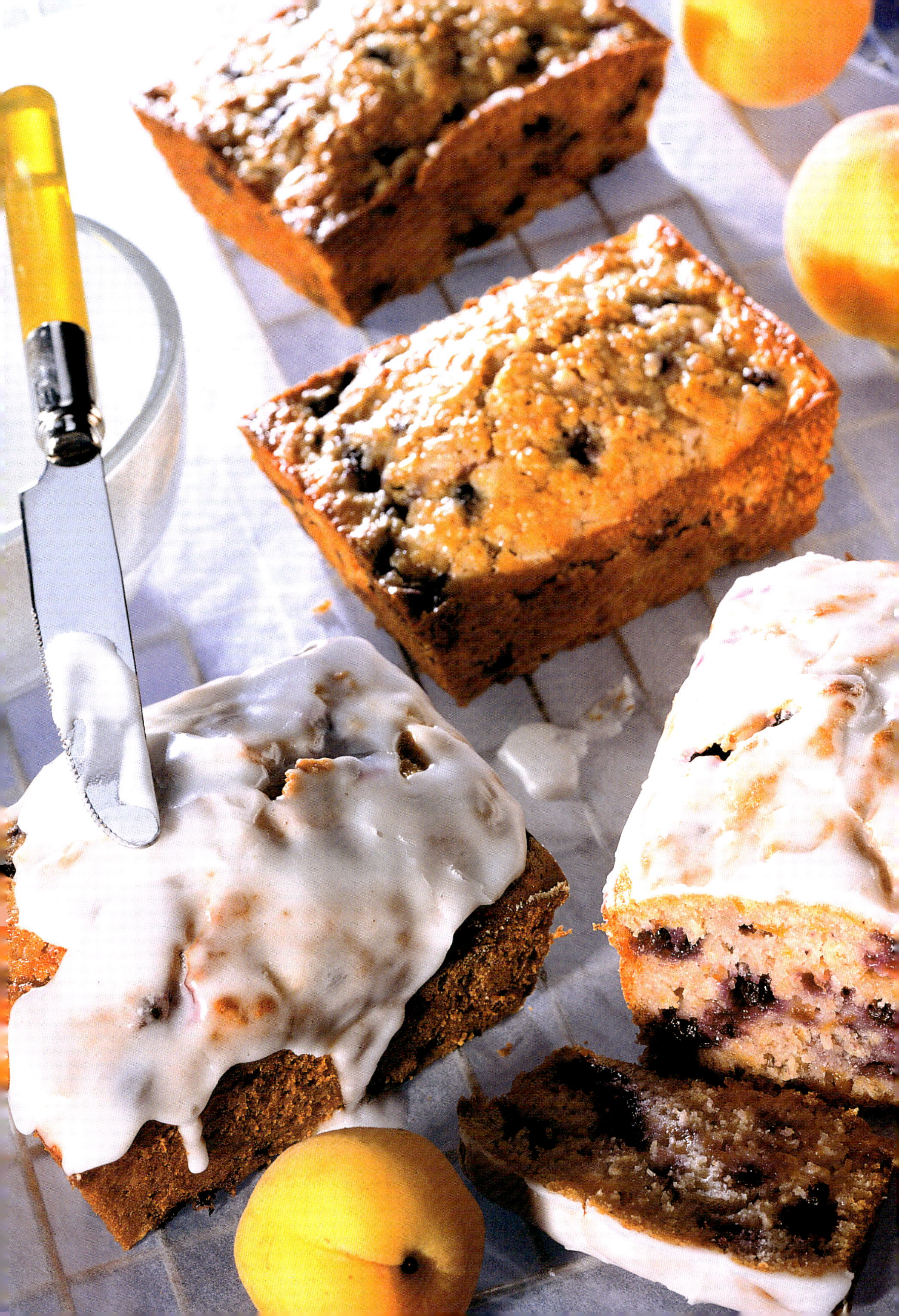

Aprikosen-Kirsch-Kuchen

Zutaten
1 Tasse ≙ 200 ml

Zum Vorbereiten:
1 kleine Dose Aprikosenhälften (Abtropfgewicht 240 g)

Für den All-in-Teig:
1 ½ Tassen (150 g) Weizenmehl
½ Tasse (50 g) Speisestärke
2 gestr. TL Backpulver
½ Tasse (75 g) Zucker
2 Pck. Vanillin-Zucker
3 Eier (Größe M), 2 EL Milch

Für den Teig I:
100 g Aprikosenhälften
½ Tasse (50 g) abgezogene, gemahlene Mandeln

Für den Teig II:
1 EL Kirsch-Drinkpulver, z. B. Quench, 1 EL Milch

Für die Füllung:
½ Becher (125 g) Mascarpone (italienischer Frischkäse)
1 Pck. Vanillin-Zucker
1 EL Aprikosensaft
140 g Aprikosenhälften

Zubereitungszeit:
70 Minuten, ohne Kühlzeit

Insgesamt:
E: 58 g, F: 103 g, Kh: 325 g, kJ: 10784, kcal: 2576

1. Zum Vorbereiten Aprikosenhälften in einem Sieb abtropfen lassen, den Saft dabei auffangen.

2. Für den Teig Mehl mit Speisestärke und Backpulver mischen, in eine Rührschüssel sieben. Zucker, Vanillin-Zucker, Eier und Milch hinzufügen. Die Zutaten in 2 Minuten mit Handrührgerät mit Rührbesen auf höchster Stufe zu einem glatten Teig verarbeiten. Den Teig halbieren.

3. Für den Teig I Aprikosenhälften in kleine Würfel schneiden. Aprikosenwürfel und Mandeln unter eine Teighälfte rühren. Für den Teig II Drinkpulver und Milch unter den restlichen Teig rühren. Den Teig I (Aprikosenteig) in eine Kastenform (25 x 11 cm, gefettet, bemehlt oder mit Backpapier ausgelegt) der Länge nach zur Hälfte in die Kastenform füllen. Die andere Hälfte der Kastenform mit dem Teig II (Drinkpulverteig) füllen. Die Form auf dem Rost in den Backofen schieben.

Ober-/Unterhitze: etwa 180 °C (vorgeheizt)
Heißluft: etwa 160 °C (nicht vorgeheizt)
Gas: Stufe 2–3 (nicht vorgeheizt)
Backzeit: etwa 40 Minuten.

4. Die Form auf einen Kuchenrost stellen. Den Kuchen etwa 5 Minuten in der Form stehen lassen, dann aus der Form lösen und auf dem Kuchenrost erkalten lassen, evtl. mitgebackenes Backpapier entfernen. Den Kuchen der Länge nach in der Mitte waagerecht halbieren.

5. Für die Füllung Mascarpone mit Vanillin-Zucker und Aprikosensaft verrühren. Aprikosenhälften in kleine Würfel schneiden und unterheben. Den unteren Boden auf eine Kuchenplatte legen. Die Mascarpone-Aprikosen-Creme darauf verteilen. Den oberen Boden, um 180° Grad gedreht, darauf legen und etwas andrücken. Den Kuchen etwa 1 Stunde kalt stellen.

Tipp: *Wenn der Teig I (Aprikosenteig) in die Form gefüllt wird, die Kastenform schräg halten.*

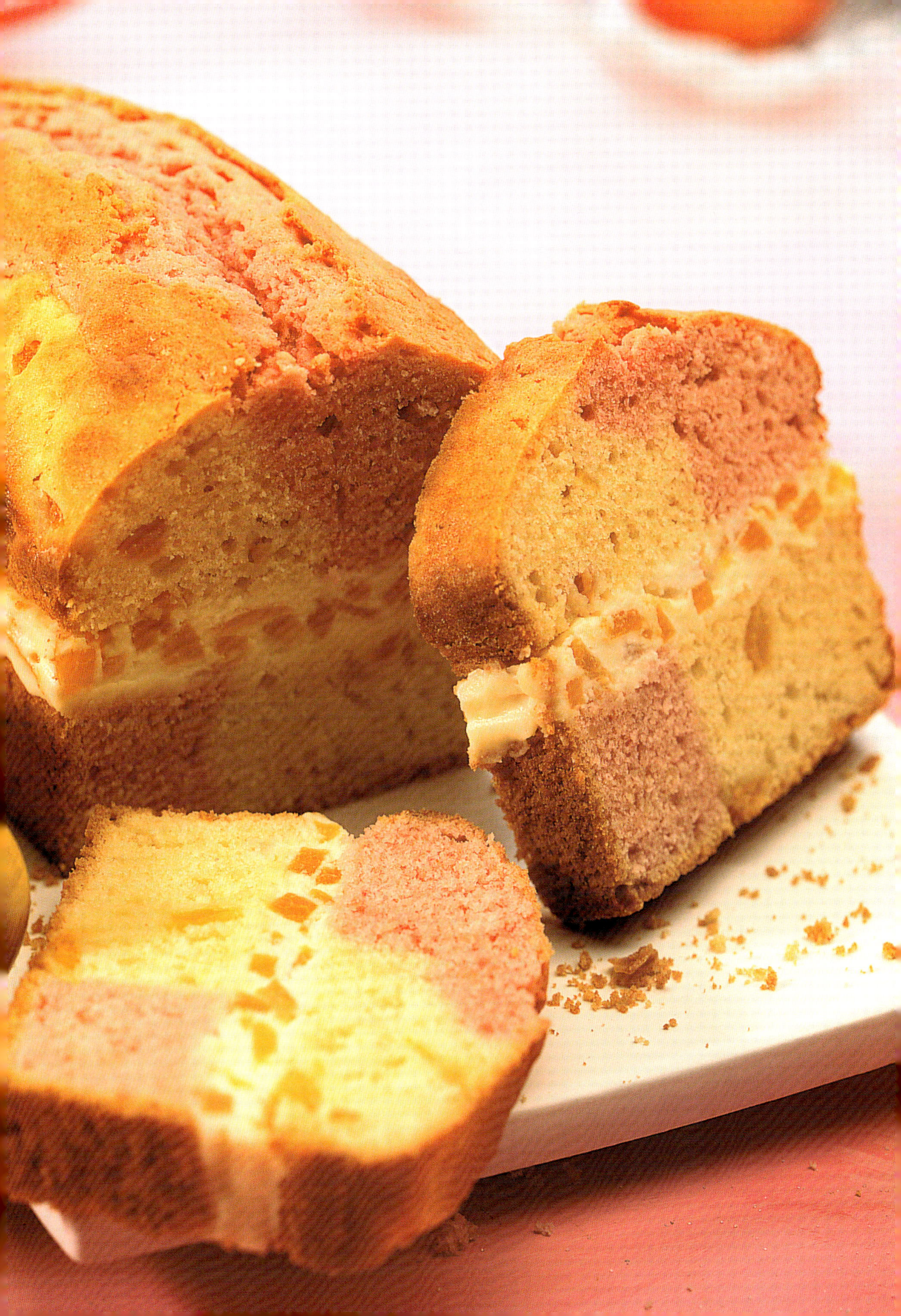

Pflaumentarte

Zutaten

Zum Vorbereiten:
600 g Pflaumen

Für den Teig:
125 g Weizenmehl
2 gestr. TL Backpulver
75 g feinster Zucker
1 Pck. Vanillin-Zucker
1 Ei (Größe M)
100 g Magerquark
100 ml Speiseöl
100 ml Schlagsahne

Für die Form:
20 g abgezogene, gemahlene Mandeln

Für den Guss:
100 ml Schlagsahne
1 Ei (Größe M)
25 g abgezogene, gemahlene Mandeln
1 EL Zucker

Zubereitungszeit:
30 Minuten

Insgesamt:
E: 59 g, F: 201 g, Kh: 270 g,
kJ: 13745, kcal: 3283

FRUCHTIG – EINFACH

---

1 Zum Vorbereiten Pflaumen waschen, halbieren, entsteinen, einschneiden.

2 Für den Teig Mehl mit Backpulver mischen, in eine verschließbare Schüssel (3-Liter-Inhalt) sieben, mit Zucker und Vanillin-Zucker mischen. Ei, Quark, Öl und Sahne hinzufügen, Schüssel mit dem Deckel fest verschließen. Mehrmals (insgesamt 15–30 Sekunden, je nach Menge der Zutaten) kräftig schütteln, so dass alle Zutaten gut vermischt sind. Alles mit einem Schneebesen oder Rührlöffel nochmals sorgfältig durchrühren, damit vor allem trockene Zutaten vom Rand mit untergerührt werden.

3 Eine Tarteform (Ø 28 cm, gefettet) mit Mandeln ausstreuen, den Teig hineingeben und glatt streichen. Die Pflaumen dachziegelartig darauf verteilen. Die Form auf dem Rost in den Backofen schieben.

Ober-/Unterhitze: etwa 180 °C (vorgeheizt)
Heißluft: etwa 160 °C (nicht vorgeheizt)
Gas: Stufe 2–3 (nicht vorgeheizt)
Backzeit: etwa 45 Minuten.

4 Für den Guss Sahne, Ei, Mandeln und Zucker gut verrühren. Guss nach 20 Minuten Backzeit auf der Tarte verteilen. Bei gleicher Temperatureinstellung fertig backen.

5 Die Form auf einen Kuchenrost stellen und den Kuchen erkalten lassen.

Tipp: *Dazu geschlagene Sahne oder Vanillesauce reichen.*

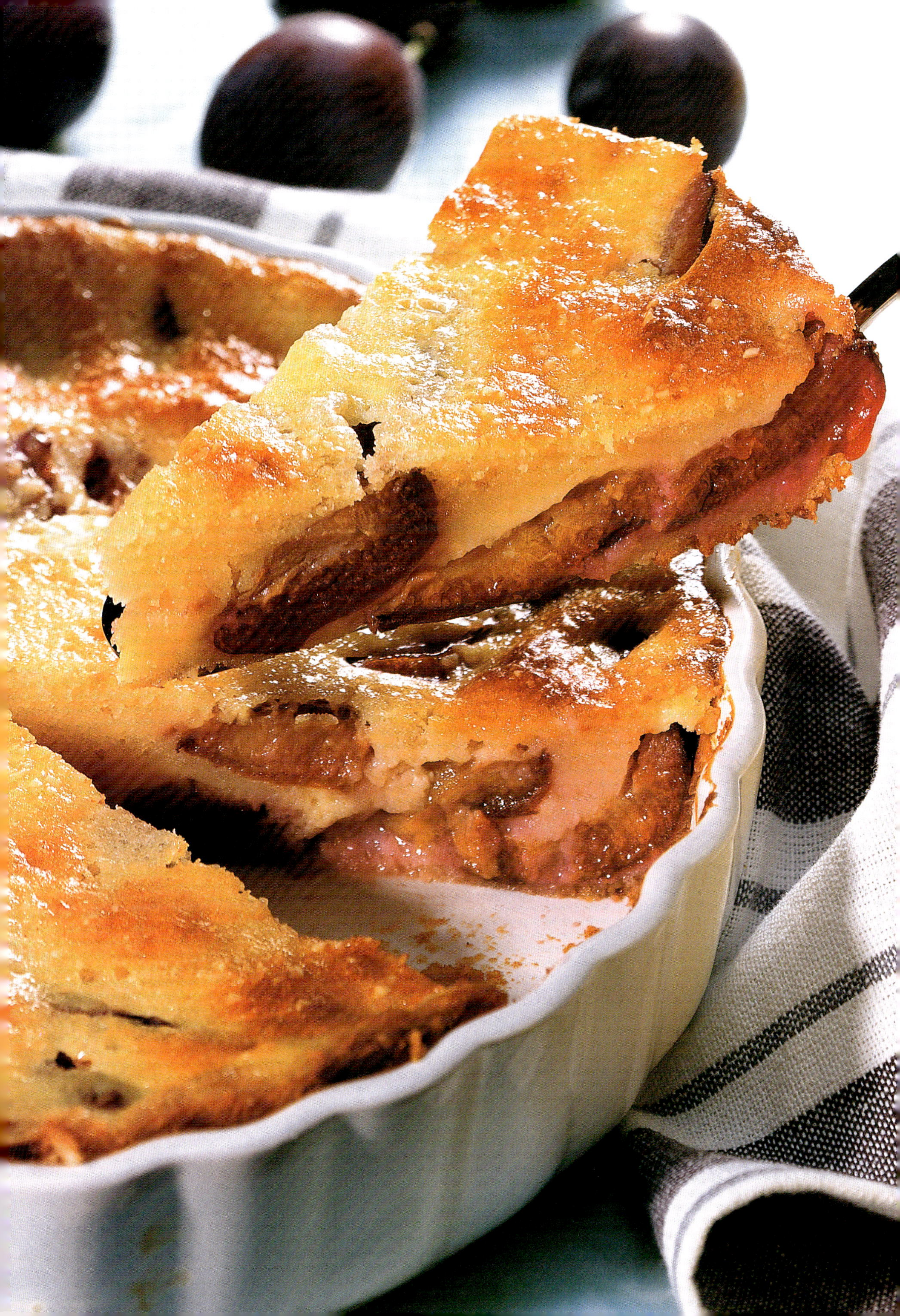

Grüner Käsekuchen

Zutaten

Zum Vorbereiten:
3 Pck. (je 200 g) Doppelrahm-Frischkäse

Für die Käsemasse:
1 EL Speiseöl
2 Eier (Größe M)
2 Eigelb (Größe M)
1 Becher (250 ml) Waldmeistersirup
2 EL Zitronensaft
1 Pck. Finesse Geriebene Zitronenschale
½ Becher (100 g) Hartweizengrieß
1 Pck. Backpulver
2 Eiweiß (Größe M)
⅓ Becher (75 g) Zucker
1 Pck. (25 g) gehackte Pistazienkerne

Zum Garnieren:
5 Zweige Zitronenmelisse

Für den Guss:
½ Becher (70 g) gesiebter Puderzucker
1 EL Zitronensaft

Zubereitungszeit:
15 Minuten, ohne Abkühlzeit

Insgesamt:
E: 111 g, F: 237 g, Kh: 428 g,
kJ: 18517, kcal: 4421

FÜR KINDER – RAFFINIERT

1. Zum Vorbereiten Frischkäse in eine Rührschüssel geben. Einen Becher auswaschen, abtrocknen und zum Abmessen verwenden.

2. Für die Käsemasse Speiseöl, Eier, Eigelb, Sirup, Zitronensaft und -schale zu dem Frischkäse geben. Die Zutaten mit Handrührgerät mit Rührbesen auf höchster Stufe geschmeidig rühren. Grieß mit Backpulver mischen und auf mittlerer Stufe unterrühren.

3. Eiweiß steif schlagen. Zucker nach und nach unterschlagen. Eischnee und Pistazienkerne unter die Käsemasse heben. Den Teig in eine Kranz- oder Springform mit Rohrboden (Ø 24–26 cm, gefettet, mit Mehl ausgestäubt) füllen. Die Form auf dem Rost in den Backofen schieben.

Ober-/Unterhitze: etwa 180 °C (vorgeheizt)
Heißluft: etwa 160 °C (nicht vorgeheizt)
Gas: Stufe 2–3 (nicht vorgeheizt)
Backzeit: etwa 50 Minuten.

4. Die Form auf einen Kuchenrost stellen. Den Kuchen in der Form erkalten lassen, dann auf einen Kuchenrost stürzen.

5. Zum Garnieren Zitronenmelisse abspülen, trockentupfen und die Blättchen abzupfen. Melisseblättchen auf den Kuchen legen.

6. Für den Guss Puderzucker und Zitronensaft verrühren. Den Guss auf den Kuchen träufeln. Guss fest werden lassen.

Beigabe: *Vanillesauce.*

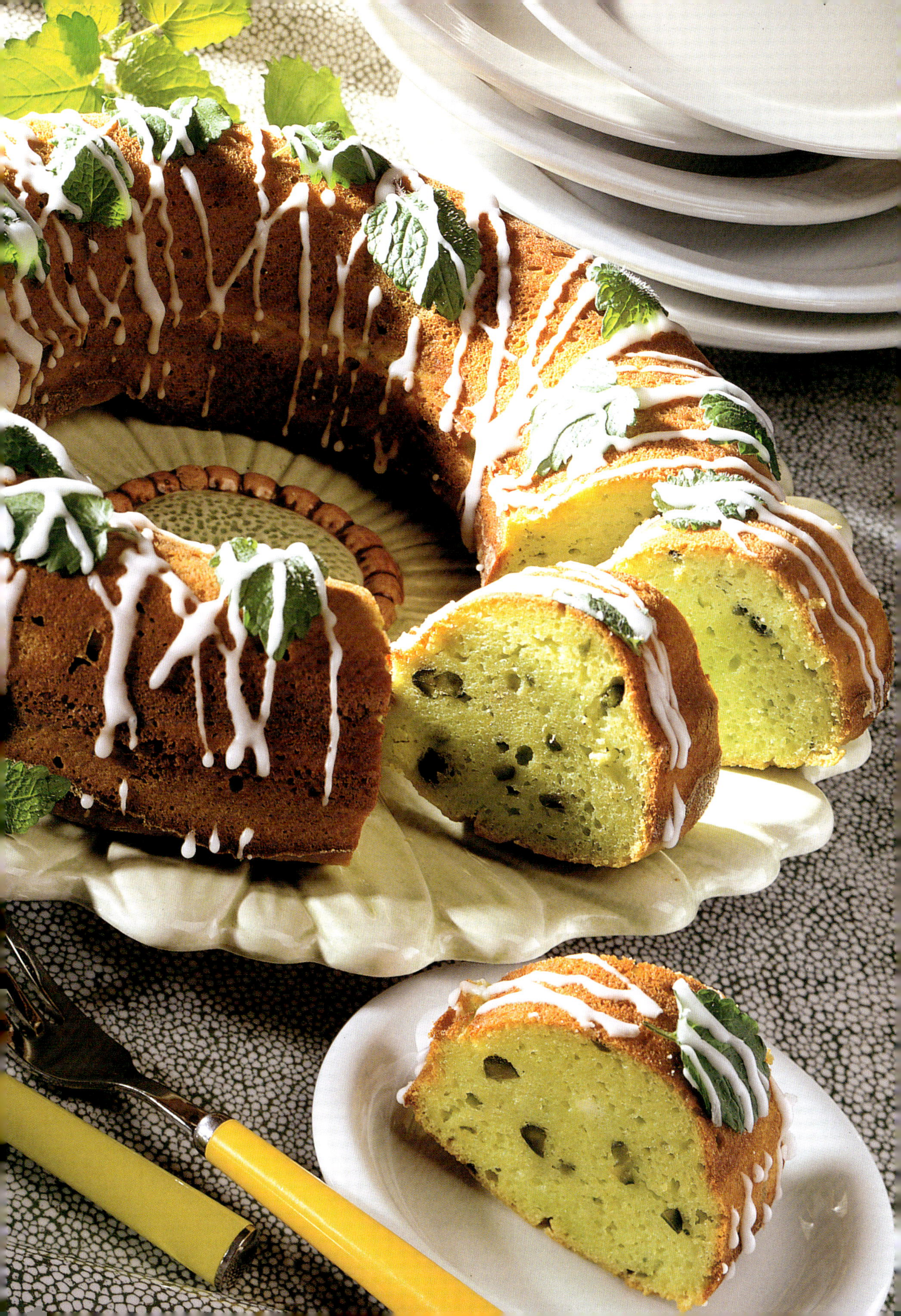

Torten

Bellini-Torte

Zutaten
1 Tasse ≙ 200 ml

Für den Rührteig:
½ Pck. (125 g) Butter oder Margarine
1 Tasse (150 g) Zucker
1 Pck. Vanillin-Zucker
3 Eier (Größe M)
2 Tassen (200 g) Weizenmehl, 2 gestr. TL Backpulver
5 EL Milch

Für den Belag:
8 Blatt weiße Gelatine
1 Dose Pfirsichhälften (Abtropfgewicht 500 g)
1 Pck. (500 g) Magerquark
½ Tasse (75 g) Zucker
3–4 EL Pfirsichlikör
Saft von ½ Zitrone
gut 1 Tasse (125 ml [⅛ l]) Prosecco
1 Becher (200 ml) Schlagsahne

2 EL abgezogene, gehobelte Mandeln zum Bestreuen

Zubereitungszeit:
60 Minuten, ohne Kühlzeit

Insgesamt:
E: 140 g, F: 204 g, Kh: 525 g, kJ: 20329, kcal: 4857

1 Für den Teig Butter oder Margarine mit Handrührgerät mit Rührbesen auf höchster Stufe geschmeidig rühren. Nach und nach Zucker und Vanillin-Zucker unterrühren. So lange rühren, bis eine gebundene Masse entstanden ist.

2 Eier nach und nach unterrühren (jedes Ei etwa ½ Minute). Mehl mit Backpulver mischen, sieben, abwechselnd portionsweise mit der Milch auf mittlerer Stufe unterrühren.

3 Den Teig in eine Springform (Ø 26 cm, Boden gefettet) füllen und glatt streichen. Die Form auf dem Rost in den Backofen schieben.

Ober-/Unterhitze: etwa 180 °C (vorgeheizt)
Heißluft: etwa 160 °C (vorgeheizt)
Gas: Stufe 2–3 (vorgeheizt)
Backzeit: etwa 25 Minuten.

4 Den Tortenboden in der Form etwas abkühlen lassen. Dann aus der Form lösen und auf einem Kuchenrost erkalten lassen.

5 Für den Belag Gelatine in kaltem Wasser nach Packungsanleitung einweichen.

6 Pfirsichhälften in einem Sieb abtropfen lassen, den Saft dabei auffangen. 2 Pfirsichhälften mit 4 Esslöffeln von dem Saft pürieren. Die restlichen Pfirsichhälften in Spalten schneiden und beiseite legen.

(Fortsetzung Seite 102)

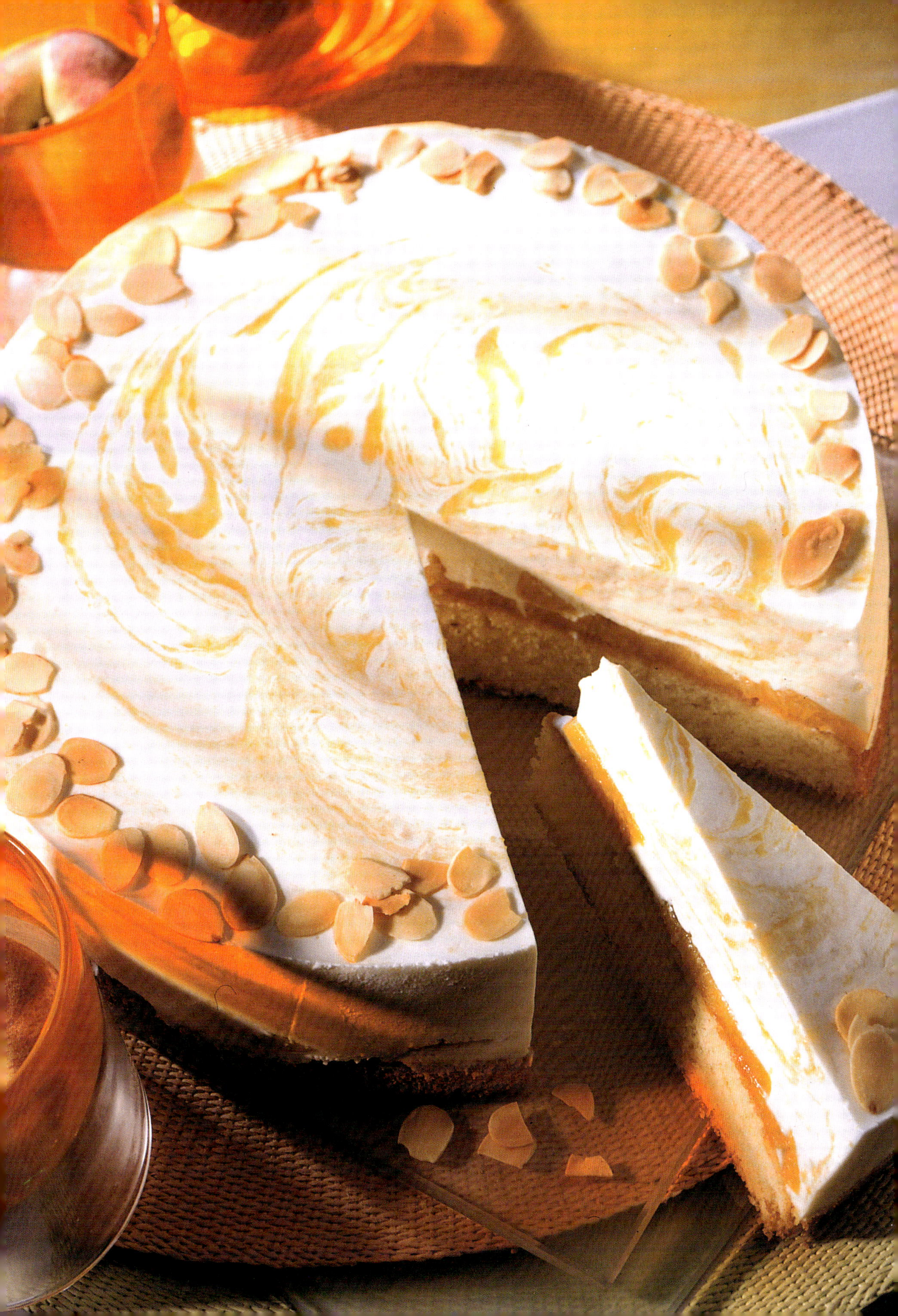

7 Quark, Zucker, Likör und Zitronensaft gut verrühren. Prosecco unterrühren. 6 Blatt leicht ausgedrückte Gelatine in einem kleinen Topf unter Rühren erwärmen (nicht kochen), bis sie völlig gelöst ist. 3 Esslöffel der Quarkmasse unterrühren. Dann alles zur restlichen Quarkmasse geben, gut verrühren und kalt stellen.

8 Restliche, leicht ausgedrückte Gelatine wie unter Punkt 7 beschrieben, auflösen. Gelatinelösung mit dem Pfirsichpüree gut verrühren.

9 Wenn die Quarkmasse anfängt dicklich zu werden, Sahne steif schlagen und unterheben. Pfirsichpüree als „Schlieren" unter die Quark-Sahne-Masse ziehen.

10 Den Tortenboden auf eine Tortenplatte legen. Einen Tortenring oder den gesäuberten Springformrand darumstellen. Die beiseite gestellten Pfirsichspalten auf dem Tortenboden verteilen. Die Quark-Pfirsich-Masse darauf geben und glatt streichen. Die Torte etwa 3 Stunden kalt stellen.

11 Mandeln in einer Pfanne ohne Fett goldbraun rösten, erkalten lassen. Den Tortenring oder Springformrand lösen und entfernen. Die Torte mit Mandeln bestreuen.

Rote-Grütze-Torte

1. Zum Vorbereiten Sahne in einen hohen Rührbecher geben und zugedeckt kalt stellen. Becher auswaschen, abtrocknen und zum Abmessen verwenden.

2. Für den Teig Butter oder Margarine mit Handrührgerät mit Rührbesen auf höchster Stufe geschmeidig rühren. Nach und nach Zucker und Vanillin-Zucker unterrühren. So lange rühren, bis eine gebundene Masse entstanden ist.

3. Eier und Eigelb nach und nach unterrühren (jedes Ei/Eigelb etwa ½ Minute). Mehl mit Kakao und Backpulver mischen, sieben, abwechselnd portionsweise mit 4 Esslöffeln von der kalt gestellten Sahne auf mittlerer Stufe unterrühren.

4. Den Teig in eine Springform (Ø 26 cm, Boden gefettet, mit Backpapier belegt) geben und glatt streichen.

5. Die Form auf dem Rost in den Backofen schieben und den Boden vorbacken.

Ober-/Unterhitze: etwa 180 °C (vorgeheizt)
Heißluft: etwa 160 °C (vorgeheizt)
Gas: Stufe 2–3 (vorgeheizt)
Backzeit: etwa 20 Minuten.

6. Die Form auf einen Kuchenrost stellen und das Gebäck etwas abkühlen lassen.

7. Für die Baisermasse Eiweiß mit Handrührgerät mit Rührbesen auf höchster Stufe steif schlagen. Der Schnee muss so fest sein, dass ein Messerschnitt sichtbar bleibt. Nach und nach Zucker unterschlagen.

8. Baisermasse auf den vorgebackenen Boden streichen. Die Form wieder auf dem Rost in den Backofen schieben und den Boden fertig backen.

(Fortsetzung Seite 104)

Zutaten
Foto Seite 105

Zum Vorbereiten:
1 Becher (200 ml) Schlagsahne

Für den Rührteig:
½ Pck. (125 g) Butter oder Margarine
½ Becher (100 g) Zucker
1 Pck. Vanillin-Zucker
3 Eier (Größe M)
2 Eigelb (Größe M)
2 Becher (250 g) Weizenmehl
2 TL Kakaopulver
3 gestr. TL Backpulver

Für die Baisermasse:
2 Eiweiß (Größe M)
½ Becher (100 g) Zucker

Für die Füllung:
5 Blatt weiße Gelatine
1 Pck. (500 g) Magerquark
4 EL Zucker
abgeriebene Schale und Saft von ½ Zitrone (unbehandelt)
1 Becher (250 g) Rote Grütze (Dr. Oetker)

Zubereitungszeit:
75 Minuten, ohne Kühlzeit

Insgesamt:
E: 146 g, F: 203 g, Kh: 475 g, kJ: 18736, kcal: 4476

FRUCHTIG

Ober-/Unterhitze: etwa 180 °C (vorgeheizt)
Heißluft: etwa 160 °C (vorgeheizt)
Gas: Stufe 2–3 (vorgeheizt)
Backzeit: etwa 15 Minuten.

9 Die Form auf einen Kuchenrost stellen. Den Boden etwas abkühlen lassen, dann aus der Form lösen und auf dem Kuchenrost erkalten lassen. Den Boden einmal waagerecht durchschneiden.

10 Für die Füllung Gelatine in kaltem Wasser nach Packungsanleitung einweichen. Quark, Zucker, Zitronenschale und -saft zu einer geschmeidigen Masse verrühren. Rote Grütze unterrühren.

11 Die ausgedrückte Gelatine in einem kleinen Topf unter Rühren erwärmen (nicht kochen), bis sie völlig gelöst ist, leicht abkühlen lassen. 3 Esslöffel der Quark-Grütze-Masse zur Gelatine geben. Dann alles zur restlichen Quark-Grütze-Masse geben und gut verrühren, kalt stellen.

12 Restliche kalt gestellte Sahne steif schlagen. Wenn die Masse anfängt dicklich zu werden, Sahne unterheben. Den unteren Boden auf eine Platte legen. Einen Tortenring oder den gesäuberten Springformrand darumstellen. Die Quark-Grütze-Masse auf den Boden geben und glatt streichen. Den oberen Boden (Baiserboden) darauf legen und etwas andrücken.

13 Die Torte etwa 3 Stunden kalt stellen. Den Tortenring oder Springformrand lösen und entfernen.

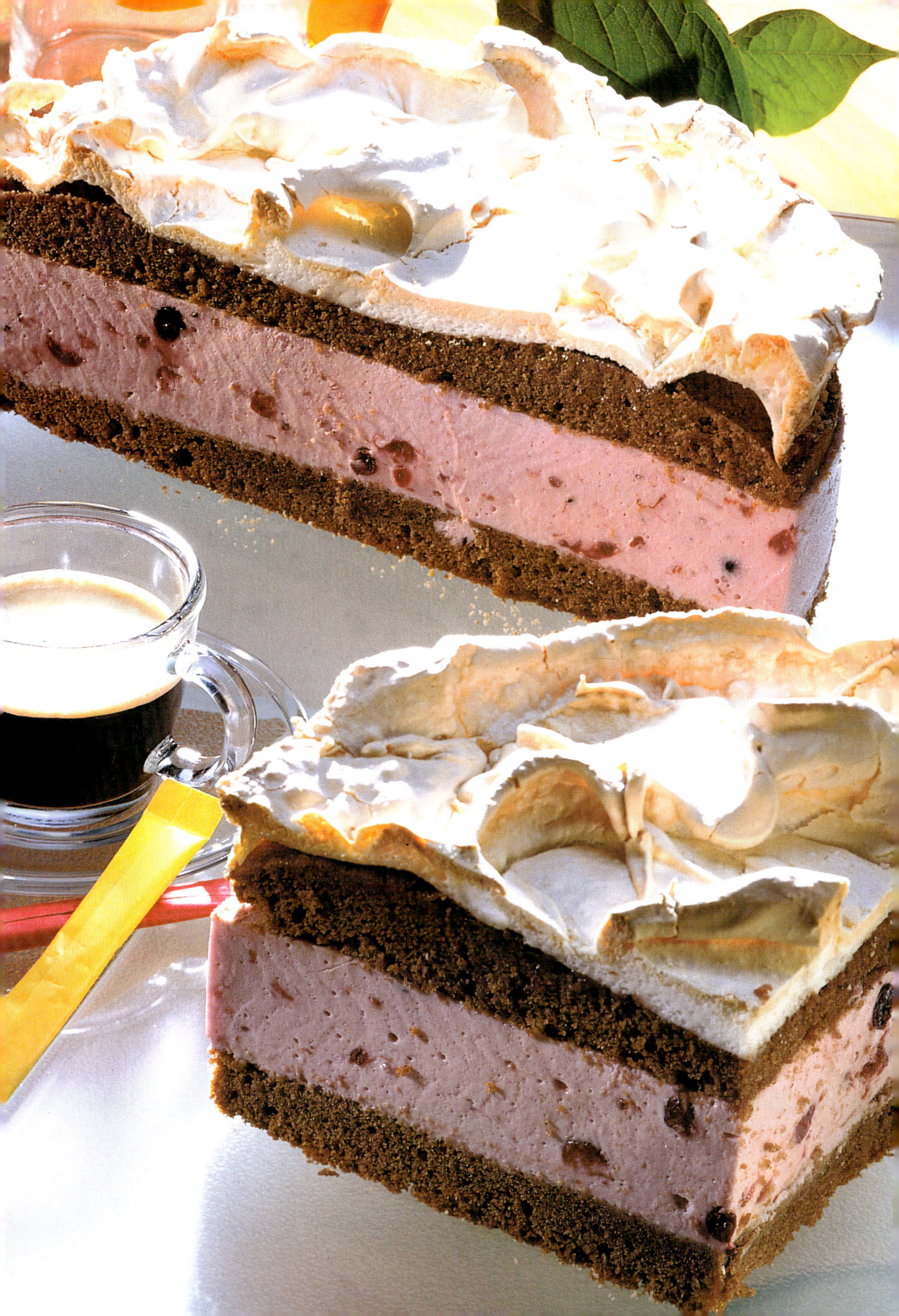

Schokoladen-Buttermilch-Torte

Zutaten

Für den Teig:
- 200 g Weizenmehl
- 2 gestr. TL Backpulver
- 30 g Kakaopulver
- 170 g Zucker
- 1 Pck. Vanillin-Zucker
- 4 Eier (Größe M)
- 150 g zerlassene, abgekühlte Butter oder Margarine
- 125 ml (⅛ l) Buttermilch

Für die Füllung:
- 100 g Butter
- 200 g Halbbitter-Kuvertüre
- 200 g Schlagsahne
- 70 g gesiebter Puderzucker

Nach Belieben zum Garnieren:
- Florentiner Plätzchen
- Zuckerperlen

Zubereitungszeit:
1 Stunde, ohne Kühlzeit

Insgesamt:
E: 82 g, F: 385 g, Kh: 564 g,
kJ: 26093 , kcal: 6234

FÜR GÄSTE

1. Für den Teig Mehl mit Backpulver und Kakao mischen, in eine verschließbare Schüssel (3-Liter-Inhalt) sieben, mit Zucker und Vanillin-Zucker mischen. Eier, Butter oder Margarine und Buttermilch hinzufügen, mit dem Deckel fest verschließen. Mehrmals (insgesamt 15–30 Sekunden, je nach Menge der Zutaten) kräftig schütteln, so dass alle Zutaten gut vermischt sind. Alles mit einem Schneebesen oder Rührlöffel nochmals sorgfältig durchrühren, damit vor allem trockene Zutaten vom Rand mit untergerührt werden.

2. Den Teig in eine Springform (Ø 22 oder 24 cm, Boden gefettet) füllen und glatt streichen. Die Form auf dem Rost in den Backofen schieben.

Ober-/Unterhitze: etwa 180 °C (vorgeheizt)
Heißluft: etwa 160 °C (nicht vorgeheizt)
Gas: Stufe 2–3 (nicht vorgeheizt)
Backzeit: etwa 45 Minuten.

3. Kuchen 5 Minuten in der Form stehen lassen, aus der Form lösen. Kuchen auf einem Kuchenrost erkalten lassen.

4. Für die Füllung Butter und Kuvertüre in kleine Stücke schneiden, mit Sahne und Puderzucker in einen Topf geben und bei milder Hitze schmelzen lassen, dabei gelegentlich umrühren. Schokomasse abkühlen lassen.

5. Sobald die Masse anfängt dicklich zu werden, sie mit einem Kochlöffel so lange rühren, bis sie streichfähig ist.

6. Den Kuchen zweimal waagerecht durchschneiden. Die Schokocreme halbieren. Eine Hälfte der Creme auf zwei Teigplatten streichen. Kuchen zusammensetzen und mit der restlichen Schokocreme Tortenrand und -oberfläche bestreichen. Torte zwei Stunden kalt stellen. Nach Belieben mit Florentiner Plätzchen und Zuckerperlen garnieren.

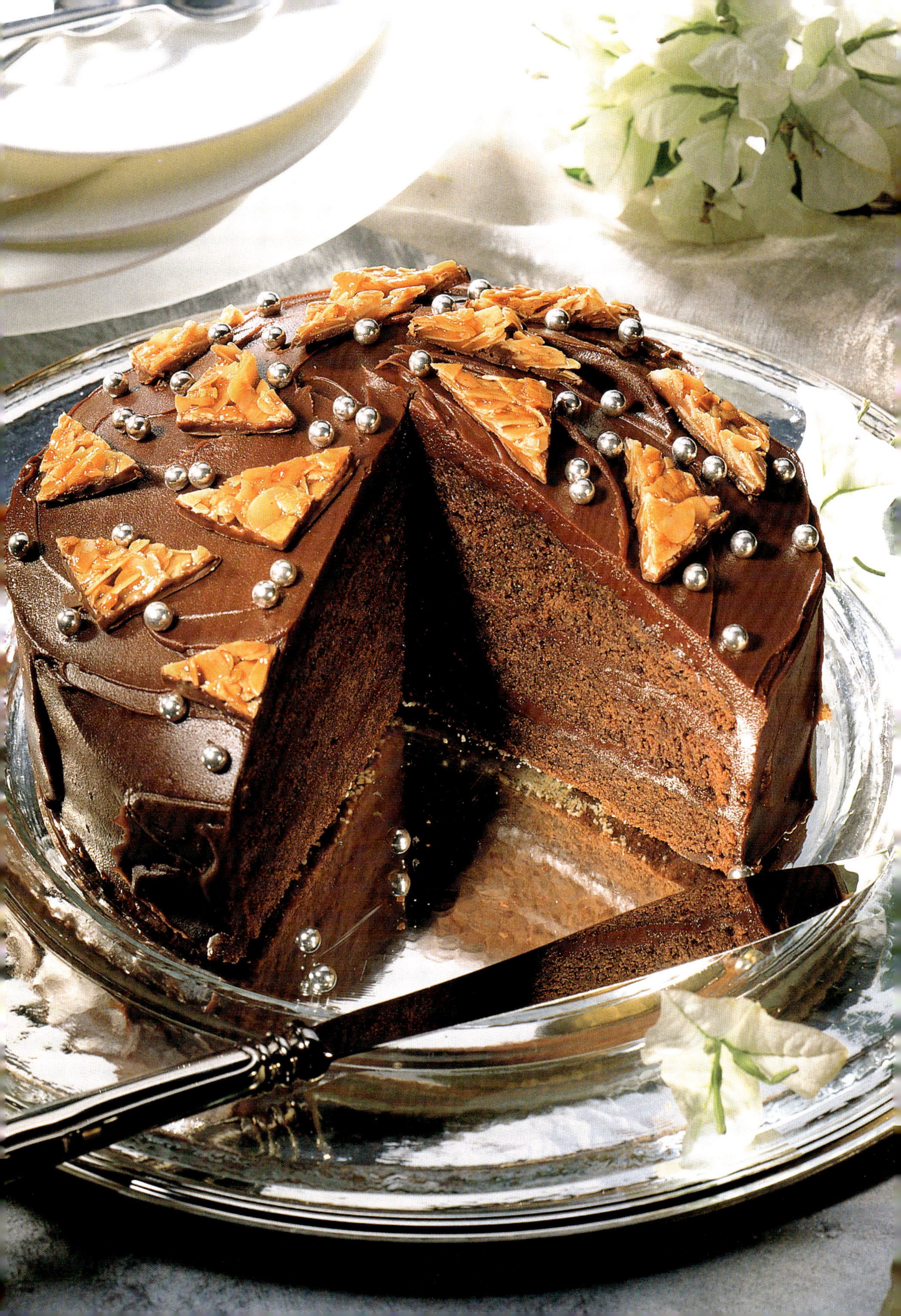

Erdbeertorte mit Ricotta

Zutaten
1 Tasse ≙ 250 ml

Für den Schüttelteig:
10 Stück (100 g) Zwieback
2 EL Weizenmehl
1 gestr. TL Backpulver
½ Tasse (110 g) Zucker
3 Eier (Größe M)
½ Tasse (100 g) gemahlene Haselnusskerne

Für den Belag:
4 Blatt weiße Gelatine
geriebene Schale und Saft von 1 Limette (unbehandelt)
400 g frische Erdbeeren
2 Becher (je 250 g) Ricotta (italienischer Frischkäse)
¾ Tasse (100 g) gesiebter Puderzucker

Zum Garnieren:
100 g frische Erdbeeren

Zubereitungszeit:
45 Minuten, ohne Kühlzeit

Insgesamt:
E: 108 g, F: 164 g, Kh: 327 g,
kJ: 14157, kcal: 3385

ETWAS TEURER

1. Für den Teig Zwieback in einen Gefrierbeutel geben, fest verschließen. Zwieback mit einer Teigrolle zerbröseln. Zwiebackbrösel mit Mehl und Backpulver mischen, in eine verschließbare Schüssel (3-Liter-Inhalt) geben, mit Zucker mischen. Eier hinzufügen. Schüssel mit dem Deckel fest verschließen.

2. Mehrmals (insgesamt 15–30 Sekunden) kräftig schütteln, so dass alle Zutaten gut vermischt sind. Haselnusskerne hinzugeben. Alles mit einem Schneebesen oder Rührlöffel nochmals sorgfältig durchrühren, damit vor allem trockene Zutaten vom Rand mit untergerührt werden.

3. Den Teig in eine Springform (Ø 26 cm, Boden gefettet, mit Backpapier belegt) geben und glatt streichen. Die Form auf dem Rost in den Backofen schieben.

Ober-/Unterhitze: etwa 180 °C (vorgeheizt)
Heißluft: etwa 160 °C (vorgeheizt)
Gas: Stufe 2–3 (vorgeheizt)
Backzeit: etwa 25 Minuten.

4. Den Tortenboden in der Form auf einem Kuchenrost etwas abkühlen lassen, dann aus der Form lösen und auf dem Kuchenrost erkalten lassen. Den Boden auf eine Platte legen. Einen Tortenring darumstellen.

5. Für den Belag Gelatine in kaltem Wasser nach Packungsanleitung einweichen. Limette heiß waschen und trockentupfen. Schale abreiben und Saft auspressen. Limettensaft in einem kleinen Topf erhitzen (nicht kochen). Die leicht ausgedrückte Gelatine unter Rühren vollständig darin auflösen, abkühlen lassen.

6. Erdbeeren waschen, abtropfen lassen, entstielen und in kleine Stücke schneiden. Ricotta, Puderzucker und Limettenschale gut verrühren. Gelatineflüssigkeit unterrühren. Erdbeerstücke unterheben. Die Käse-Erdbeer-Masse auf den Tortenboden geben und glatt streichen. Torte etwa 2 Stunden kalt stellen.

7. Zum Garnieren Erdbeeren waschen, abtropfen lassen, entstielen und halbieren. Die Torte damit garnieren.

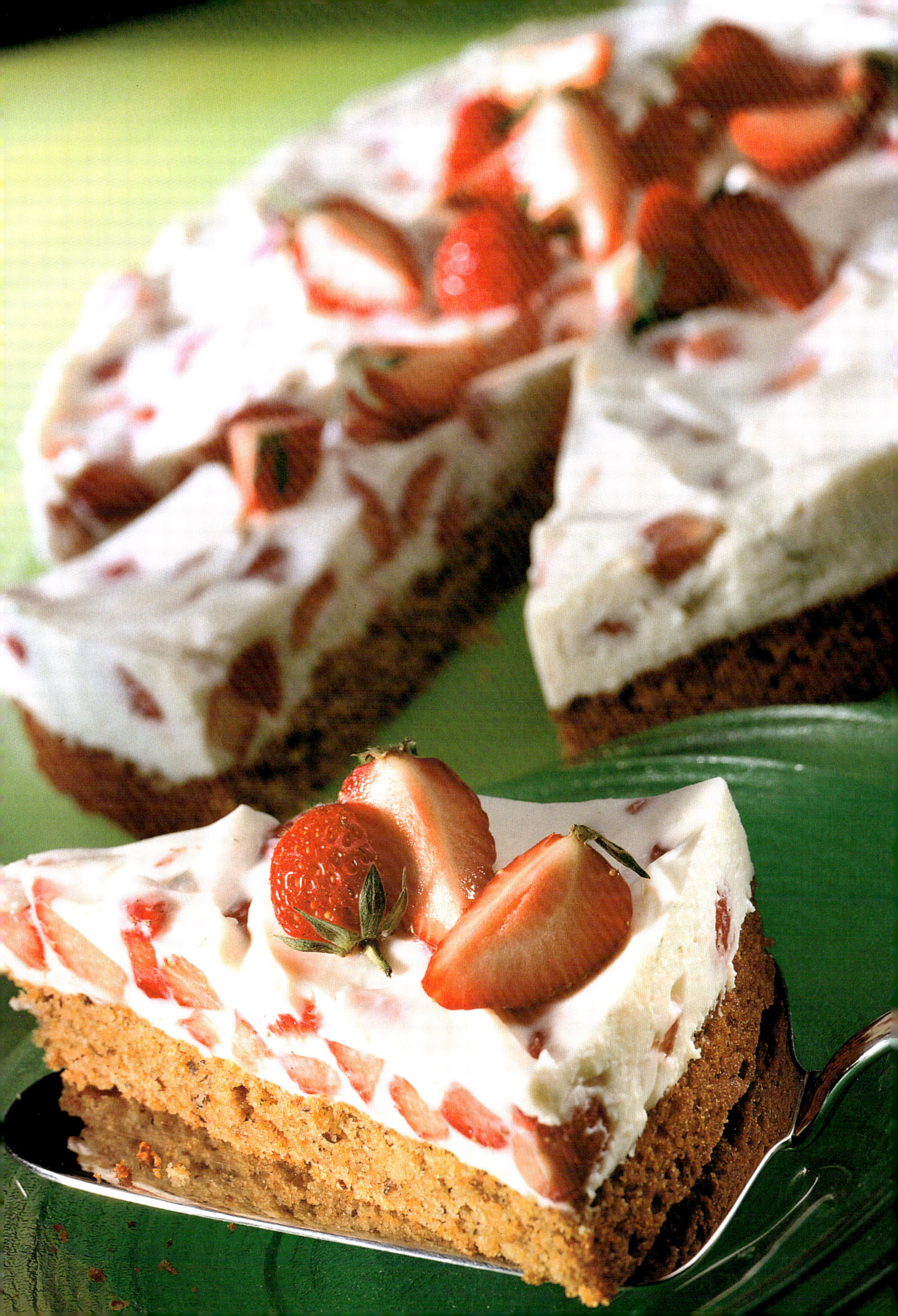

Doppeldecker-Torte mit Himbeeren

Zutaten

Für den Teig:
- 120 g Weizenmehl
- 1 gestr. TL Backpulver
- 80 g Zucker
- 40 g fein gehackte Blockschokolade
- 2 Eier (Größe M)
- 100 g zerlassene, abgekühlte Butter oder Margarine
- 3 EL Milch

Für die Quarkmasse:
- 70 g Zucker
- etwas geriebene Zitronenschale (unbehandelt)
- 30 g Hartweizengrieß
- 4 EL Schlagsahne
- 250 g Sahnequark (40 %)

Zum Belegen:
- 100 g TK-Himbeeren

Zum Bestreuen:
- Puder- oder Hagelzucker

Zubereitungszeit:
40 Minuten

Insgesamt:
E: 66 g, F: 152 g, Kh: 318 g, kJ: 12555, kcal: 2999

FÜR GÄSTE

---

1. Für den Teig Mehl mit Backpulver mischen, in eine verschließbare Schüssel (3-Liter-Inhalt) sieben, mit Zucker und Schokolade mischen. Eier, Butter oder Margarine und Milch hinzufügen, Schüssel mit dem Deckel fest verschließen. Mehrmals (insgesamt 15–30 Sekunden, je nach Menge der Zutaten) kräftig schütteln, so dass alle Zutaten gut vermischt sind. Alles mit einem Schneebesen oder Rührlöffel nochmals sorgfältig durchrühren, damit vor allem trockene Zutaten vom Rand mit untergerührt werden.

2. Teig in eine Springform (Ø 20 cm, Boden gefettet) füllen. Die Form auf dem Rost in den Backofen schieben und vorbacken.

Ober-/Unterhitze: etwa 180 °C (vorgeheizt)
Heißluft: etwa 160 °C (vorgeheizt)
Gas: Stufe 2–3 (vorgeheizt)
Backzeit: etwa 15 Minuten.

3. Für die Quarkmasse Zucker, Zitronenschale, Grieß, Sahne und Quark in den Schüttelbecher geben, mit dem Deckel fest verschließen. Mehrmals kräftig schütteln, so dass alle Zutaten gut vermischt sind oder die Zutaten mit dem Schneebesen verrühren.

4. Kuchen auf einen Kuchenrost stellen und die Quarkmasse auf den vorgebackenen Kuchen geben. Himbeeren darauf legen und leicht andrücken. Kuchen wiederum auf dem Rost in den Backofen schieben und fertig backen.

Ober-/Unterhitze: etwa 180 °C (vorgeheizt)
Heißluft: etwa 160 °C (vorgeheizt)
Gas: Stufe 2–3 (vorgeheizt)
Backzeit: etwa 25 Minuten.

5. Den Kuchen etwa 10 Minuten in der Form lassen, aus der Form lösen und auf einem Kuchenrost erkalten lassen. Kuchen mit Puder- oder Hagelzucker bestreuen.

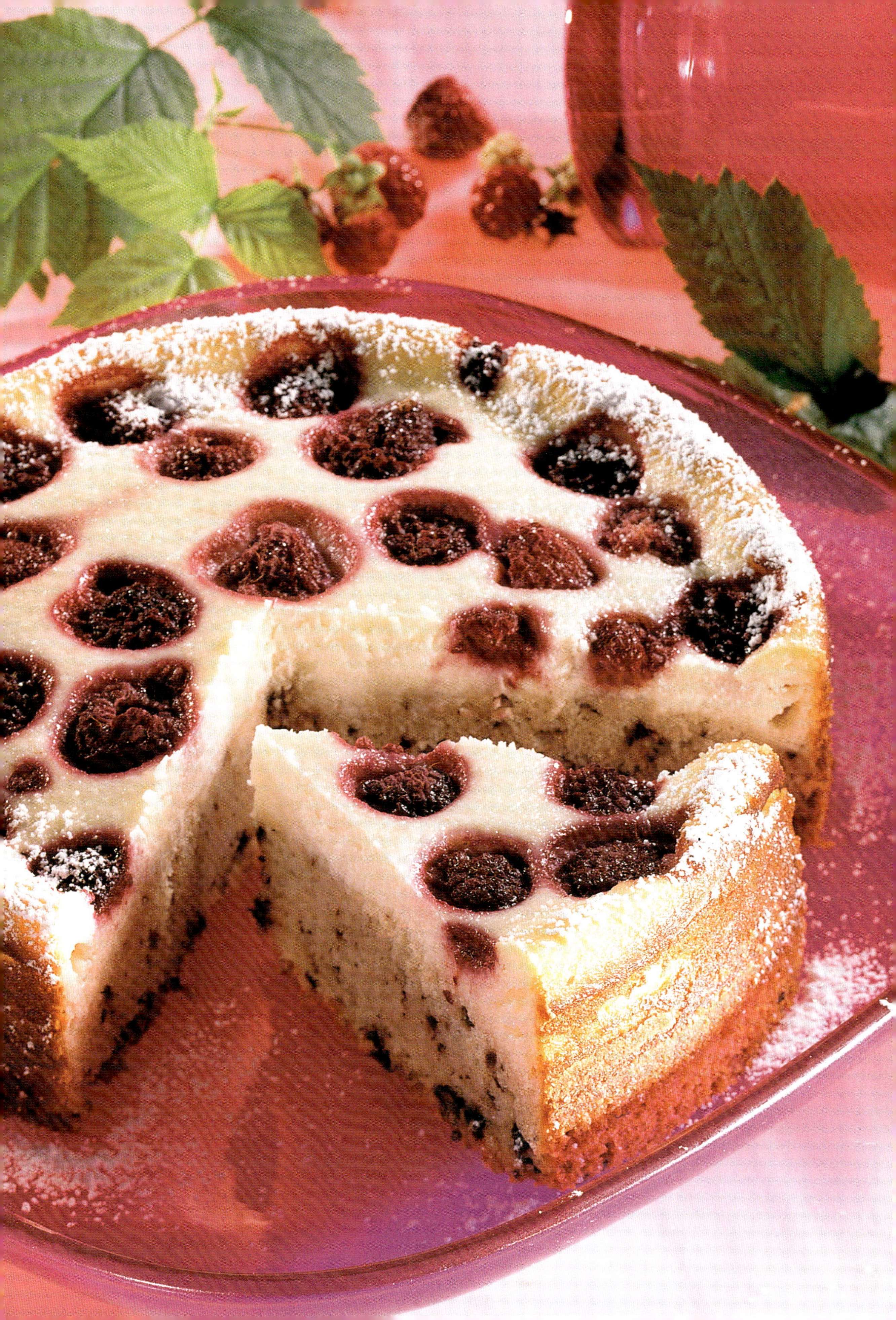

Gewürz-Kirsch-Tarte

Zutaten
1 Tasse ≙ 250 ml

Zum Vorbereiten:
1 Glas Sauerkirschen
(Abtropfgewicht 370 g)

Für den Rührteig:
½ Pck. (125 g) Butter oder Margarine
½ Tasse (110 g) Zucker
1 gestr. TL Anis
1 gestr. TL gemahlener Ingwer
1 gestr. TL Finesse Geriebene Zitronenschale
2 Eier (Größe M)
1 Tasse (170 g) Weizenmehl
2 gestr. TL Backpulver

Für die Streusel:
1 Tasse (170 g) Weizenmehl
1 gestr. TL Backpulver
½ Tasse (110 g) Zucker
3 EL gehackte Cashewkerne
1 Pck. (25 g) gehackte Pistazienkerne
½ Pck. (125 g) Butter oder Margarine

Zubereitungszeit:
50 Minuten

Insgesamt:
E: 66 g, F: 249 g, Kh: 557 g,
kJ: 20904, kcal: 4897

EINFACH

1 Zum Vorbereiten Kirschen in einem Sieb gut abtropfen lassen.

2 Für den Teig Butter oder Margarine mit Handrührgerät mit Rührbesen auf höchster Stufe geschmeidig rühren. Nach und nach Zucker, Anis, Ingwer und Zitronenschale unterrühren. So lange rühren, bis eine gebundene Masse entstanden ist.

3 Eier nach und nach unterrühren (jedes Ei etwa ½ Minute). Mehl mit Backpulver mischen, sieben, portionsweise auf mittlerer Stufe unterrühren. Den Teig in eine Tarteform (Ø 28 cm, gefettet) füllen. Kirschen auf dem Teig verteilen.

4 Für die Streusel Mehl mit Backpulver mischen und in eine Rührschüssel sieben, mit Zucker mischen, Cashew- und Pistazienkerne und Butter oder Margarine hinzufügen. Die Zutaten mit Handrührgerät mit Rührbesen zu Streuseln von gewünschter Größe verarbeiten. Die Streusel auf den Kirschen verteilen. Die Form auf dem Rost in den Backofen schieben.

Ober-/Unterhitze: etwa 200 °C (vorgeheizt)
Heißluft: etwa 180 °C (nicht vorgeheizt)
Gas: Stufe 3–4 (nicht vorgeheizt)
Backzeit: etwa 35 Minuten.

5 Die Tarte aus der Form lösen und auf einem Kuchenrost erkalten lassen.

Tipp: *Die Tarte kann auch in einer Springform (Ø 26 cm) zubereitet werden.*

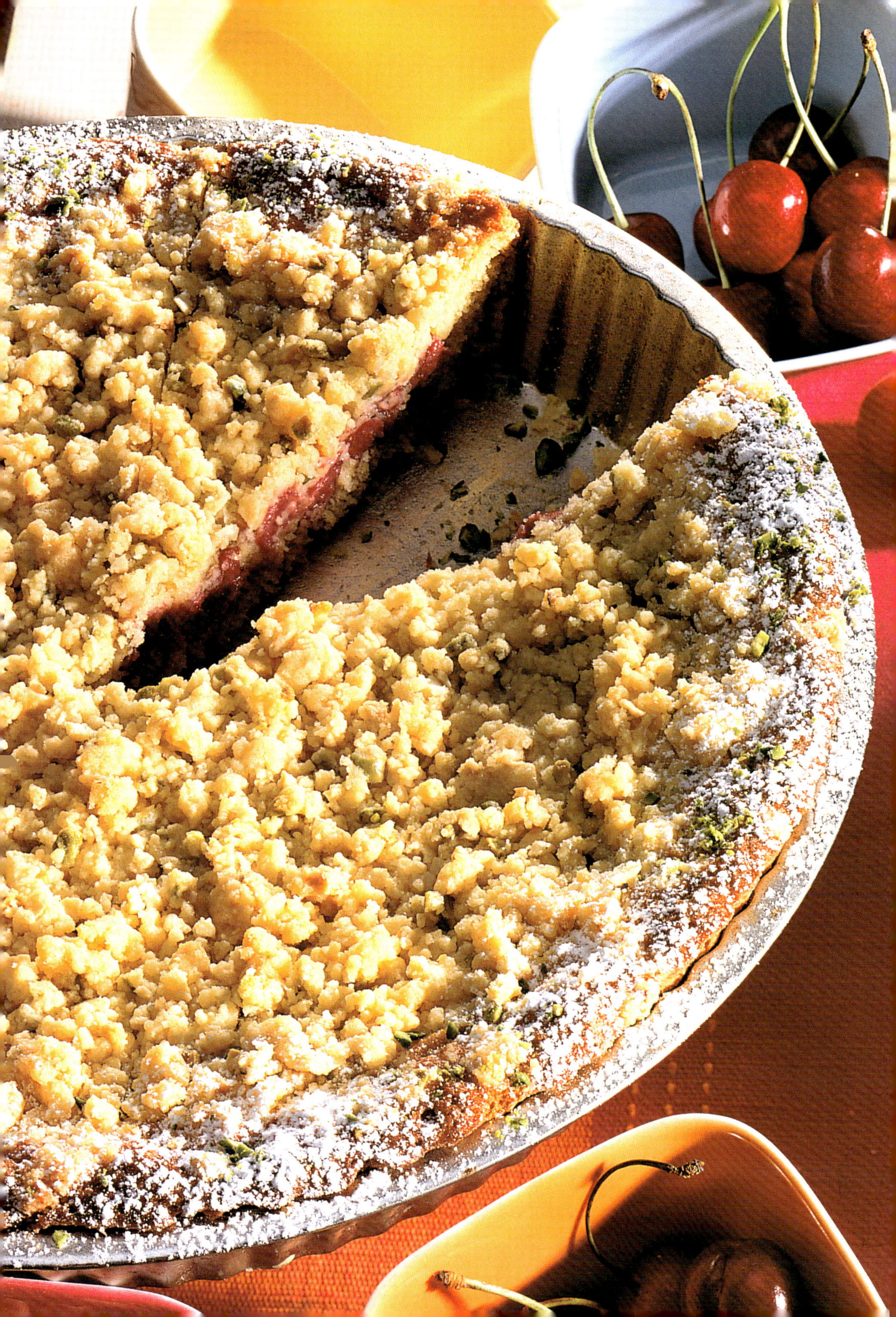

Honig-Nougat-Kuppel

Zutaten

Für den Teig:
- 200 g Weizenmehl
- 2 gestr. TL Backpulver
- 1 Prise Salz
- 1 Msp. gemahlener Ingwer
- 3 Eier (Größe M)
- 130 g zerlassene, abgekühlte Butter oder Margarine
- 100 g flüssiger Honig
- 4 EL Milch

Für die Füllung:
- 100 g heller Nougat mit Krokant
- 400 ml Schlagsahne
- 2 EL Puderzucker
- 2 Pck. Sahnesteif

Für den Guss:
- 70 g Zartbitterschokolade
- 1 TL Honig
- 30 g Butter

Zubereitungszeit:
35 Minuten, ohne Kühlzeit

Insgesamt:
E: 69 g, F: 329 g, Kh: 364 g,
kJ: 28218, kcal: 4833

RAFFINIERT

1. Für den Teig Mehl mit Backpulver mischen, in eine verschließbare Schüssel (3-Liter-Inhalt) sieben, mit Salz und Ingwer mischen. Eier, Butter oder Margarine, Honig und Milch hinzufügen, Schüssel mit dem Deckel fest verschließen. Mehrmals (insgesamt 15–30 Sekunden, je nach Menge der Zutaten) kräftig schütteln, so dass alle Zutaten gut vermischt sind. Alles mit einem Schneebesen oder Rührlöffel nochmals sorgfältig durchrühren, damit vor allem trockene Zutaten vom Rand mit untergerührt werden.

2. Teig in eine Springform (Ø 22 cm, Boden gefettet) füllen. Die Form auf dem Rost in den Backofen schieben.

Ober-/Unterhitze: etwa 180 °C (vorgeheizt)
Heißluft: etwa 160 °C (nicht vorgeheizt)
Gas: Stufe 2–3 (nicht vorgeheizt)
Backzeit: etwa 35 Minuten.

3. Kuchen lösen, auf einen Kuchenrost legen und erkalten lassen.

4. Den Kuchen mit einem Löffel bis auf 1–2 cm aushöhlen, dabei rundherum einen etwa 1 cm breiten Rand stehen lassen. Gebäckstücke mit den Händen zerbröseln.

5. Für die Füllung Nougat hacken. Sahne ½ Minute schlagen. Puderzucker und Sahnesteif mischen, einrieseln lassen, Sahne steif schlagen und Nougatstückchen unterrühren.

6. Nougatsahne kuppelförmig in den ausgehöhlten Boden füllen. Brösel rundherum an die Sahne drücken.

7. Für den Guss Schokolade hacken. Schokolade, Honig und Butter in einen kleinen Topf geben und unter Rühren bei schwacher Hitze schmelzen lassen. Guss mit einem Teelöffel auf die Brösel sprenkeln. Kuchen mindestens eine Stunde kalt stellen.

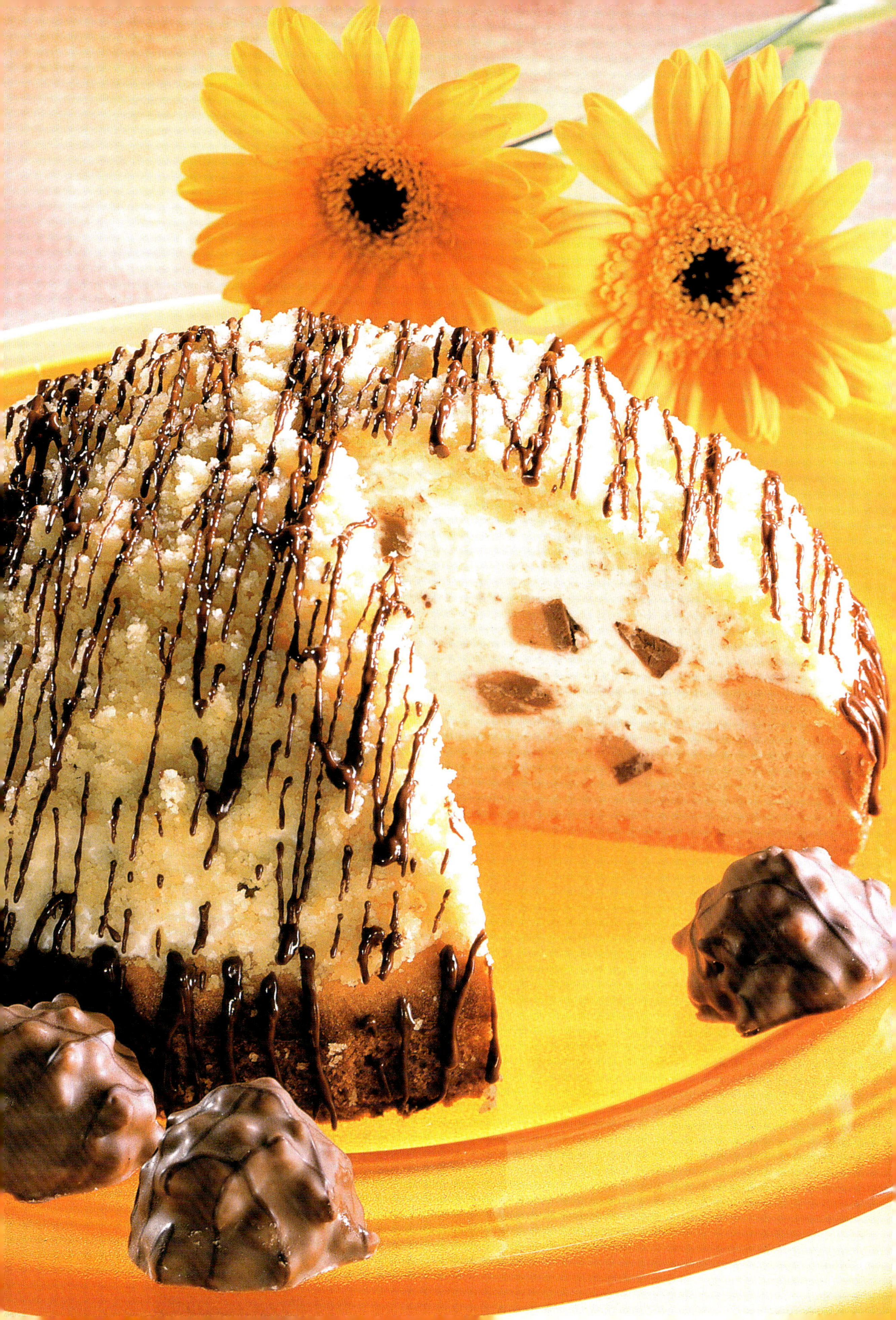

Himbeer-Aprikosen-Tarte

Zutaten

Zum Vorbereiten:
1 Becher (150 g) Crème fraîche

Für den Knetteig:
2 Becher (220 g) Weizenmehl
½ Becher (85 g) Zucker
1 Ei (Größe M)
½ Pck. (125 g) Butter oder Margarine

Für den Belag:
1 kleine Dose Aprikosenhälften (Abtropfgewicht 240 g)
250 g frische Himbeeren
3 Eier (Größe M)
3 EL Zucker
1 Pck. Finesse Bourbon-Vanille-Aroma

Zum Bestreichen:
2 EL Aprikosenkonfitüre

Zubereitungszeit:
60 Minuten, ohne Abkühlzeit

Insgesamt:
E: 57 g, F: 177 g, Kh: 353 g, kJ: 14051, kcal: 3356

FRUCHTIG

1 Zum Vorbereiten Crème fraîche in eine Rührschüssel geben und zugedeckt kalt stellen. Becher auswaschen, abtrocknen und zum Abmessen verwenden.

2 Für den Teig Mehl in eine Rührschüssel sieben. Zucker, Ei und Butter oder Margarine hinzufügen. Die Zutaten mit Handrührgerät mit Knethaken zunächst kurz auf niedrigster, dann auf höchster Stufe gut durcharbeiten.

3 Anschließend auf einer bemehlten Arbeitsfläche zu einem glatten Teig verkneten. Sollte er kleben, ihn in Folie gewickelt eine Zeit lang kalt stellen.

4 Zwei Drittel des Teiges auf einer bemehlten Arbeitsfläche zu einem Rechteck (28 x 20 cm) ausrollen. Den Teig in eine rechteckige Pie- oder Tarteform (28 x 20 cm, gefettet) legen. Den Teigboden mehrmals mit einer Gabel einstechen. Die Form auf dem Rost in den Backofen schieben und den Boden vorbacken.

Ober-/Unterhitze: etwa 200 °C (vorgeheizt)
Heißluft: etwa 180 °C (vorgeheizt)
Gas: Stufe 3–4 (vorgeheizt)
Backzeit: etwa 15 Minuten.

5 Die Form auf einen Kuchenrost stellen. Gebäckboden etwas abkühlen lassen.

6 Restlichen Teig zu einer Rolle formen, sie auf den vorgebackenen Boden legen, so an die Form drücken, dass ein Rand entsteht.

7 Für den Belag Aprikosenhälften in einem Sieb gut abtropfen lassen. Himbeeren verlesen, evtl. waschen, dann mit Küchenpapier trockentupfen.

8 Aprikosenhälften und Himbeeren auf den Gebäckboden legen.

(Fortsetzung Seite 118)

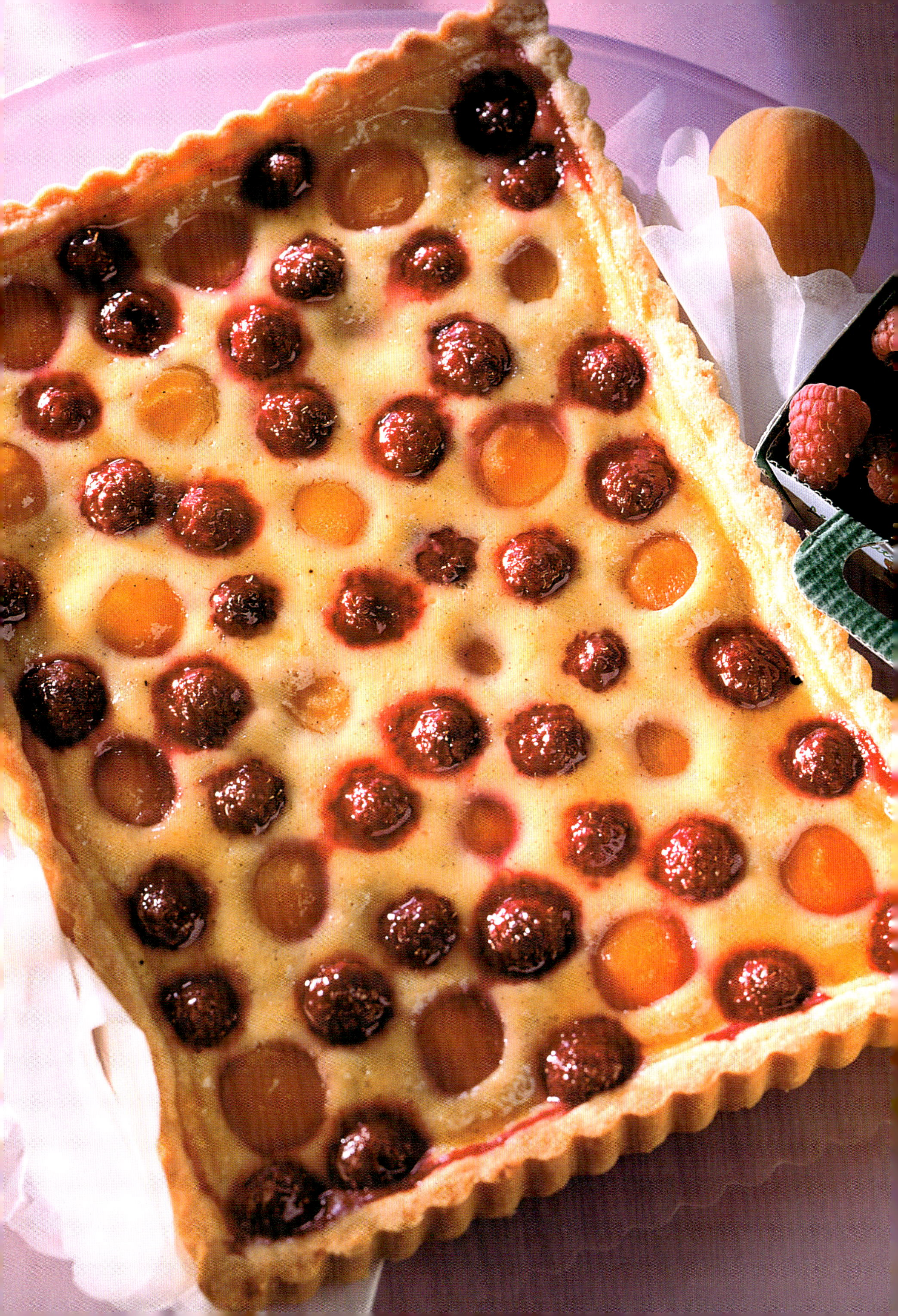

9 Kalt gestellte Crème fraîche mit Eiern, Zucker und Aroma zu einer geschmeidigen Masse verrühren. Die Masse auf den Früchten verteilen. Die Form wieder auf dem Rost in den Backofen schieben und die Tarte **bei gleicher Backofeneinstellung in etwa 25 Minuten** fertig backen.

10 Die Form auf einen Kuchenrost stellen. Tarte etwas abkühlen lassen. Zum Bestreichen Konfitüre durch ein Sieb streichen. Die Tarte damit bestreichen. Tarte erkalten lassen.

Traubentarte

Zutaten
1 Tasse ≙ 200 ml

Zum Vorbereiten:
200 g grüne Weintrauben
200 g blaue Weintrauben

1 Pck. (250 g) Butter oder Margarine
1 ½ Tassen (225 g) Zucker
4 Eier (Größe M)
1 ½ Tassen (150 g) Dinkel-Vollkornmehl
¾ Tasse (75 g) Maismehl (Reformhaus)
2 gestr. TL Backpulver

Zum Bestreichen:
3 EL Quittengelee

Zubereitungszeit:
40 Minuten

Insgesamt:
E: 61 g, F: 239 g, Kh: 481 g, kJ: 18672, kcal: 4460

EINFACH – VOLLWERT

1 Zum Vorbereiten Weintrauben waschen, trockentupfen, entstielen, halbieren und entkernen.

2 Für den Teig Butter oder Margarine mit Handrührgerät mit Rührbesen auf höchster Stufe geschmeidig rühren. Nach und nach Zucker unterrühren. So lange rühren, bis eine gebundene Masse entstanden ist. Eier nach und nach unterrühren (jedes Ei etwa ½ Minute).

3 Beide Mehlsorten und Backpulver mischen und portionsweise auf mittlerer Stufe unterrühren. Den Teig in eine Tarteform (Ø 30 cm, gefettet) füllen und glatt streichen. Weintraubenhälften auf dem Teig verteilen.

4 Die Form auf dem Rost in den Backofen schieben.

Ober-/Unterhitze: etwa 180 °C (vorgeheizt)
Heißluft: etwa 160 °C (nicht vorgeheizt)
Gas: Stufe 2–3 (nicht vorgeheizt)
Backzeit: etwa 40 Minuten.

5 Die Form auf einen Kuchenrost stellen. Die Tarte etwas abkühlen lassen.

6 Zum Bestreichen Gelee in einem kleinen Topf kurz aufkochen lassen. Die noch warme Tarte damit bestreichen. Tarte erkalten lassen.

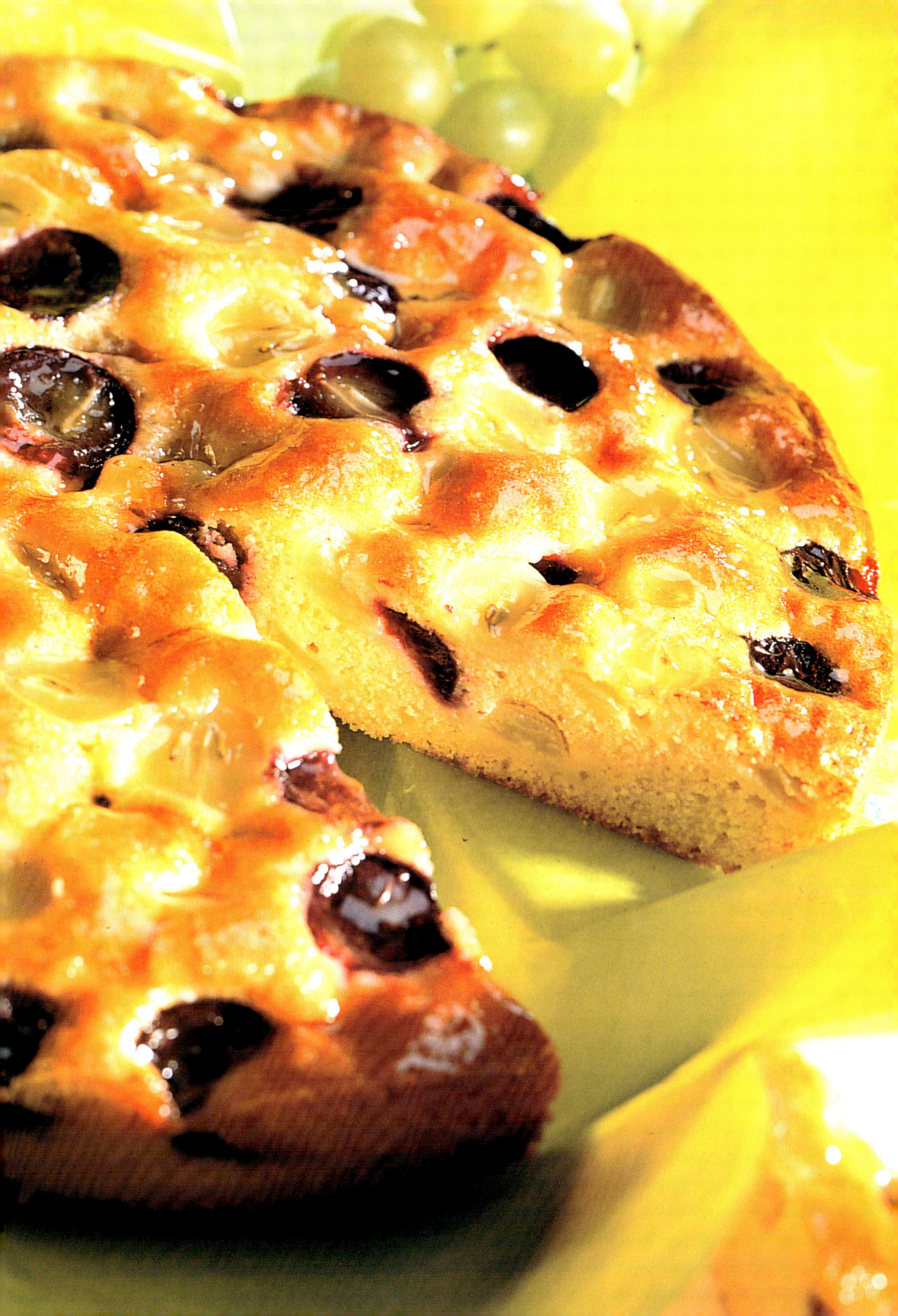

Pina-Colada-Torte

Zutaten

Zum Vorbereiten:
40 g Kokosraspel

Für den Teig:
200 g Weizenmehl
3 gestr. TL Backpulver
125 g Zucker
1 Pck. Vanillin-Zucker
3 Eier (Größe M)
100 g zerlassene, abgekühlte Butter oder Margarine
100 ml Milch

Für den Belag:
6 Blatt weiße Gelatine
1 Dose Ananasringe (Abtropfgewicht 490 g)
75 ml Ananassaft
400 g Doppelrahm-Frischkäse
150 g Naturjoghurt
150 ml Kokosmilch
80 g Zucker
1 Pck. Vanillin-Zucker
1 Pck. Finesse Jamaica-Rum-Aroma

Zubereitungszeit:
40 Minuten, ohne Kühlzeit

Insgesamt:
E: 109 g, F: 266 g, Kh: 467 g, kJ: 20371, kcal: 4867

GUT VORZUBEREITEN

1. Zum Vorbereiten Kokosraspel in einer Pfanne ohne Fett goldgelb rösten.

2. Für den Teig Mehl mit Backpulver mischen, in eine verschließbare Schüssel (3-Liter-Inhalt) sieben, mit Zucker und Vanillin-Zucker mischen. Eier, Butter oder Margarine und Milch hinzufügen, Schüssel mit dem Deckel fest verschließen. Mehrmals (insgesamt 15–30 Sekunden, je nach Menge der Zutaten) kräftig schütteln, so dass alle Zutaten gut vermischt sind. Alles mit einem Schneebesen oder Rührlöffel nochmals sorgfältig durchrühren, damit vor allem trockene Zutaten vom Rand mit untergerührt werden. Kokosraspel unterheben. Teig in eine Springform (Ø 26 cm, gefettet, mit Mehl bestäubt) füllen. Die Form auf dem Rost in den Backofen schieben.

Ober-/Unterhitze: etwa 180 °C (vorgeheizt)
Heißluft: etwa 160 °C (vorgeheizt)
Gas: Stufe 2–3 (vorgeheizt)
Backzeit: etwa 30 Minuten.

3. Form auf einen Kuchenrost stellen, etwas abkühlen lassen und Kuchen aus der Form lösen.

4. Für den Belag Gelatine in kaltem Wasser nach Packungsanleitung einweichen. Ananas in einem Sieb abtropfen lassen, Saft auffangen und 75 ml davon abmessen. Die Hälfte der Ananasringe in kleine Würfel schneiden. Frischkäse, Joghurt, Kokosmilch, Zucker, Vanillin-Zucker und Aroma verrühren. Gelatine leicht ausdrücken. Gelatine mit Ananassaft in einem kleinen Topf unter Rühren auflösen, zu der Frischkäsecreme geben und gut verrühren. Creme kalt stellen. Wenn die Creme anfängt dicklich zu werden, die Ananaswürfel unterheben.

5. Um den Tortenboden den gesäuberten Springformrand oder einen Tortenring stellen. Frischkäsecreme hineingeben und glatt streichen. Die zurückgelassenen Ananasringe darauf verteilen. Torte mindestens 3 Stunden kalt stellen.

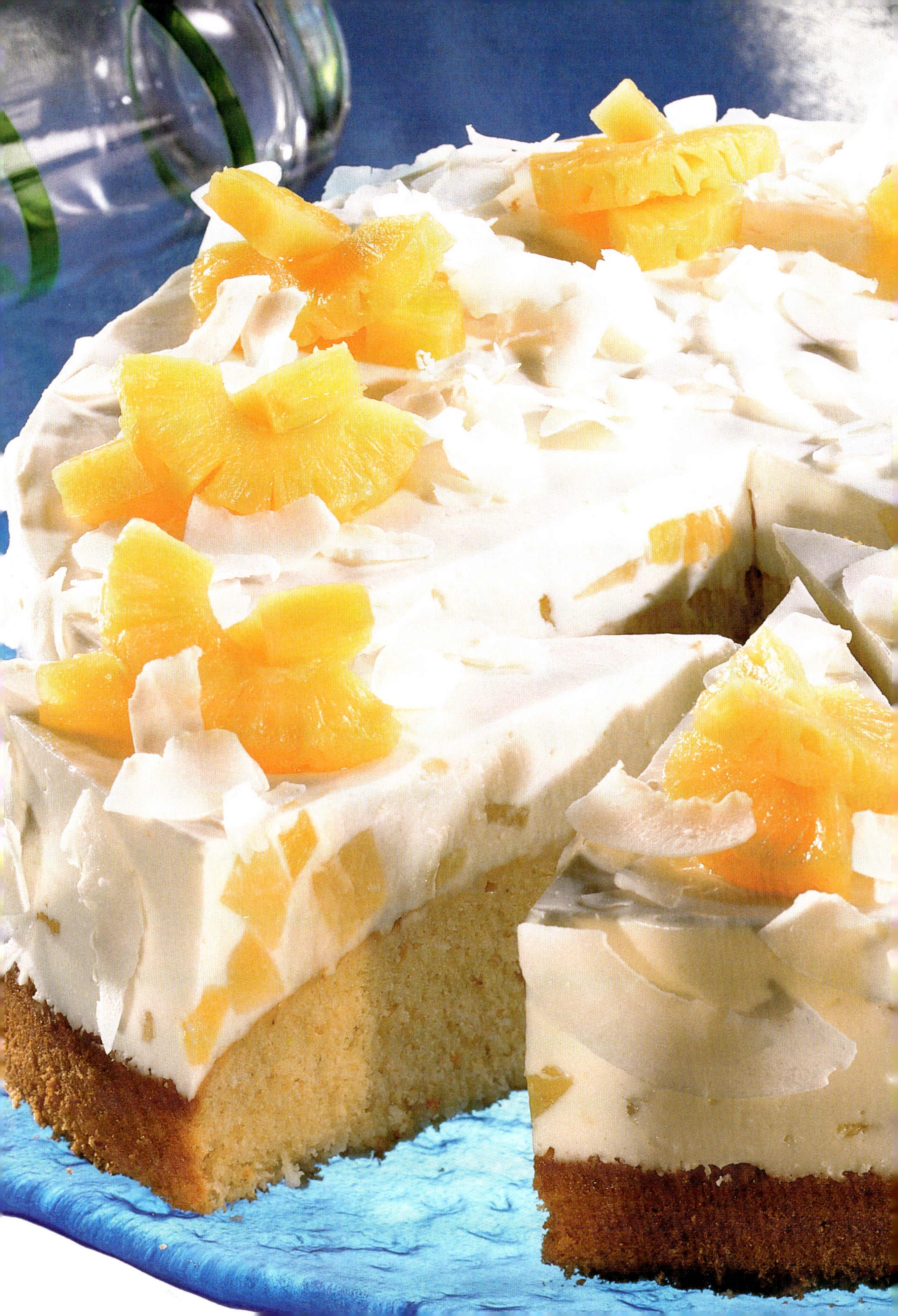

Schoko-Butter-Torte

Zutaten

Für den Teig:
150 g Weizenmehl
2 gestr. TL Backpulver
100 g feinster Zucker oder Puderzucker
20 g Kakaopulver
3 Eier (Größe M)
125 g zerlassene, abgekühlte Butter
150 g Naturjoghurt

Für den Belag:
1 Glas Sauerkirschen (Abtropfgewicht 370 g)
250 ml (¼ l) Kirschsaft
1 Pck. Tortenguss, rot
1 EL Zucker

Für die Füllung:
500 ml (½ l) Schlagsahne
2 Pck. Vanillin-Zucker
2 Pck. Sahnesteif

Zum Bestreichen:
75 g Zartbitterschokolade
1 TL Speiseöl
1 Pck. (150 g) Schokoplätzchen

Zubereitungszeit:
35 Minuten, ohne Abkühlzeit

Insgesamt:
E: 82 g, F: 357 g, Kh: 488 g, kJ: 23839, kcal: 5696

FÜR KINDER

1 Für den Teig Mehl mit Backpulver mischen, in eine verschließbare Schüssel (3-Liter-Inhalt) sieben, mit Zucker oder Puderzucker und Kakao mischen. Eier, Butter und Joghurt hinzufügen, Schüssel mit dem Deckel fest verschließen. Mehrmals (insgesamt 15–30 Sekunden, je nach Menge der Zutaten) kräftig schütteln, so dass alle Zutaten gut vermischt sind. Alles mit einem Schneebesen oder Rührlöffel nochmals sorgfältig durchrühren, damit vor allem trockene Zutaten vom Rand mit untergerührt werden.

2 Teig in eine Springform (Ø 22 cm, gefettet) füllen, glatt streichen. Die Form auf dem Rost in den Backofen schieben.

Ober-/Unterhitze: etwa 180 °C (vorgeheizt)
Heißluft: etwa 160 °C (nicht vorgeheizt)
Gas: Stufe 2–3 (nicht vorgeheizt)
Backzeit: etwa 35 Minuten.

3 Den Boden aus der Form lösen, auf einem mit Backpapier belegten Kuchenrost erkalten lassen. Den erkalteten Boden bis auf 1–2 cm so aushöhlen, dass ein 1 cm breiter Rand stehen bleibt. Gebäckstücke zerbröseln, beiseite stellen. Für den Belag Sauerkirschen in ein Sieb zum Abtropfen geben, Saft auffangen und 250 ml (¼ l) abmessen.

4 Aus Tortenguss, Zucker und Kirschsaft nach Packungsanleitung einen Guss zubereiten, Kirschen unterheben. Die Kirschmasse etwas abkühlen lassen, in den ausgehöhlten Boden geben und glatt streichen. Die Torte kalt stellen.

5 Für die Füllung Sahne mit Vanillin-Zucker und Sahnesteif steif schlagen, kuppelförmig auf die Kirschen streichen und mit Bröseln bestreuen, etwas andrücken.

6 Zum Bestreichen Schokolade hacken, mit Öl in einem kleinen Topf im Wasserbad auflösen, den Kuchenrand damit bestreichen und mit den Schokoplätzchen garnieren. Restliche Plätzchen in die Sahne stecken.

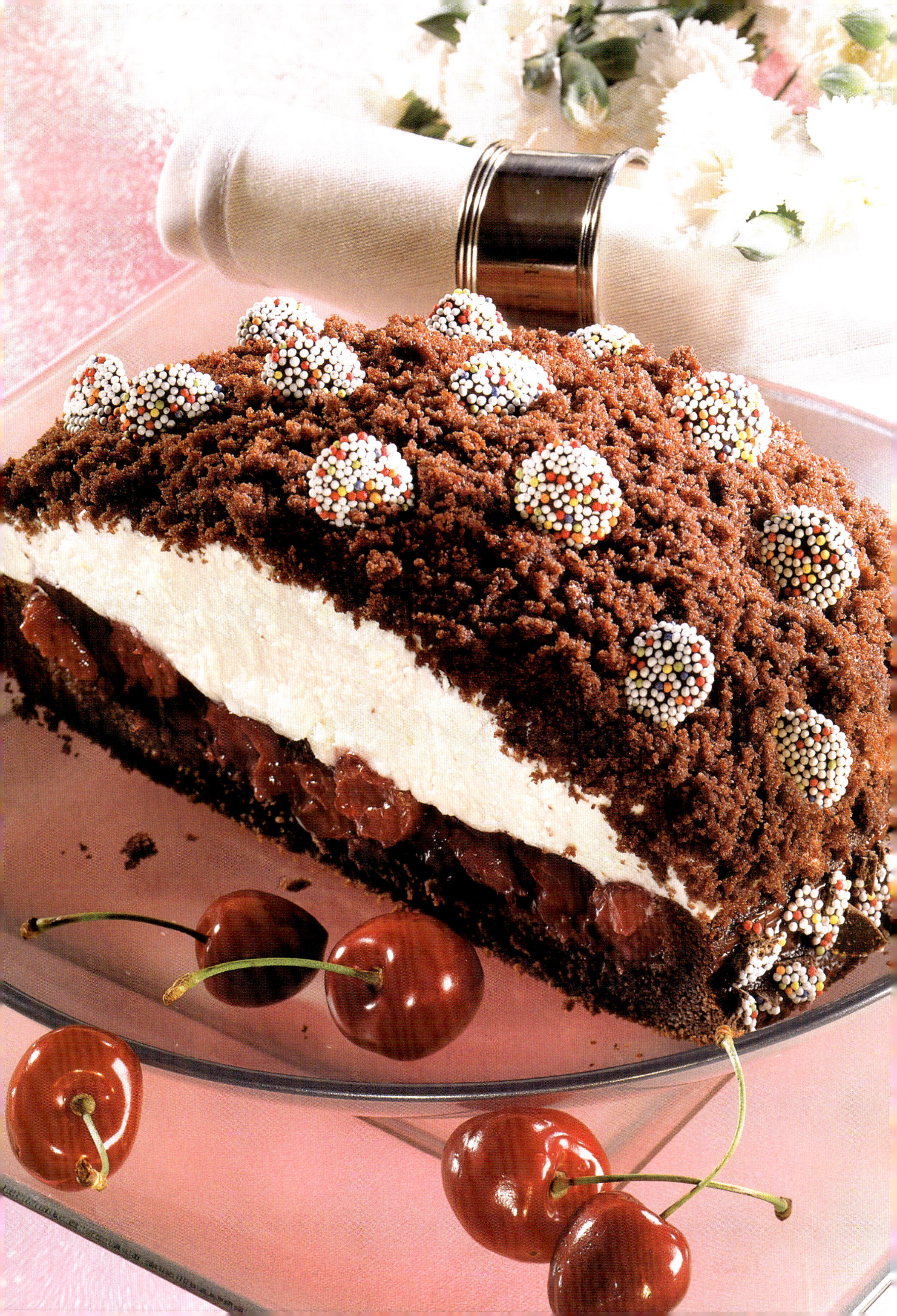

Kokos-Preiselbeer-Torte
(Vorwortfoto)

Zutaten

Für den Teig:
150 g Weizenmehl
2 gestr. TL Backpulver
100 g Zucker
25 g Kakaopulver
3 Eier (Größe M)
125 g zerlassene, lauwarme Butter oder Margarine
1 Pck. Finesse Jamaica-Rum-Aroma
100 ml Milch
50 g Kokosraspel (nach Belieben geröstet)

Für die Füllung:
1 Glas Wild-Preiselbeeren (Einwaage 210 g)

Für den Guss:
150 g Halbbitter-Kuvertüre
10 g Kokosfett

Zum Garnieren und Verzieren:
25 g weiße Kuvertüre
Kokosraspel

Zubereitungszeit:
30 Minuten, ohne Kühlzeit

Insgesamt:
E: 63 g, F: 237 g, Kh: 327 g,
kJ: 16001, kcal: 3823

SCHNELL

1. Für den Teig Mehl mit Backpulver mischen, in eine verschließbare Schüssel (3-Liter-Inhalt) sieben, mit Zucker und Kakao mischen. Eier, Butter oder Margarine, Aroma und Milch hinzufügen, Schüssel mit dem Deckel fest verschließen. Mehrmals (insgesamt 15–30 Sekunden, je nach Menge der Zutaten) kräftig schütteln, so dass alle Zutaten gut vermischt sind. Kokosraspel hinzufügen und alles mit einem Schneebesen oder Rührlöffel nochmals sorgfältig durchrühren, damit vor allem trockene Zutaten vom Rand mit untergerührt werden.

2. Den Teig in eine Springform (Ø 24 cm, Boden gefettet, mit Backpapier belegt) füllen. Die Form auf dem Rost in den Backofen schieben.

Ober-/Unterhitze: etwa 180 °C (vorgeheizt)
Heißluft: etwa 160 °C (vorgeheizt)
Gas: Stufe 2–3 (vorgeheizt)
Backzeit: etwa 30 Minuten.

3. Den Kuchen aus der Form lösen, stürzen und erkalten lassen, dann einmal waagerecht durchschneiden. Den unteren Boden auf eine Tortenplatte legen.

4. Für die Füllung den unteren Boden mit den Preiselbeeren bestreichen. Mit dem oberen Tortenboden bedecken und gut andrücken.

5. Für den Guss Kuvertüre in kleine Stücke hacken, mit dem Kokosfett in einem kleinen Topf im Wasserbad bei schwacher Hitze zu einer geschmeidigen Masse verrühren. Den Kuchen mit dem Guss überziehen und den Guss fest werden lassen.

6. Zum Garnieren Kuvertüre wie oben angegeben auflösen, auf den fest gewordenen Guss tupfen und mit Kokosraspeln bestreuen.

Tipp: *Für die Abwandlung des* **Vorwortfotos** *die Torte bis Punkt 4 zubereiten. Für den Belag 250 ml (¼ l) Schlagsahne mit 1 Päckchen Sahnesteif steif schlagen und auf der Torte verteilen. Die Torte mit geschabter zweifarbiger Schokolade und nach Belieben mit einigen Klecksen Wild-Preiselbeeren garnieren.*

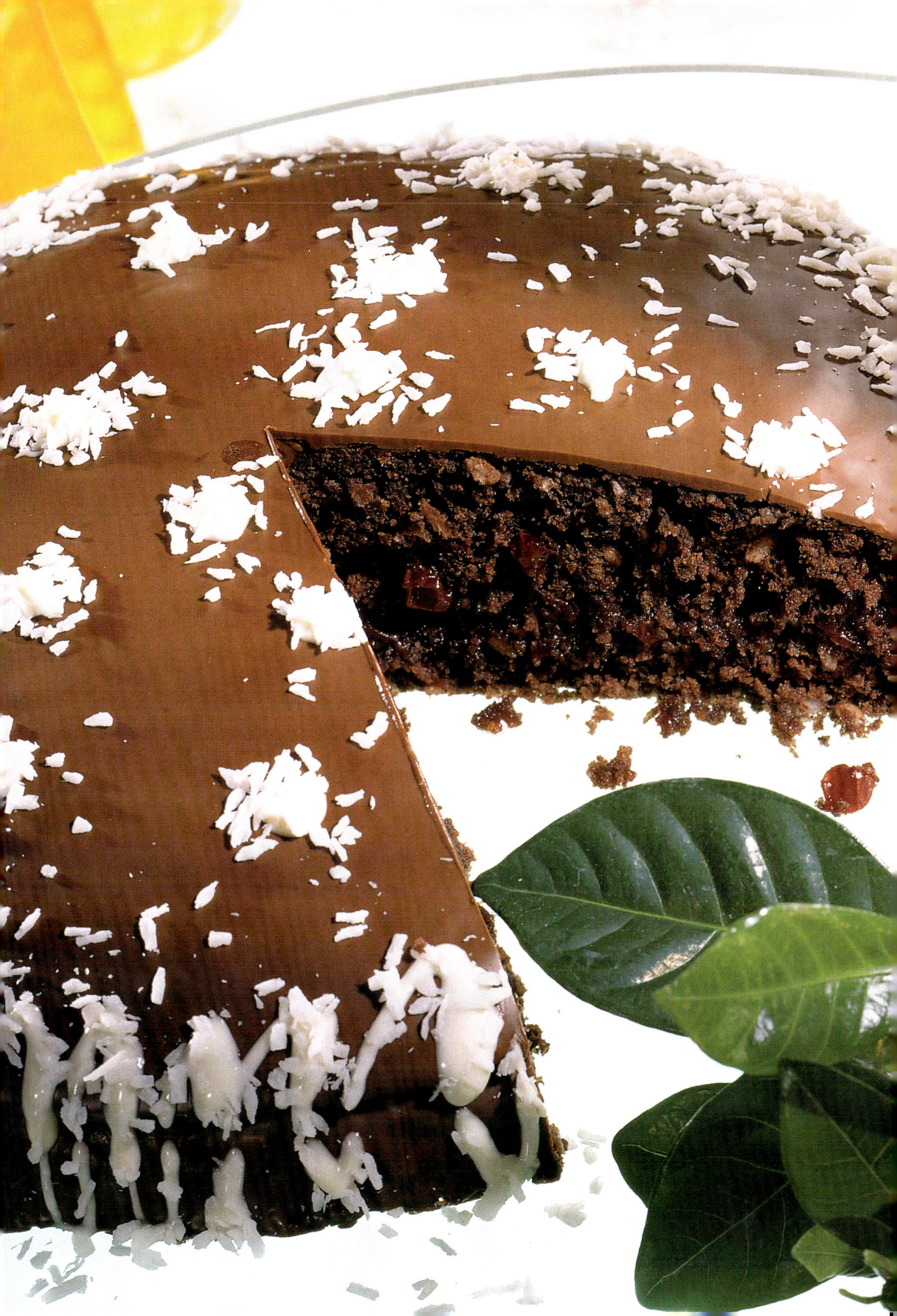

Nuss-Pudding-Torte

Zutaten

100 g Marzipan-Rohmasse
200 g Butter

Für den Teig:
200 g Weizenmehl
3 gestr. TL Backpulver
1 Pck. Pudding-Pulver Vanille-Geschmack
200 g Zucker
1 Pck. Vanillin-Zucker
4 Eier (Größe M), 1 Pck. Finesse Jamaica-Rum-Aroma
100 ml Schlagsahne
150 g gemahlene, geröstete Haselnusskerne

Für den Belag:
1 ½ Pck. Pudding-Pulver Vanille-Geschmack
750 ml (¾ l) Milch
75 g Zucker, 50 g Butter

Zum Bestreichen:
400 ml Schlagsahne
2 Pck. Sahnesteif

100 g Zartbitterschokolade
12 Meeresfrüchte-Pralinen

Zubereitungszeit:
40 Minuten

Insgesamt:
E: 135 g, F: 587 g, Kh: 727 g, kJ: 37620, kcal: 8985

GUT VORZUBEREITEN

1. Marzipan klein schneiden. Butter und Marzipan bei schwacher Hitze schmelzen, erkalten lassen.

2. Für den Teig Mehl und Backpulver mischen, in eine verschließbare Schüssel (3-Liter-Inhalt) sieben, mit Pudding-Pulver, Zucker und Vanillin-Zucker mischen. Eier, Butter-Marzipan-Mischung, Aroma und Sahne hinzufügen, Schüssel mit dem Deckel fest verschließen. Mehrmals (insgesamt 15–30 Sekunden, je nach Menge der Zutaten) kräftig schütteln, so dass alle Zutaten gut vermischt sind. Haselnusskerne hinzugeben. Alles mit einem Schneebesen oder Rührlöffel nochmals sorgfältig durchrühren, damit vor allem trockene Zutaten vom Rand mit untergerührt werden.

3. Teig in eine Springform (Ø 26 cm, Boden gefettet) füllen. Die Form auf dem Rost in den Backofen schieben.

Ober-/Unterhitze: etwa 180 °C (vorgeheizt)
Heißluft: etwa 160 °C (nicht vorgeheizt)
Gas: Stufe 2–3 (nicht vorgeheizt)
Backzeit: etwa 45 Minuten.

4. Kuchen etwa 10 Minuten in der Form stehen lassen, aus der Form lösen, auf einem Kuchenrost erkalten lassen.

5. Für den Belag aus Pudding-Pulver, Milch und Zucker nach Packungsanleitung einen Pudding zubereiten. Butter sofort unterrühren. Boden zweimal waagerecht durchschneiden, einen Tortenring um den unteren Boden stellen und die Hälfte des Puddings darauf streichen. Mittleren Boden auflegen, mit dem restlichen Pudding bestreichen und den oberen Boden auflegen. Torte erkalten lassen.

6. Zum Bestreichen Sahne mit Sahnesteif steif schlagen, den Rand und die Tortenoberfläche damit bestreichen.

7. Schokolade hacken, in einem Topf im Wasserbad bei schwacher Hitze geschmeidig rühren und die Tortenoberfläche damit besprenkeln. Mit Pralinen garnieren.

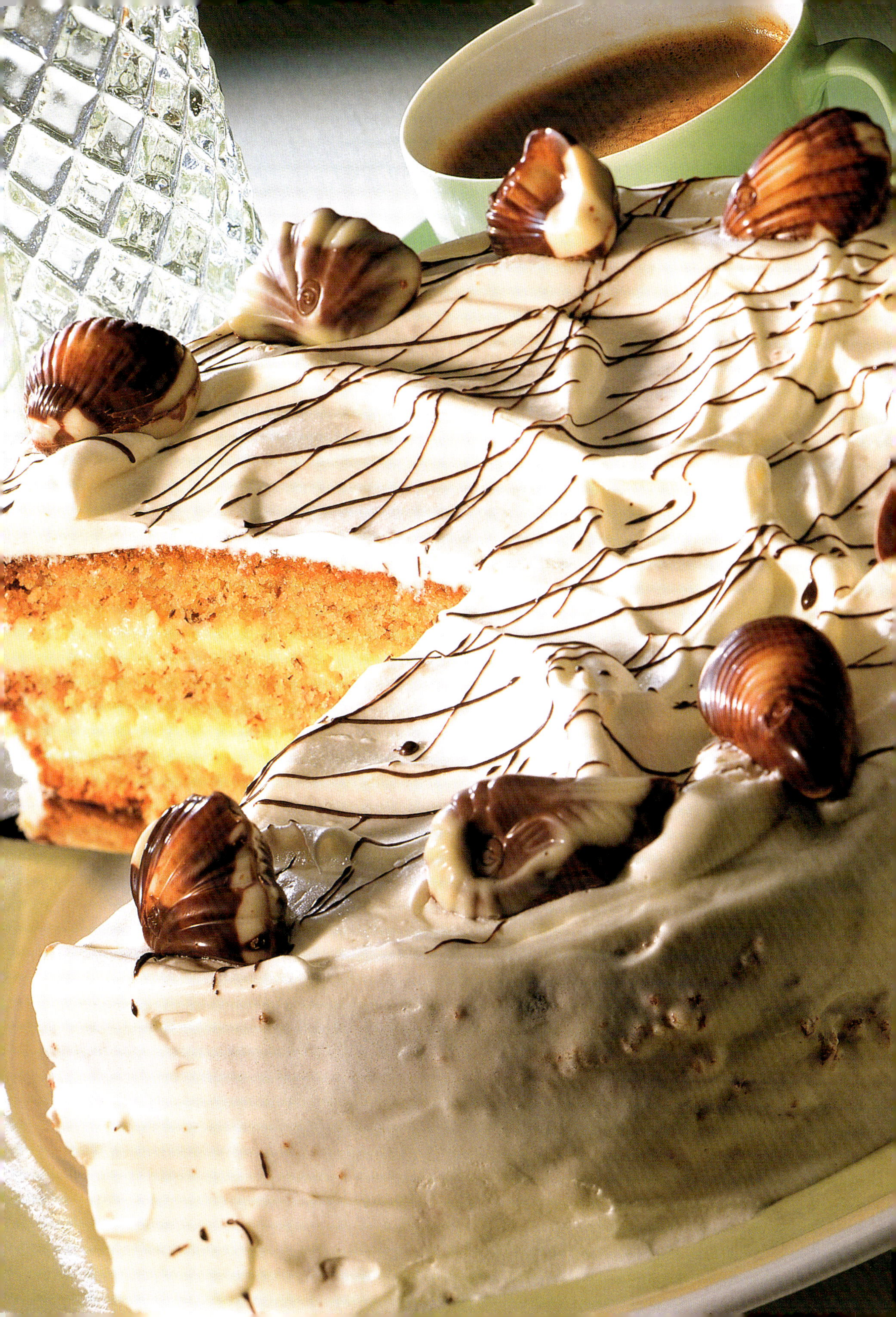

Preiselbeer-Baumkuchen-Torte

Zutaten

Für den Teig:
- 100 g Weizenmehl
- 65 g Speisestärke
- 2 gestr. TL Backpulver
- 160 g Zucker
- 160 g zerlassene, abgekühlte Butter oder Margarine
- 4 Eier (Größe M)
- 3 EL Cointreau (Orangenlikör)

Für den Belag:
- 6 Blatt weiße Gelatine
- 500 g Mascarpone (italienischer Frischkäse)
- 250 g Magerquark
- 80 g Zucker
- 2 EL Zitronensaft
- 1 Glas Wild-Preiselbeer-Dessert (Abtropfgewicht 395 g)

Nach Belieben zum Garnieren:
- 100 ml Schlagsahne
- weiße Raspelschokolade

Zubereitungszeit:
30 Minuten

Insgesamt:
E: 105 g, F: 406 g, Kh: 461 g, kJ: 25870, kcal: 6184

ETWAS AUFWENDIGER

1. Für den Teig Mehl mit Speisestärke und Backpulver mischen, in eine verschließbare Schüssel (3-Liter-Inhalt) sieben, mit Zucker mischen. Butter oder Margarine, Eier und Cointreau hinzufügen, Schüssel mit dem Deckel fest verschließen. Mehrmals (insgesamt 15–30 Sekunden, je nach Menge der Zutaten) kräftig schütteln, so dass alle Zutaten gut vermischt sind. Alles mit einem Schneebesen oder Rührlöffel nochmals sorgfältig durchrühren, damit vor allem trockene Zutaten vom Rand mit untergerührt werden.

2. Zwei Esslöffel Teig in eine Springform (Ø 26 cm, Boden gefettet, mit Backpapier belegt) füllen, glatt streichen. Form auf dem Rost in den Backofen schieben (Abstand zwischen Grill und Teig etwa 20 cm). Die Teigschicht unter dem vorgeheizten Grill hellbraun backen. Als zweite Schicht wieder 2 Esslöffel Teig auf die gebackene Schicht streichen, wieder unter den Grill schieben, auf diese Weise den ganzen Teig verarbeiten. Kuchen auf einen Kuchenrost stürzen, Backpapier abziehen und erkalten lassen.

3. Für den Belag 4 Blatt Gelatine in kaltem Wasser nach Packungsanleitung einweichen. Mascarpone, Quark, Zucker und Zitronensaft verrühren. 150 g abgetropfte Preiselbeeren unterrühren. Die ausgedrückte Gelatine in einem kleinen Topf bei schwacher Hitze unter Rühren erwärmen (nicht kochen) bis sie völlig gelöst ist. 3 Esslöffel Creme zur Gelatine geben und verrühren. Alles zur Creme geben und gut verrühren.

4. Um den Baumkuchenboden den gesäuberten Springformrand oder einen Tortenring stellen. Preiselbeercreme darauf verteilen und eine Stunde kalt stellen.

5. Restliche Gelatine in kaltem Wasser nach Packungsanleitung einweichen, ausdrücken und auflösen. Die restlichen abgetropften Preiselbeeren hinzugeben und unterrühren. Preiselbeerguss auf der Torte verteilen und nochmals eine Stunde kalt stellen. Nach Belieben mit steif geschlagener Sahne und Raspelschokolade garnieren.

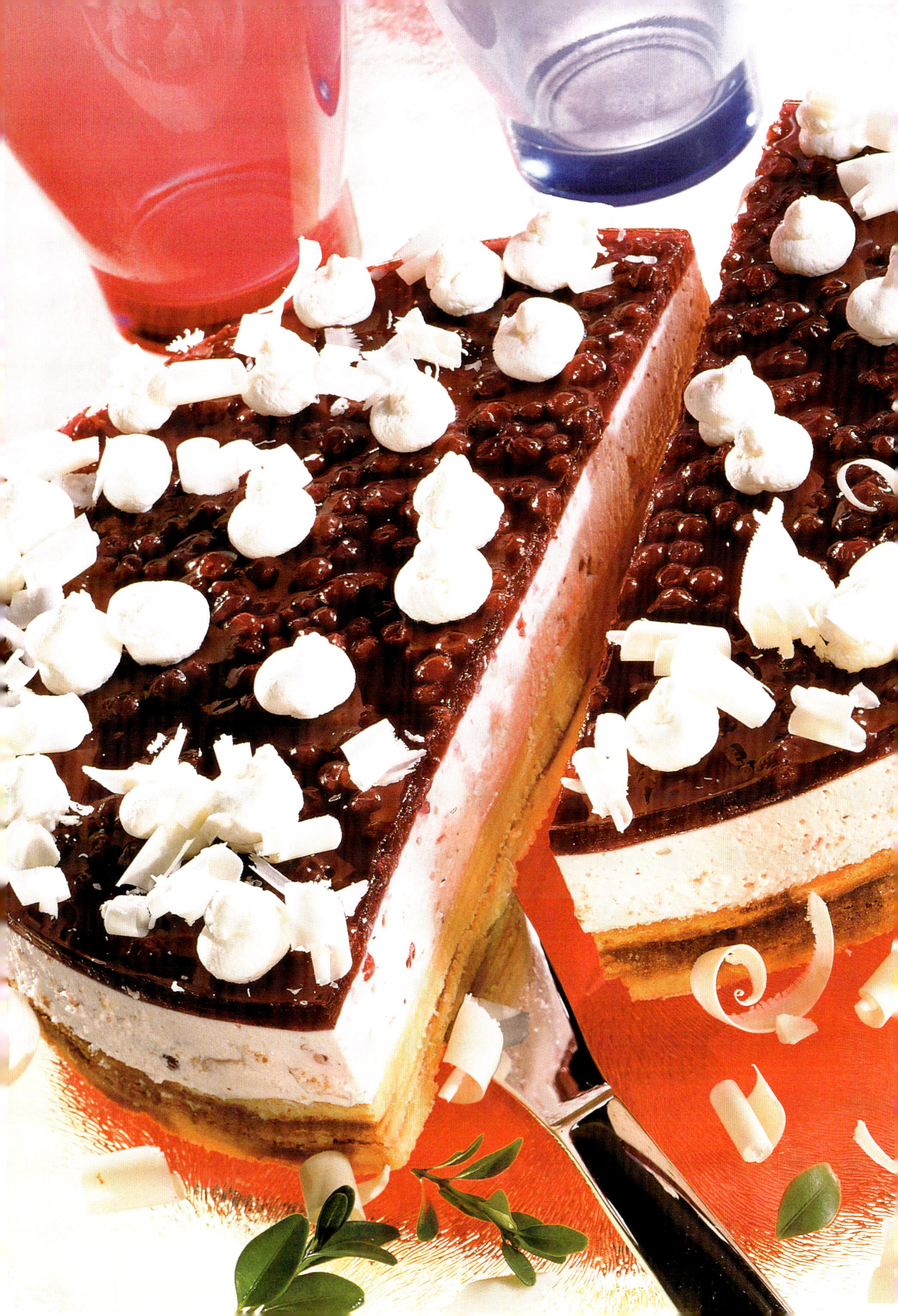

Mandarinen-Joghurt-Torte
(Titelrezept)

Zutaten

Für den Teig:
- 150 g Weizenmehl
- 2 gestr. TL Backpulver
- 150 g Zucker
- ½ Pck. Finesse Geriebene Zitronenschale
- 2 Eier (Größe M)
- 75 ml Speiseöl
- 75 ml Mineralwasser

Für den Belag:
- 6 Blatt Gelatine, weiß
- 1 Dose Mandarinen (Abtropfgewicht 480 g)
- 250 g Magerquark
- 1 Becher (150 g) Vollmilchjoghurt
- 50 g Zucker
- ½ Pck. Finesse Geriebene Zitronenschale
- 1 Pck. Vanillin-Zucker
- 2 EL Zitronensaft
- 200 ml Schlagsahne

Für den Guss:
- 1 Pck. Tortenguss, klar
- 250 ml (¼ l) Mandarinensaft

Zubereitungszeit:
etwa 50 Minuten, ohne Kühlzeit

Insgesamt:
E: 87 g, F: 160 g, Kh: 452 g, kJ: 15619, kcal: 3733

RAFFINIERT

1 Für den Teig Mehl mit Backpulver mischen und in eine verschließbare Schüssel (3-Liter-Inhalt) sieben, mit Zucker und Zitronenschale mischen. Eier, Öl und Wasser hinzufügen, Schüssel mit dem Deckel fest verschließen und mehrmals (insgesamt 15–30 Sekunden, je nach Menge der Zutaten) kräftig schütteln, so dass alle Zutaten gut vermischt sind. Alles mit einem Schneebesen oder Rührlöffel nochmals sorgfältig durchrühren, damit vor allem trockene Zutaten vom Rand mit untergerührt werden. Den Teig in eine Springform (Ø 26 cm, gefettet, mit Mehl bestäubt) füllen. Die Form auf dem Rost in den Backofen schieben.

Ober-/Unterhitze: etwa 180 °C (vorgeheizt)
Heißluft: etwa 160 °C (vorgeheizt)
Gas: Stufe 2–3 (vorgeheizt)
Backzeit: etwa 20 Minuten.

2 Die Form auf einen Kuchenrost stellen, etwas abkühlen lassen und den Kuchen aus der Form lösen.

3 Für den Belag Gelatine nach Packungsanleitung einweichen, ausdrücken und auflösen. Mandarinen in einem Sieb abtropfen lassen und 250 ml (¼ l) Saft abmessen.

4 Quark mit Joghurt, Zucker, Zitronenschale, Vanillin-Zucker und Zitronensaft verrühren, etwas Creme mit der Gelatine vermischen und unter die restliche Creme rühren. Wenn die Masse anfängt zu gelieren, Sahne steif schlagen und mit 3 Esslöffeln der Mandarinen unterheben.

5 Den Kuchen auf eine Tortenplatte legen und einen Tortenring darumstellen. Die Creme auf dem Kuchen verteilen, glatt streichen und 1 Stunde kalt stellen. Die restlichen Mandarinen auf den Belag legen.

6 Aus Tortenguss und Mandarinensaft nach Packungsanleitung einen Guss zubereiten, auf den Mandarinen verteilen, fest werden lassen. Die Torte 1–2 Stunden kalt stellen.

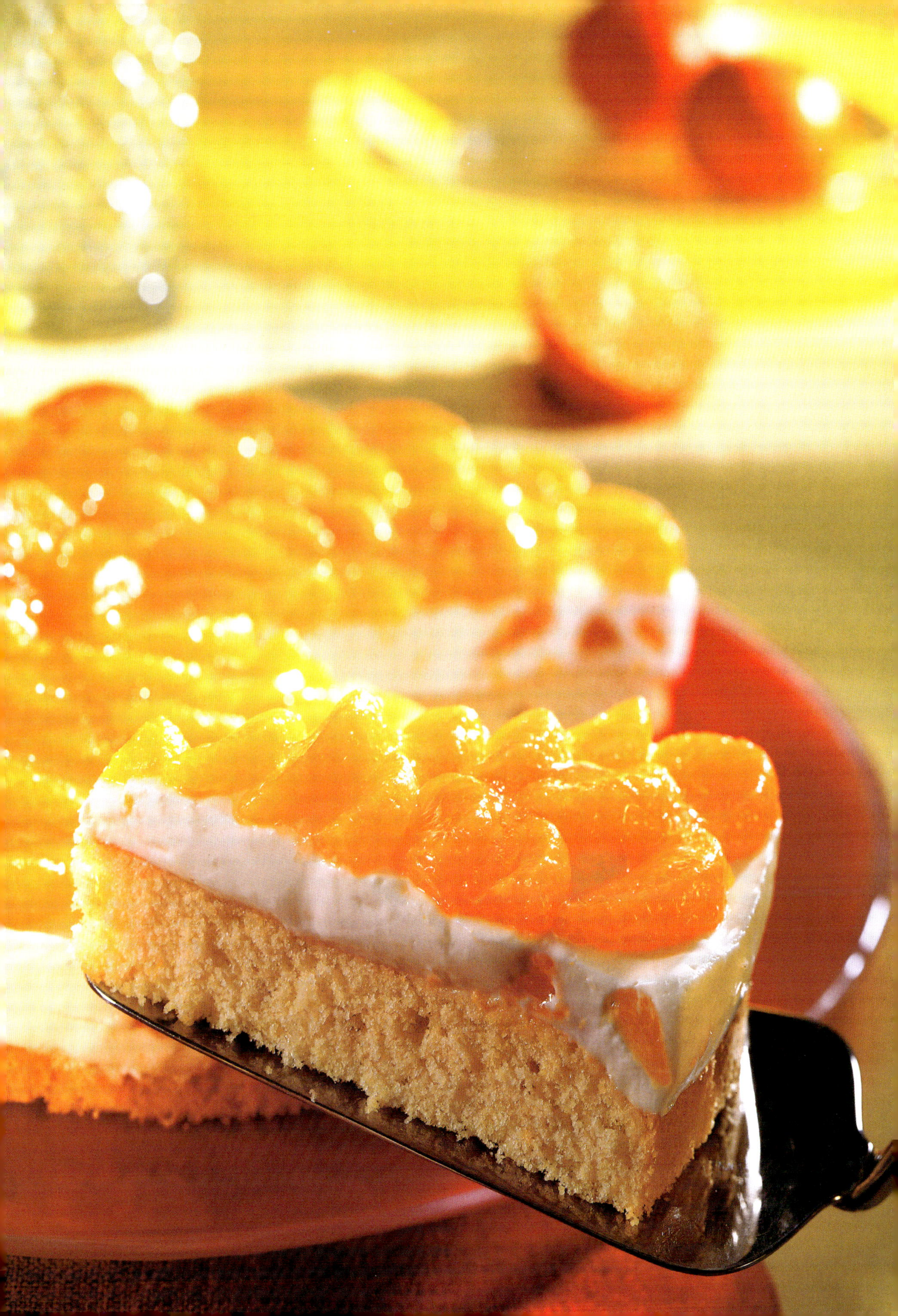

Sandtorte mit Mohncreme

Zutaten
1 Tasse ≙ 200 ml

Zum Vorbereiten:
1 Glas Sauerkirschen
(Abtropfgewicht 370 g)

Für den Rührteig:
1 Pck. (250 g) Butter oder
Margarine
1 Tasse (150 g) Zucker
1 Pck. Vanillin-Zucker
1 Prise Salz
4 Eier (Größe M)
2 ½ Tassen (250 g) Weizenmehl, 1 gestr. TL Backpulver

2 EL Weizenmehl für die
Sauerkirschen

Für die Füllung:
2 ½ Tassen (500 ml [½ l])
Milch
1 Pck. Pudding-Pulver
Vanille-Geschmack
3 geh. EL Zucker
1 Pck. (250 g) weiche Butter
2 EL (20 g) Mohnsamen

**Zum Bestreuen und
Garnieren:**
Kirschen und Mohnsamen

Zubereitungszeit:
75 Minuten, ohne Kühlzeit

Insgesamt:
E: 86 g, F: 467 g, Kh: 543 g,
kJ: 29037, kcal: 6934

1. Zum Vorbereiten Sauerkirschen in einem Sieb gut abtropfen lassen.

2. Für den Teig Butter oder Margarine mit Handrührgerät mit Rührbesen auf höchster Stufe geschmeidig rühren. Nach und nach Zucker, Vanillin-Zucker und Salz unterrühren. So lange rühren, bis eine gebundene Masse entstanden ist.

3. Eier nach und nach unterrühren (jedes Ei etwa ½ Minute). Mehl mit Backpulver mischen, sieben, portionsweise auf mittlerer Stufe unterrühren.

4. Sauerkirschen in Mehl wälzen und unter den Teig heben. Den Teig in eine Springform (Ø 26 cm, Boden gefettet) geben und glatt streichen. Die Form auf dem Rost in den Backofen schieben.

Ober-/Unterhitze: etwa 180 °C (vorgeheizt)
Heißluft: etwa 160 °C (nicht vorgeheizt)
Gas: Stufe 2–3 (nicht vorgeheizt)
Backzeit: etwa 50 Minuten.

5. Den Kuchen 10 Minuten in der Form abkühlen lassen. Dann aus der Form lösen und auf einen Kuchenrost stürzen. Kuchen erkalten lassen. Einmal waagerecht durchschneiden.

6. Für die Füllung aus Milch, Pudding-Pulver und Zucker nach Packungsanleitung einen Pudding zubereiten und in eine Schüssel füllen. Pudding sofort mit Klarsichtfolie zudecken, erkalten lassen oder Pudding erkalten lassen, dabei ab und zu umrühren.

7. Butter geschmeidig rühren. Den erkalteten Pudding esslöffelweise darunter rühren (darauf achten, dass weder Butter noch Pudding zu kalt sind, da die Creme sonst gerinnt). Zum Verzieren 6 Esslöffel der Buttercreme beiseite stellen. Den Mohn zu der restlichen Buttercreme geben und unterziehen.

(Fortsetzung Seite 134)

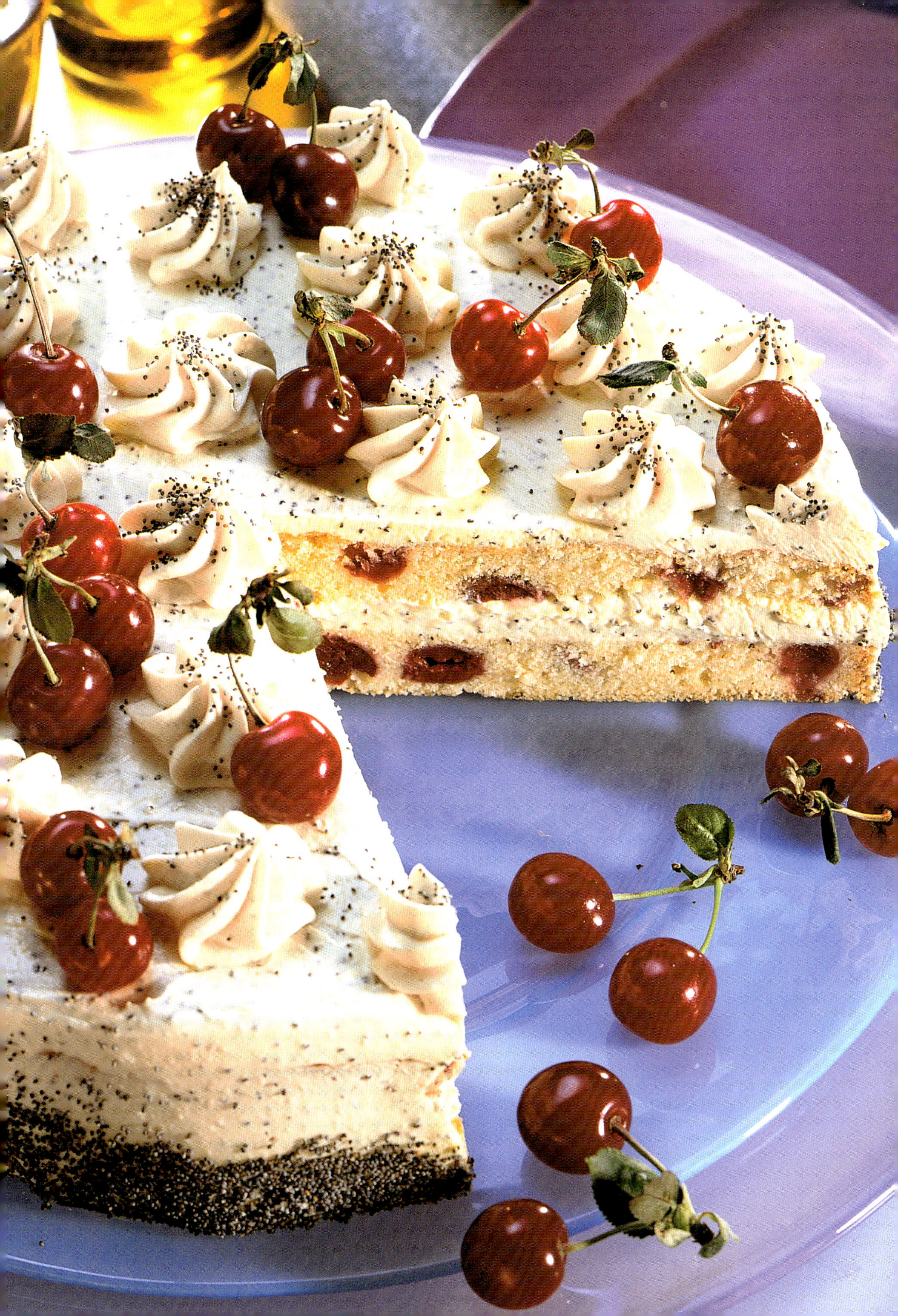

8 Den unteren Gebäckboden auf eine Platte legen. Ein Drittel der Mohn-Buttercreme darauf streichen und mit dem oberen Gebäckboden bedecken. Den Kuchen ganz mit der restlichen Mohn-Buttercreme bestreichen. Die beiseite gestellte Buttercreme in einen Spritzbeutel mit Sterntülle füllen und Tupfen auf die Tortenoberfläche spritzen. Die Torte etwa 2 Stunden kalt stellen.

9 Die Torte nach Belieben mit Mohn bestreuen und mit Kirschen garnieren.

Rhabarbertorte

Zutaten
1 Tasse ≙ 200 ml

Für den Schüttelteig:
3 Tassen (300 g) Weizenmehl
2 gestr. TL Backpulver
1 Tasse (150 g) Zucker
3 Eier (Größe M)
¾ Tasse (150 ml) Schlagsahne
knapp ½ Tasse (75 ml) Speiseöl
1 Pck. (100 g) Haselnusskrokant

Für den Belag:
800 g Rhabarber

Zum Bestäuben:
Puderzucker

Zubereitungszeit:
30 Minuten

Insgesamt:
E: 70 g, F: 164 g, Kh: 469 g, kJ: 15859, kcal: 3787

1 Für den Teig Mehl mit Backpulver mischen und in eine verschließbare Schüssel (3-Liter-Inhalt) sieben, mit Zucker mischen. Eier, Sahne und Speiseöl hinzufügen. Schüssel mit dem Deckel fest verschließen.

2 Mehrmals (insgesamt 15–30 Sekunden) kräftig schütteln, so dass alle Zutaten gut vermischt sind. Alles mit einem Schneebesen oder Rührlöffel nochmals sorgfältig durchrühren, damit vor allem trockene Zutaten vom Rand mit untergerührt werden.

3 Den Teig in eine Springform (Ø 26 cm, Boden gefettet) geben und glatt streichen. Haselnusskrokant darüber streuen.

4 Rhabarber waschen, Stielenden und Blattansätze entfernen, Stangen in etwa 2 cm lange Stücke schneiden. Rhabarberstückchen auf dem Teig verteilen. Die Form auf dem Rost in den Backofen schieben.

Ober-/Unterhitze: etwa 180 °C (vorgeheizt)
Heißluft: etwa 160 °C (nicht vorgeheizt)
Gas: Stufe 2–3 (nicht vorgeheizt)
Backzeit: etwa 40 Minuten.

5 Die Torte etwa 5 Minuten in der Form stehen lassen, dann aus der Form lösen und auf einem Kuchenrost erkalten lassen. Die Torte mit Puderzucker bestäuben.

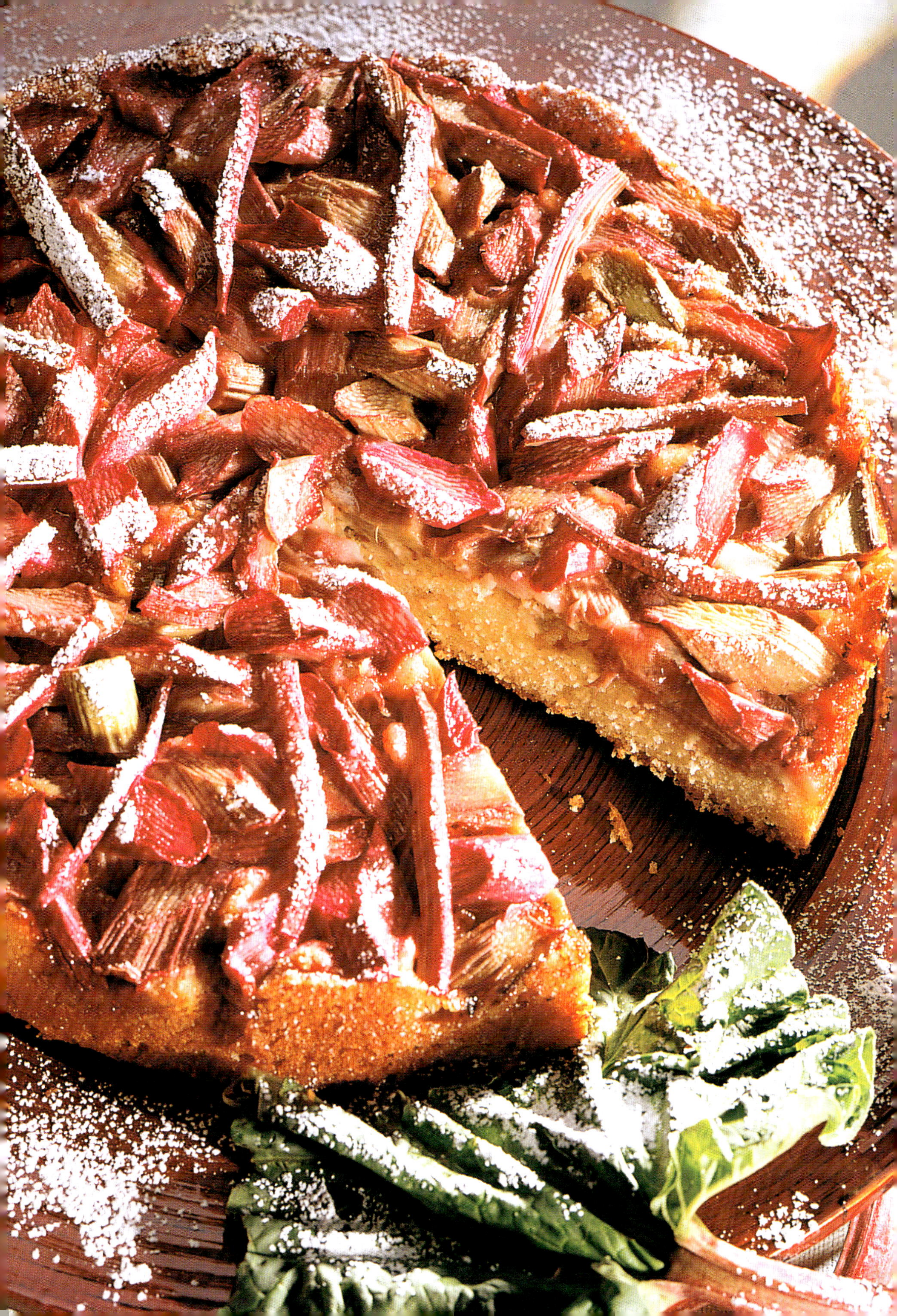

Mascarpone-Mango-Torte

Zutaten

Zum Vorbereiten:
1 Becher (250 g) Mascarpone (italienischer Frischkäse)
½ Becher (70 g) Pekannusskerne

Für den Biskuitteig:
3 Eier (Größe M)
½ Becher (125 g) Zucker
1 Pck. Finesse Geriebene Zitronenschale
7 EL (100 ml) Speiseöl
4 EL Milch
1 Becher (200 g) Weizenmehl, 2 gestr. TL Backpulver

Für den Belag:
2 Dosen Mangos in Scheiben (Abtropfgewicht je 225 g)
2 geh. EL Speisestärke
2 EL Wasser
1 Becher (250 ml) Mangosaft, evtl. mit Wasser auffüllen
4 Blatt weiße Gelatine
8 EL Karamellsirup (Sirop de Caramel von Monin)
1 Becher (200 ml) Schlagsahne

Zum Garnieren:
einige Pekannusshälften

Zubereitungszeit:
80 Minuten, ohne Kühlzeit

Insgesamt:
E: 78 g, F: 354 g, Kh: 534 g, kJ: 24348, kcal: 5818

1 Zum Vorbereiten Mascarpone in eine große Schüssel geben und zugedeckt kalt stellen. Den Becher auswaschen, abtrocknen und zum Abmessen verwenden. Pekannusskerne fein hacken.

2 Für den Teig Eier mit Handrührgerät mit Rührbesen auf höchster Stufe in 1 Minute schaumig schlagen. Zucker in 1 Minute einstreuen, dann noch etwa 2 Minuten schlagen. Zitronenschale, Speiseöl und Milch vorsichtig unterrühren. Mehl mit Backpulver mischen, die Hälfte davon auf die Eiercreme sieben, kurz auf niedrigster Stufe unterrühren. Restliches Mehlgemisch auf die gleiche Weise unterarbeiten. Pekannusskerne unterheben.

3 Den Teig in eine Springform (Ø 26 cm, Boden gefettet, mit Backpapier belegt) geben und glatt streichen. Die Form auf dem Rost in den Backofen schieben.

Ober-/Unterhitze: etwa 200 °C (vorgeheizt)
Heißluft: etwa 180 °C (vorgeheizt)
Gas: Stufe 3–4 (vorgeheizt)
Backzeit: etwa 25 Minuten.

4 Den Tortenboden aus der Form lösen und auf einen Kuchenrost stürzen. Mitgebackenes Backpapier entfernen. Boden erkalten lassen.

5 Für den Belag Mangoscheiben in einem Sieb gut abtropfen lassen, den Saft dabei auffangen. 3 Mangoscheiben und 4 Esslöffel von dem Saft beiseite stellen. Die restlichen Mangoscheiben fein würfeln.

6 Speisestärke mit Wasser anrühren. Restlichen Mangosaft evtl. mit Wasser auf 250 ml (¼ l) auffüllen und in einem Topf zum Kochen bringen. Angerührte Speisestärke unter Rühren in den von der Kochstelle genommenen Saft geben, kurz aufkochen lassen. Mangowürfel unterheben. Die Mangomasse abkühlen lassen.

RAFFINIERT

(Fortsetzung Seite 138)

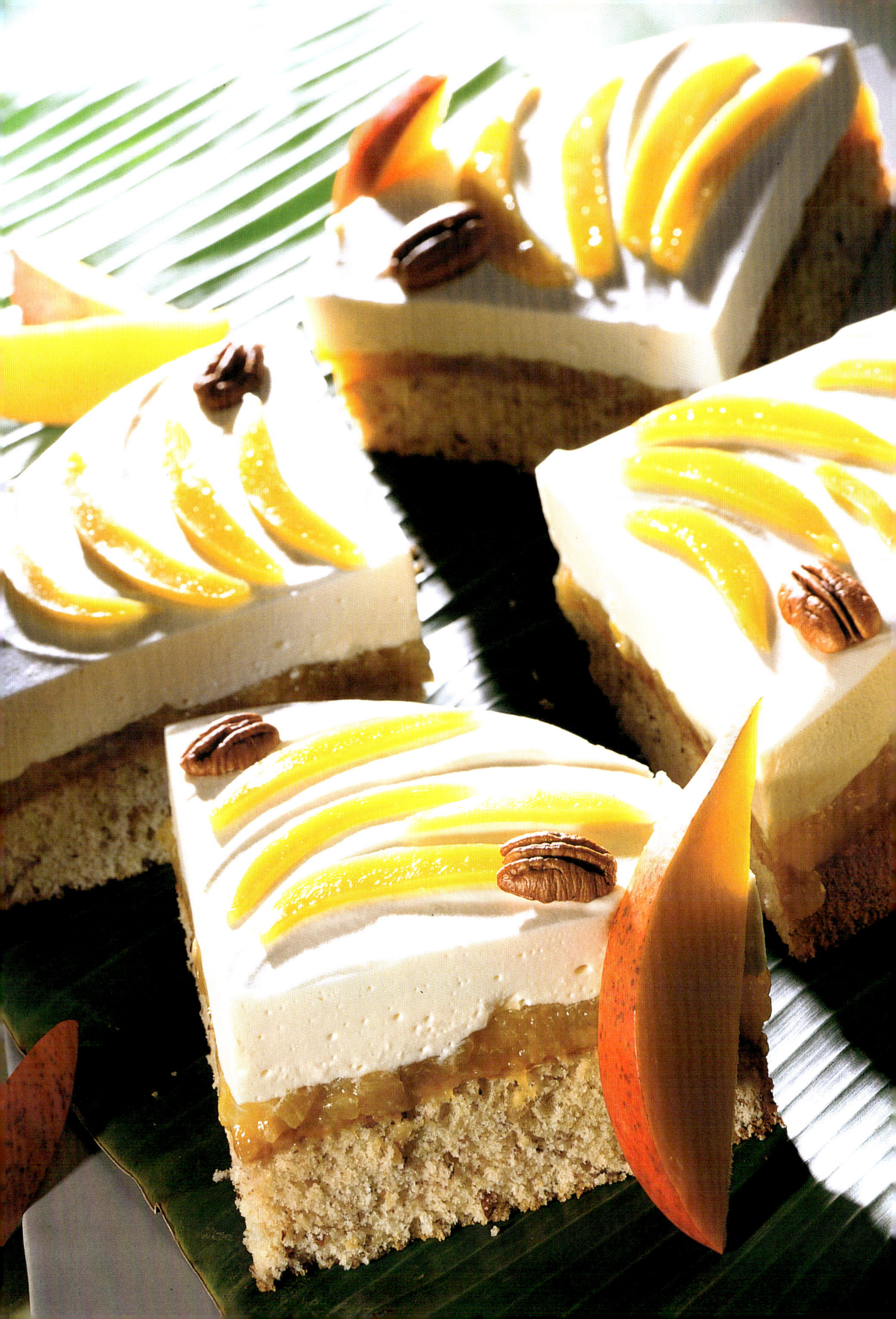

7 Den Tortenboden auf eine Platte legen. Einen Tortenring oder den gesäuberten Springformrand darumlegen. Die Mangomasse auf dem Boden verteilen und kalt stellen.

8 Gelatine in kaltem Wasser nach Packungsanleitung einweichen, leicht ausdrücken. Die ausgedrückte Gelatine in einem kleinen Topf unter Rühren erwärmen (nicht kochen), bis sie völlig gelöst ist, leicht abkühlen lassen. Den beiseite gestellten Mangosaft (4 Esslöffel) unterrühren.

9 Die kalt gestellte Mascarponecreme mit Sirup gut verrühren. Die aufgelöste Gelatineflüssigkeit unterrühren. Sahne steif schlagen und unterheben.

10 Die Mascarponecreme auf der Mangomasse verteilen und glatt streichen. Die Torte etwa 3 Stunden kalt stellen. Den Tortenring oder den gesäuberten Springformrand lösen und entfernen.

11 Zum Garnieren die beiseite gestellten Mangoscheiben in Spalten schneiden. Die Torte mit den Mangospalten und den Pekannusskernhälften garnieren.

Guaven-Joghurt-Torte

1. Zum Vorbereiten die Sahne für die Füllung in einen hohen Rührbecher geben und zugedeckt kalt stellen. Den Becher auswaschen, abtrocknen und zum Abmessen verwenden.

2. Für den Teig Butter oder Margarine mit Handrührgerät mit Rührbesen auf höchster Stufe geschmeidig rühren. Nach und nach Zucker, Vanillin-Zucker und Salz unterrühren. So lange rühren, bis eine gebundene Masse entstanden ist.

3. Eier nach und nach unterrühren (jedes Ei etwa ½ Minute). Mehl mit Backpulver mischen, sieben, portionsweise auf mittlerer Stufe unterrühren. Mandeln und Raspelschokolade unterrühren.

4. Den Teig in eine Springform (Ø 26 cm, Boden gefettet) geben und glatt streichen. Die Form auf dem Rost in den Backofen schieben.

Ober-/Unterhitze: etwa 180 °C (vorgeheizt)
Heißluft: etwa 160 °C (vorgeheizt)
Gas: Stufe 2–3 (vorgeheizt)
Backzeit: etwa 30 Minuten.

5. Den Tortenboden in der Form etwas abkühlen lassen. Dann aus der Form lösen und auf einem Kuchenrost erkalten lassen. Den Tortenboden einmal waagerecht durchschneiden.

6. Für die Füllung Gelatine in kaltem Wasser nach Packungsanleitung einweichen, leicht ausdrücken. Die ausgedrückte Gelatine in einem kleinen Topf unter Rühren erwärmen (nicht kochen), bis sie völlig gelöst ist, leicht abkühlen lassen.

7. Joghurt, Fruchtsaftgetränk und Zucker gut verrühren. 3 Esslöffel der Joghurt-Masse mit der Gelatine verrühren. Dann zur restlichen Joghurt-Masse geben und gut verrühren, kalt stellen.

(Fortsetzung Seite 140)

Zutaten
Foto Seite 141

Zum Vorbereiten:
1 Becher (250 ml) Schlagsahne

Für den Rührteig:
½ Pck. (125 g) Butter oder Margarine
½ Becher (110 g) Zucker
1 Pck. Vanillin-Zucker
1 Prise Salz
3 Eier (Größe M)
1 Becher (150 g) Weizenmehl, 2 gestr. TL Backpulver
4 EL (40 g) abgezogene, gemahlene Mandeln
4 EL Raspelschokolade

Für die Füllung:
10 Blatt weiße Gelatine
1 Becher (500 g) Naturjoghurt
2 Becher (500 ml [½ l]) Guaven-Fruchtsaftgetränk
½ Becher (110 g) Zucker

Für den Guss:
5 EL Guaven-Fruchtsaftgetränk, 1 TL Speisestärke

Zum Verzieren:
3 Becher (600 ml) Schlagsahne, 3 Pck. Sahnesteif

Zum Bestreuen:
2 EL Raspelschokolade

Zubereitungszeit:
60 Minuten, ohne Kühlzeit

Insgesamt:
E: 107 g, F: 408 g, Kh: 483 g,
kJ: 26079, kcal: 6233

FRUCHTIG

8 Die kalt gestellte Sahne steif schlagen. Wenn die Joghurtmasse anfängt dicklich zu werden, Sahne unterheben. Den Tortenboden auf eine Platte legen. Einen Tortenring oder den gesäuberten Springformrand darumstellen. Die Joghurt-Sahne-Masse auf den Tortenboden geben und glatt streichen. Den oberen Boden darauf legen. Die Torte etwa 3 Stunden kalt stellen.

9 Für den Guss Fruchtsaftgetränk und Speisestärke in einem kleinen Topf gut verrühren und unter Rühren kurz aufkochen lassen. Guss erkalten lassen, dabei ab und zu umrühren.

10 Zum Verzieren Sahne mit Sahnesteif steif schlagen. Sahne in einen Spritzbeutel mit großer Lochtülle geben. Den Tortenring oder Springformrand lösen und entfernen. Tortenoberfläche mit der Sahne verzieren und mit dem Guss besprenkeln. Mit Raspelschokolade bestreuen.

Tipp: *Guaven-Fruchtsaftgetränk kann auch durch Passionsfruchtsaft ersetzt werden.*

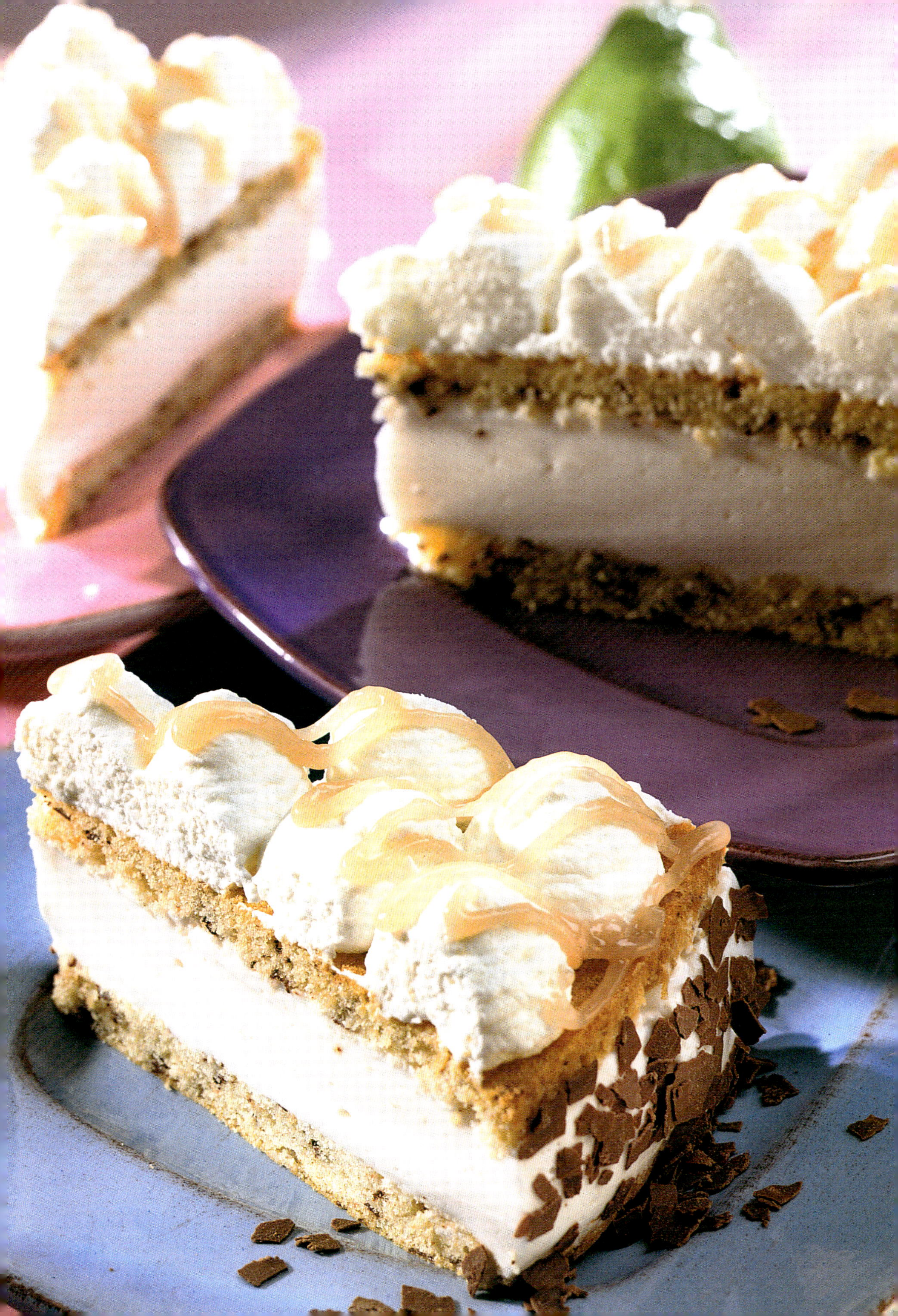

Kuchen vom Blech

Pfirsich-Nougat-Kuchen

Zutaten

Zum Vorbereiten:
1 Dose Pfirsichhälften
(Abtropfgewicht 500 g)
200 g Nuss-Nougat

Für den Teig:
250 g Weizenmehl
2 gestr. TL Backpulver
150 g Zucker
150 g zerlassene, abgekühlte
Butter oder Margarine
2 Eier (Größe M)
6 EL Milch

Zum Bestreichen:
100 g Aprikosenkonfitüre

Zubereitungszeit:
40 Minuten

Insgesamt:
E: 64 g, F: 196 g, Kh: 608 g
kJ: 19200, kcal: 4589

RAFFINIERT

1. Zum Vorbereiten Pfirsichhälften in einem Sieb abtropfen lassen. Nougat in einem Topf im Wasserbad geschmeidig rühren.

2. Für den Teig Mehl mit Backpulver mischen, in eine verschließbare Schüssel (3-Liter-Inhalt) sieben, mit Zucker mischen. Butter oder Margarine, Eier und Milch hinzufügen, mit Deckel fest verschließen. Mehrmals (insgesamt 15–30 Sekunden, je nach Menge der Zutaten) kräftig schütteln, so dass alle Zutaten gut vermischt sind. Alles mit einem Schneebesen oder Rührlöffel nochmals sorgfältig durchrühren, damit vor allem trockene Zutaten vom Rand mit untergerührt werden.

3. Teig auf ein Backblech (30 x 40 cm, gefettet) geben und glatt streichen. Pfirsichhälften in Spalten schneiden und auf den Teig legen. Nougat mit einem Teelöffel kleckseweise zwischen den Pfirsichhälften verteilen. Das Backblech in den Backofen schieben.

Ober-/Unterhitze: etwa 200 °C (vorgeheizt)
Heißluft: etwa 180 °C (vorgeheizt)
Gas: Stufe 3–4 (vorgeheizt)
Backzeit: 20–25 Minuten.

4. Das Backblech auf einen Kuchenrost stellen. Zum Bestreichen Konfitüre mit Hilfe eines Pinsels auf den heißen Kuchen streichen. Kuchen erkalten lassen.

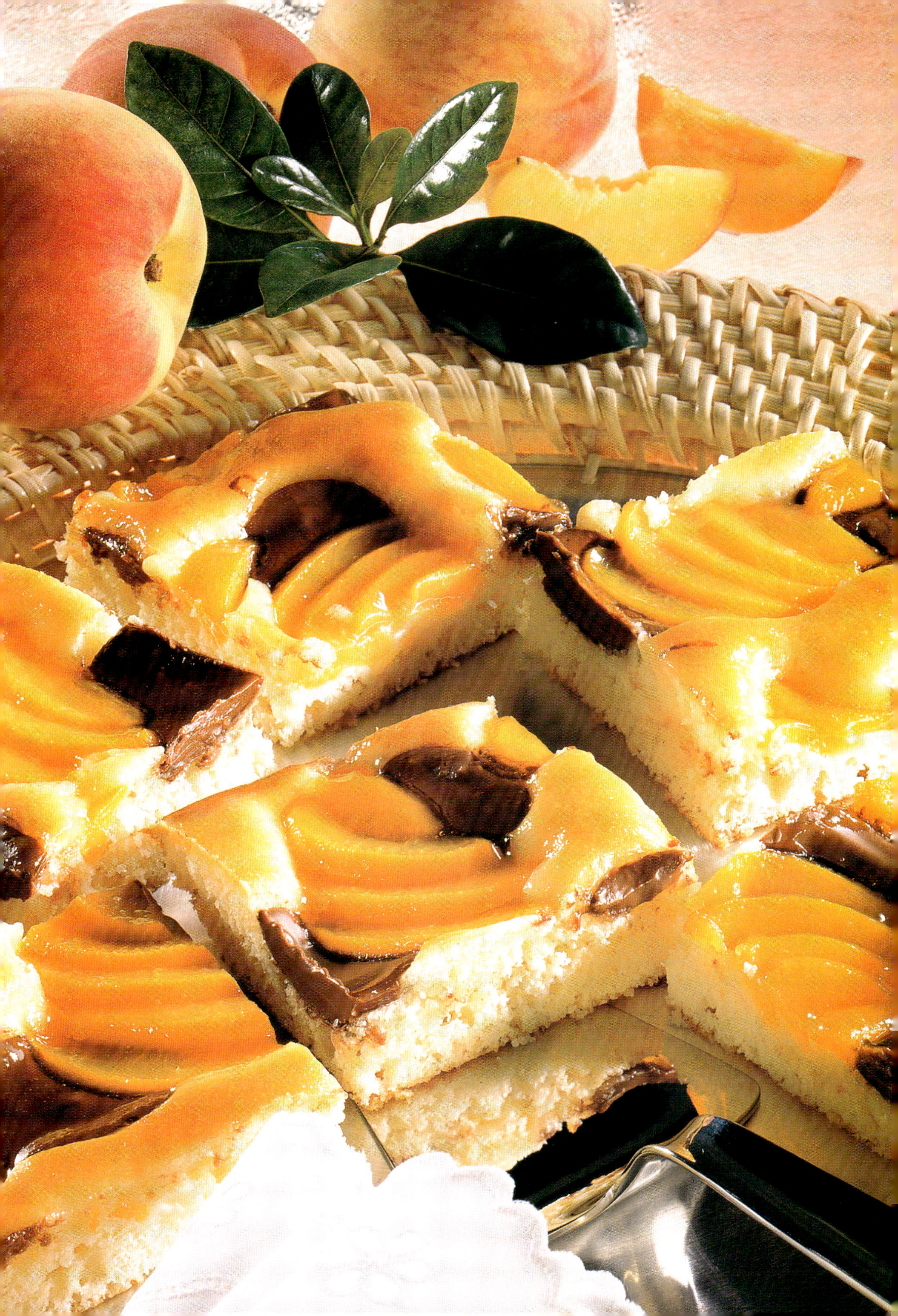

Kissenkuchen

Zutaten
1 Tasse ≙ 250 ml

Zum Vorbereiten:
1 Pck. (300 g) gemischtes TK-Beerenobst
1 Tafel (100 g) weiße Schokolade

Für den Rührteig:
1 Pck. (250 g) Butter oder Margarine
1 Tasse (220 g) Zucker
½ TL Finesse Geriebene Zitronenschale
4 Eier (Größe M)
2 Tassen (340 g) Weizenmehl
3 gestr. TL Backpulver

Zum Verzieren:
etwa 50 g dunkle Kuchenglasur

Zubereitungszeit:
40 Minuten, ohne Auftau- und Abkühlzeit

Insgesamt:
E: 77 g, F: 267 g, Kh: 602 g, kJ: 22123, kcal: 5287

FÜR KINDER

1. Zum Vorbereiten Beeren bei Zimmertemperatur auftauen lassen. Schokolade in kleine Stücke brechen, in einem kleinen Topf im Wasserbad bei schwacher Hitze zu einer geschmeidigen Masse verrühren und abkühlen lassen.

2. Für den Teig Butter oder Margarine mit Handrührgerät mit Rührbesen auf höchster Stufe geschmeidig rühren. Nach und nach Zucker und Zitronenschale unterrühren. So lange rühren, bis eine gebundene Masse entstanden ist. Eier nach und nach unterrühren (jedes Ei etwa ½ Minute). Die aufgelöste Schokolade hinzufügen und kurz unterrühren. Mehl und Backpulver mischen, sieben und portionsweise auf mittlerer Stufe unterrühren.

3. Zwei Drittel des Teiges auf ein Backblech (30 x 40 cm, gefettet) streichen. Mit einem Kochlöffelstiel in etwa 5 cm breiten Abständen gitterartig tiefe Linien in den Teig ziehen.

4. Beerenobst pürieren und durch ein Sieb streichen. Beerenpüree unter den restlichen Teig rühren. Den Teig in einen Spritzbeutel mit Lochtülle (Ø etwa 10 mm) füllen und auf das markierte Gitter spritzen. Das Backblech in den Backofen schieben.

Ober-/Unterhitze: etwa 180 °C (vorgeheizt)
Heißluft: etwa 160 °C (vorgeheizt)
Gas: Stufe 2–3 (vorgeheizt)
Backzeit: etwa 30 Minuten.

5. Das Backblech auf einen Kuchenrost stellen und den Kuchen erkalten lassen.

6. Zum Verzieren Kuchenglasur nach Packungsanleitung auflösen, in ein Pergamentpapiertütchen füllen und eine kleine Spitze abschneiden. Den Kuchen damit verzieren.

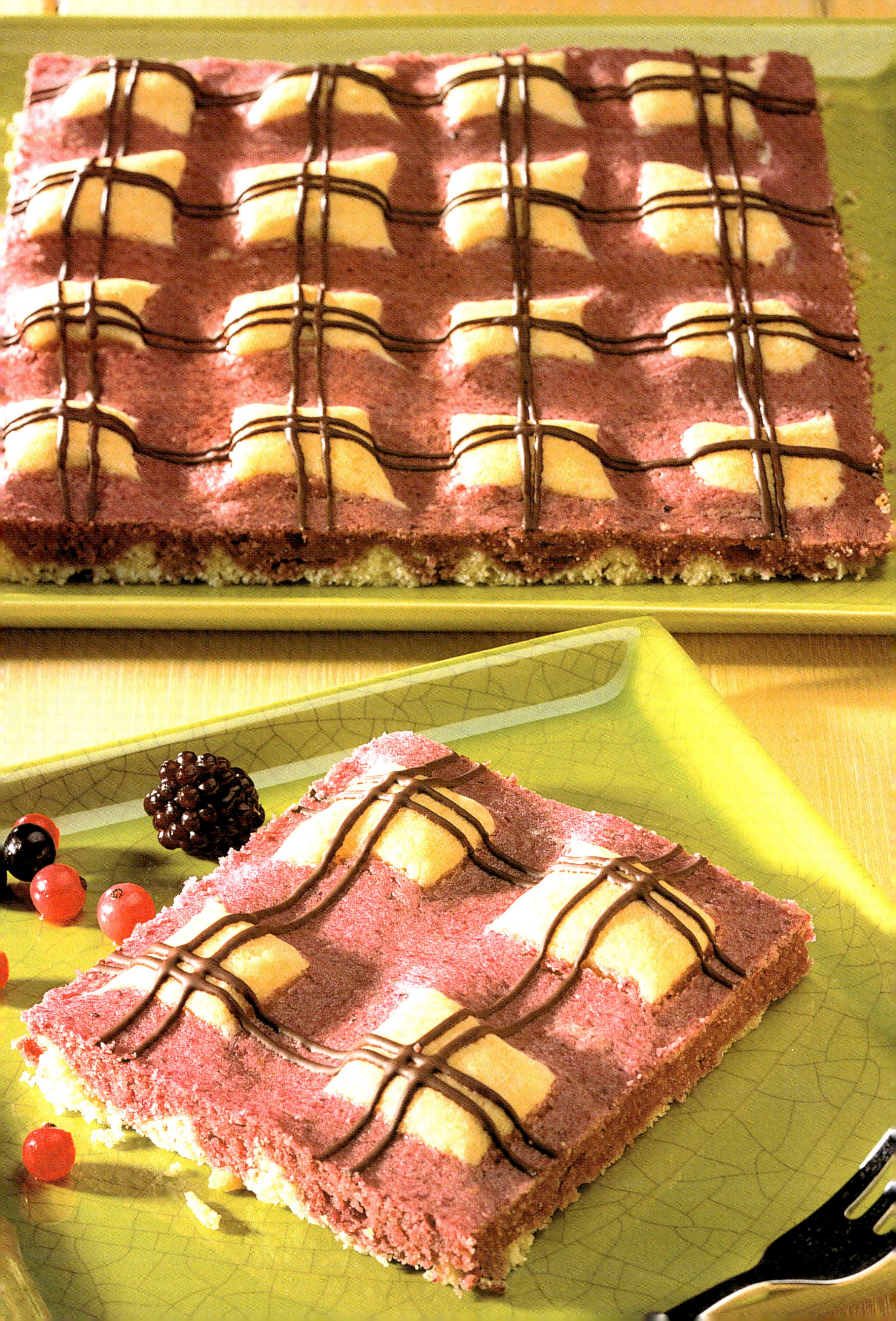

Buttermilchkuchen

Zutaten
1 Tasse ≙ 150 ml

Für den Teig:
3 Tassen (300 g) Weizenmehl
1 Pck. Backpulver
2 Tassen (300 g) Zucker
1 Pck. Vanillin-Zucker
3 Eier (Größe M)
2 Tassen (300 ml) Buttermilch

Für den Belag:
½ Pck. (125 g) zerlassene Butter
1 Tasse (150 g) Zucker
2 Tassen (200 g) gehobelte Mandeln oder Haselnusskerne oder Kokosraspel

Zubereitungszeit:
20 Minuten

Insgesamt
E: 107 g, F: 234 g, Kh: 703 g, kJ: 23297, kcal: 5564

FÜR KINDER

1 Für den Teig Mehl mit Backpulver mischen, in eine verschließbare Schüssel (3-Liter-Inhalt) sieben, mit Zucker und Vanillin-Zucker mischen. Eier und Buttermilch hinzufügen, Schüssel mit dem Deckel fest verschließen. Mehrmals (insgesamt 15–30 Sekunden, je nach Menge der Zutaten) kräftig schütteln, so dass alle Zutaten gut vermischt sind. Alles mit einem Schneebesen oder Rührlöffel nochmals sorgfältig durchrühren, damit vor allem trockene Zutaten vom Rand mit untergerührt werden.

2 Teig auf ein Backblech (30 x 40 cm, gefettet) streichen. Das Backblech in den Backofen schieben und vorbacken.

Ober-/Unterhitze: etwa 180 °C (vorgeheizt)
Heißluft: etwa 160 °C (vorgeheizt)
Gas: Stufe 2–3 (vorgeheizt)
Backzeit: etwa 10 Minuten.

3 Für den Belag Butter, Zucker und Mandeln oder Haselnusskerne oder Kokosraspel in einem kleinen Topf aufkochen lassen. Die Masse auf den vorgebackenen Boden streichen. Das Backblech wieder in den Backofen schieben und fertig backen.

Ober-/Unterhitze: etwa 180 °C (vorgeheizt)
Heißluft: etwa 160 °C (vorgeheizt)
Gas: Stufe 2–3 (vorgeheizt)
Backzeit: etwa 15 Minuten.

4 Das Backblech auf einen Kuchenrost stellen, Kuchen erkalten lassen.

Tipp: *Statt Buttermilch kann auch Sahne oder Milch verwendet werden.*

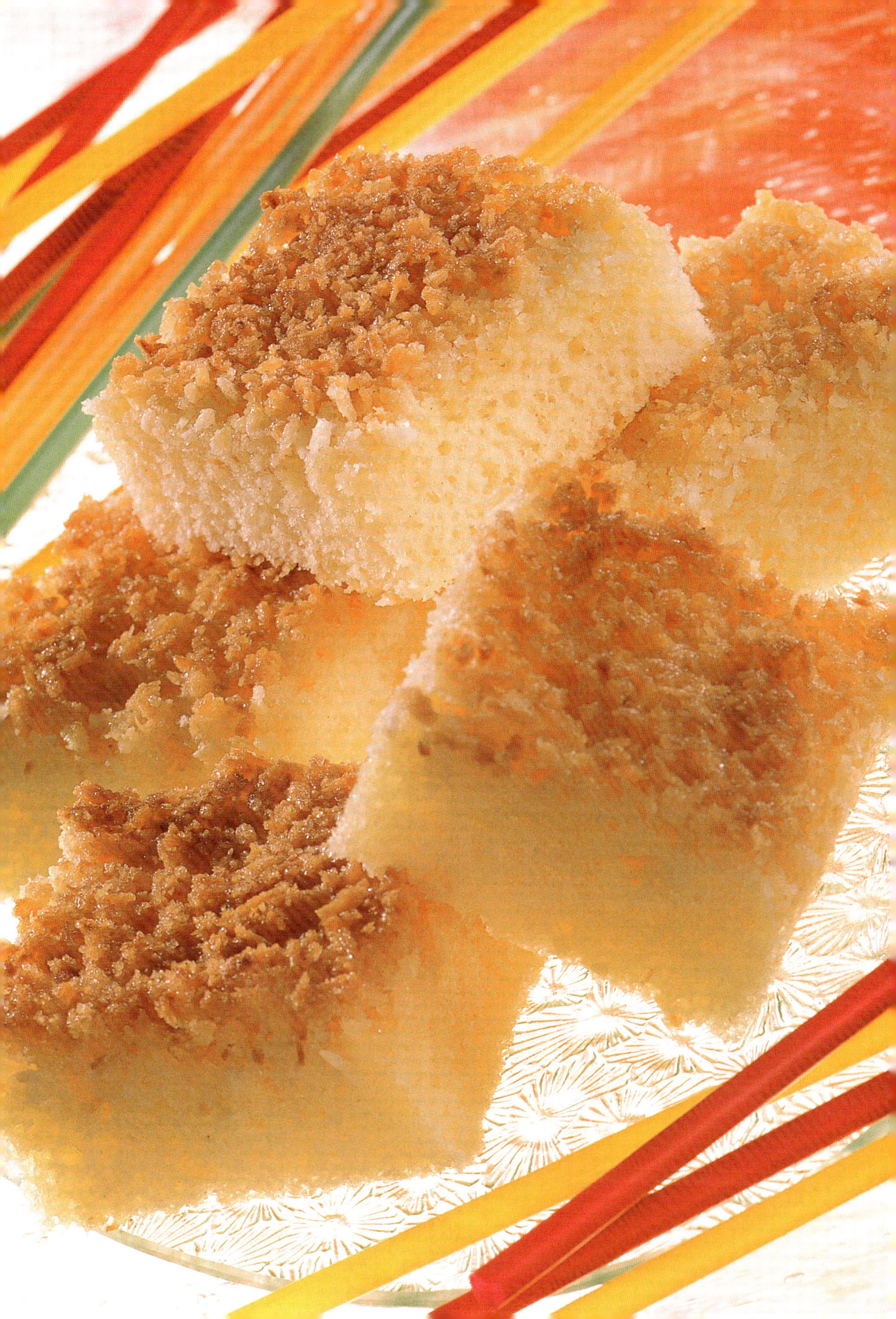

Becherkuchen Florentiner Art

Zutaten

Für den Teig:
1 Becher (200 ml) Schlagsahne
4 Eier (Größe M)
2 Becher (je 150 g) Weizenmehl
½ Pck. Backpulver
½ Becher (100–200 g) Zucker
1 Pck. Vanillin-Zucker
1 Fläschchen Butter-Vanille-Aroma

Für den Belag:
½ Pck. (125 g) Butter
½ Becher (100–200 g) Zucker
1 ½ Becher (200 g) abgezogene, gehobelte oder gehackte Mandeln oder Haselnusskerne oder Kokosraspel

1 Pck. (100 g) kandierte Kirschen

Zum Verzieren:
75 g Halbbitter-Kuvertüre
1 TL Speiseöl

Zubereitungszeit:
25 Minuten

Insgesamt:
E: 111 g, F: 331 g, Kh: 363 g, kJ: 26748, kcal: 6390

EINFACH – FÜR KINDER

1. Für den Teig Sahne in eine verschließbare Schüssel (3-Liter-Inhalt) geben, Becher auswaschen und trocknen. Eier zur Sahne geben. Mehl mit Backpulver mischen, sieben, mit Zucker, Vanillin-Zucker und Aroma mischen und hinzufügen, Schüssel mit dem Deckel fest verschließen. Mehrmals (insgesamt 15–30 Sekunden, je nach Menge der Zutaten) kräftig schütteln, so dass alle Zutaten gut vermischt sind. Alles mit einem Schneebesen oder Rührlöffel nochmals sorgfältig durchrühren, damit vor allem trockene Zutaten vom Rand mit untergerührt werden.

2. Teig auf ein Backblech (30 x 40 cm, gefettet) streichen. Das Backblech in den Backofen schieben und vorbacken.

Ober-/Unterhitze: etwa 200 °C (vorgeheizt)
Heißluft: etwa 180 °C (vorgeheizt)
Gas: Stufe 3–4 (vorgeheizt)
Backzeit: 20–25 Minuten.

3. Für den Belag Butter, Zucker, Mandeln oder Haselnusskerne oder Kokosraspel in einen kleinen Topf geben, unter Rühren aufkochen, etwas abkühlen lassen. Kirschen fein würfeln und unterrühren. Die Masse nach 10 Minuten Backzeit auf den vorgebackenen Boden streichen.

4. Das Backblech nochmals in den Backofen schieben und bei gleicher Temperatureinstellung fertig backen.

5. Den Kuchen auf einen Kuchenrost stellen, erkalten lassen.

6. Zum Verzieren Kuvertüre in kleine Stücke hacken, mit dem Öl in einem kleinen Topf im Wasserbad bei schwacher Hitze zu einer geschmeidigen Masse verrühren. Die Oberfläche des Kuchen mit der Kuvertüre besprenkeln.

Tipp: *Mit Becher sind die Sahnebecher (200 ml) gemeint.*

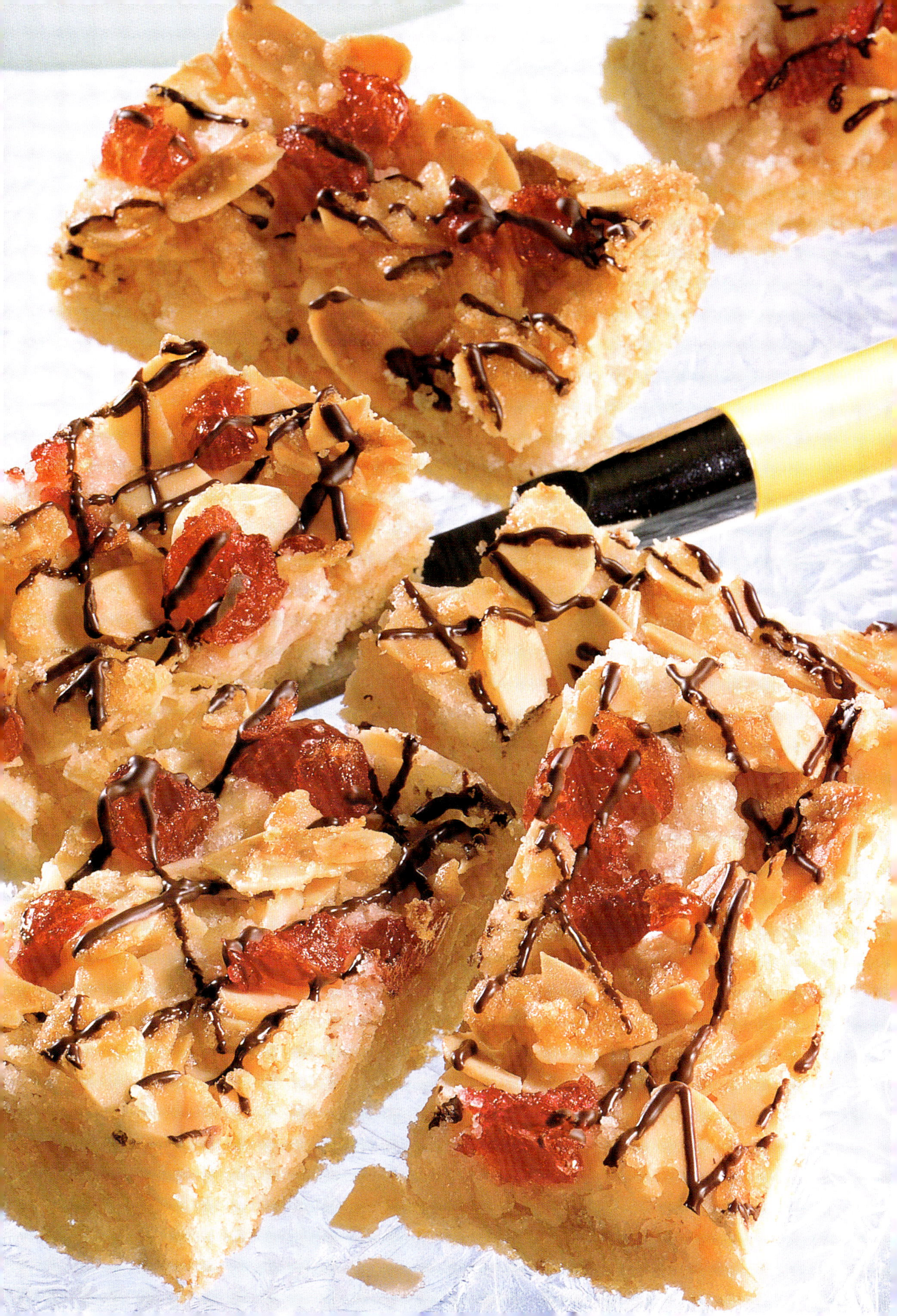

Joghurtbecherkuchen

Zutaten

Für den Teig:
1 Becher (150 g) Naturjoghurt
3 Becher (300 g) Weizenmehl
2 gestr. TL Backpulver
2 Becher (300 g) Zucker
1 Pck. Finesse Geriebene Zitronenschale
3 Eier (Größe M)
1 Becher (150 ml) Speiseöl

Für den Belag:
1 Dose Aprikosenhälften (Abtropfgewicht 480 g)

Zum Bestreichen:
100 g Orangenmarmelade oder Aprikosenkonfitüre

Zum Bestreuen:
25 g gehackte Pistazienkerne

Zubereitungszeit:
30 Minuten

Insgesamt:
E: 70 g, F: 192 g, Kh: 687 g,
kJ: 20578, kcal: 4914

EINFACH

1 Für den Teig Joghurt in eine verschließbare Schüssel (3-Liter-Inhalt) geben, Becher auswaschen und trocknen. Mehl mit Backpulver mischen, sieben, mit Zucker und Zitronenschale mischen und in die Schüssel geben. Eier und Öl hinzufügen, Schüssel mit dem Deckel fest verschließen. Mehrmals (insgesamt 15–30 Sekunden, je nach Menge der Zutaten) kräftig schütteln, so dass alle Zutaten gut vermischt sind. Alles mit einem Schneebesen oder Rührlöffel nochmals sorgfältig durchrühren, damit vor allem trockene Zutaten vom Rand mit untergerührt werden.

2 Teig auf ein Backblech (30 x 40 cm, gefettet) streichen. Für den Belag Aprikosen in einem Sieb gut abtropfen lassen und auf dem Teig verteilen. Das Backblech in den Backofen schieben.

Ober-/Unterhitze: etwa 200 °C (vorgeheizt)
Heißluft: etwa 180 °C (vorgeheizt)
Gas: Stufe 3–4 (vorgeheizt)
Backzeit: etwa 30 Minuten.

3 Backblech auf einen Kuchenrost stellen. Zum Bestreichen Marmelade oder Konfitüre durch ein Sieb streichen und in einem kleinen Topf erwärmen. Den heißen Kuchen damit bestreichen.

4 Zum Bestreuen die Pistazienkerne auf die Kuchenoberfläche streuen.

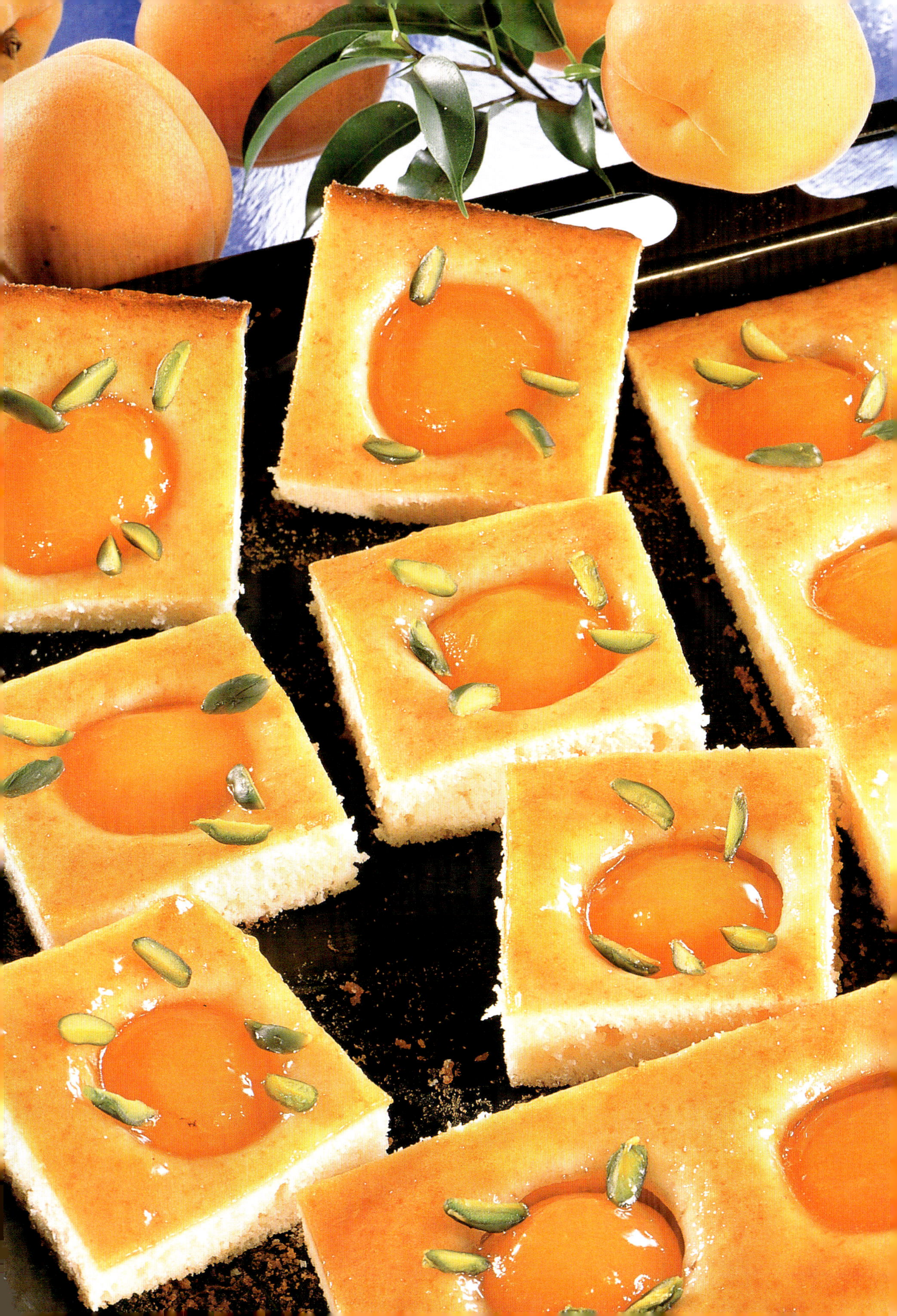

Quark-Orangen-Kuchen

Zutaten

Zum Vorbereiten:
½ Becher (125 ml) Schlagsahne

Für den Schüttelteig:
2 ½ Becher (375 g) Weizenmehl, 3 gestr. TL Backpulver
¾ Becher (175 g) Zucker
1 Pck. Vanillin-Zucker
3 Eier (Größe M)
½ Pck. (125 ml) zerlassene, abgekühlte Butter oder Margarine

Für den Belag:
8–10 Orangen
3 Pck. (750 g) Magerquark
¾ Becher (175 g) Zucker
1 Pck. Finesse Orangenfrucht
2 Eigelb (Größe M)
2 EL Speisestärke
½ Becher (125 ml [⅛ l]) Orangensaft
2 Eiweiß (Größe M)

Zum Garnieren:
2 EL Puderzucker
25 g aufgelöste Vollmilch-Kuvertüre

Zubereitungszeit:
70 Minuten

Insgesamt:
E: 196 g, F: 183 g, Kh: 813 g, kJ: 24928, kcal: 5952

DAUERT ETWAS LÄNGER

---

1. Zum Vorbereiten Sahne in eine Schüssel geben. Den Becher auswaschen, abtrocknen und zum Abmessen verwenden. Für den Teig Mehl mit Backpulver mischen, in eine verschließbare Schüssel (3-Liter-Inhalt) sieben, mit Zucker und Vanillin-Zucker mischen. Eier, Butter oder Margarine und die Sahne hinzufügen. Schüssel mit dem Deckel fest verschließen.

2. Mehrmals (insgesamt 15–30 Sekunden) kräftig schütteln, so dass alle Zutaten gut vermischt sind. Alles mit einem Schneebesen oder Rührlöffel nochmals sorgfältig durchrühren, damit vor allem trockene Zutaten vom Rand mit untergerührt werden.

3. Den Teig auf ein Backblech (30 x 40 cm, gefettet) geben und glatt streichen. Das Backblech in den Backofen schieben und den Boden vorbacken.

Ober-/Unterhitze: etwa 180 °C (vorgeheizt)
Heißluft: etwa 160 °C (vorgeheizt)
Gas: Stufe 2–3 (vorgeheizt)
Backzeit: etwa 15 Minuten.

4. Das Backblech auf einen Kuchenrost stellen. Für den Belag Orangen so dick mit einem Messer abschälen oder abschneiden, dass auch die weiße Haut ganz entfernt wird. Dann das Fruchtfleisch mit einem scharfen Messer von einer Trennhautseite abschneiden und von der anderen Seite abziehen oder auch abschneiden, so dass die Trennhäute stehen bleiben. Dabei den Saft in einer Schüssel auffangen.

5. Quark, Zucker, Orangenfrucht, Eigelb und Speisestärke zu einer geschmeidigen Masse verrühren. Orangensaft unterrühren. Eiweiß steif schlagen und unterheben.

6. Die Quark-Orangen-Masse auf den vorgebackenen Boden streichen. Orangenfilets darauf verteilen. Das Backblech wieder in den Backofen schieben, den Kuchen **bei gleicher Backofeneinstellung in etwa 70 Minuten** fertig backen.

7. Die Orangenfilets mit Puderzucker bestäuben. Den Kuchen evtl. mit Kuvertüre besprenkeln.

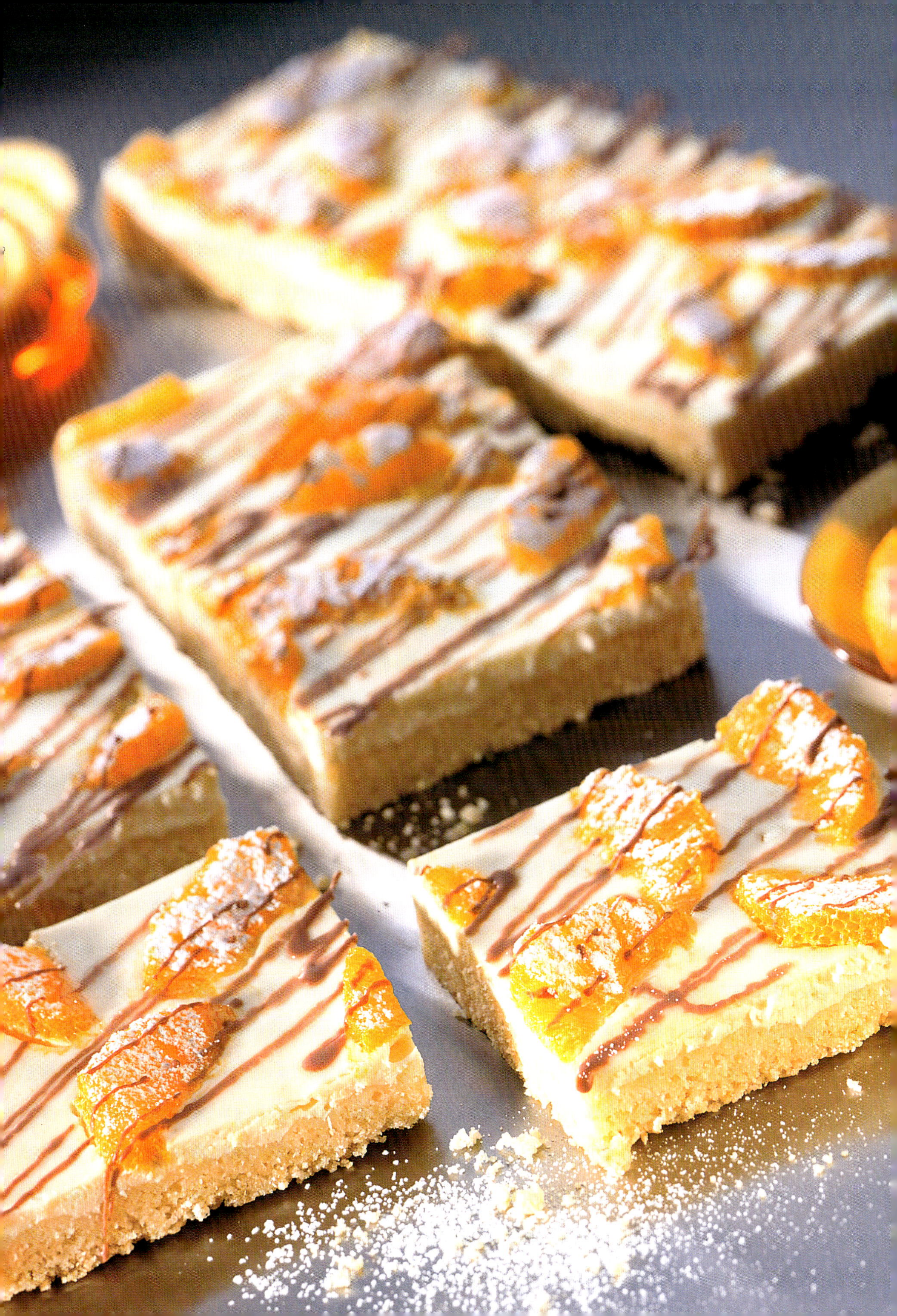

Schneller Kirsch-Mandel-Kuchen

Zutaten

Zum Vorbereiten:
2 Gläser Sauerkirschen
(Abtropfgewicht je 370 g)

Für den Teig:
300 g Weizenmehl
3 gestr. TL Backpulver
150 g Zucker
1 Pck. Vanillin-Zucker
4 Eier (Größe M)
150 g zerlassene, abgekühlte Butter oder Margarine
100 g abgezogene, gemahlene Mandeln

Für den Guss:
150 g Puderzucker
etwas Kirschsaft

Zubereitungszeit:
20 Minuten, ohne Abkühlzeit

Insgesamt:
E: 88 g, F: 208 g, Kh: 681 g,
kJ: 21629, kcal: 5164

EINFACH

1 Zum Vorbereiten Sauerkirschen in einem Sieb gut abtropfen lassen, evtl. mit Küchenpapier trockentupfen. Etwas Kirschsaft für den Guss zurückbehalten.

2 Für den Teig Mehl mit Backpulver mischen, in eine verschließbare Schüssel (3-Liter-Inhalt) sieben, mit Zucker und Vanillin-Zucker mischen. Eier und Butter oder Margarine hinzufügen, Schüssel mit dem Deckel fest verschließen. Mehrmals (insgesamt 15–30 Sekunden, je nach Menge der Zutaten) kräftig schütteln, so dass alle Zutaten gut vermischt sind, Mandeln hinzugeben. Alles mit einem Schneebesen oder Rührlöffel nochmals sorgfältig durchrühren, damit vor allem trockene Zutaten vom Rand mit untergerührt werden.

3 Den Teig auf ein Backblech (30 x 40 cm, gefettet, bemehlt) geben und glatt streichen, die Kirschen darauf verteilen. Das Backblech in den Backofen schieben.

Ober-/Unterhitze: etwa 180 °C (vorgeheizt)
Heißluft: etwa 160 °C (vorgeheizt)
Gas: Stufe 2–3 (vorgeheizt)
Backzeit: etwa 25 Minuten.

4 Das Backblech auf einen Kuchenrost stellen. Den Kuchen erkalten lassen.

5 Für den Guss Puderzucker sieben und mit so viel Kirschsaft anrühren, dass ein dickflüssiger Guss entsteht. Den Kuchen damit bestreichen.

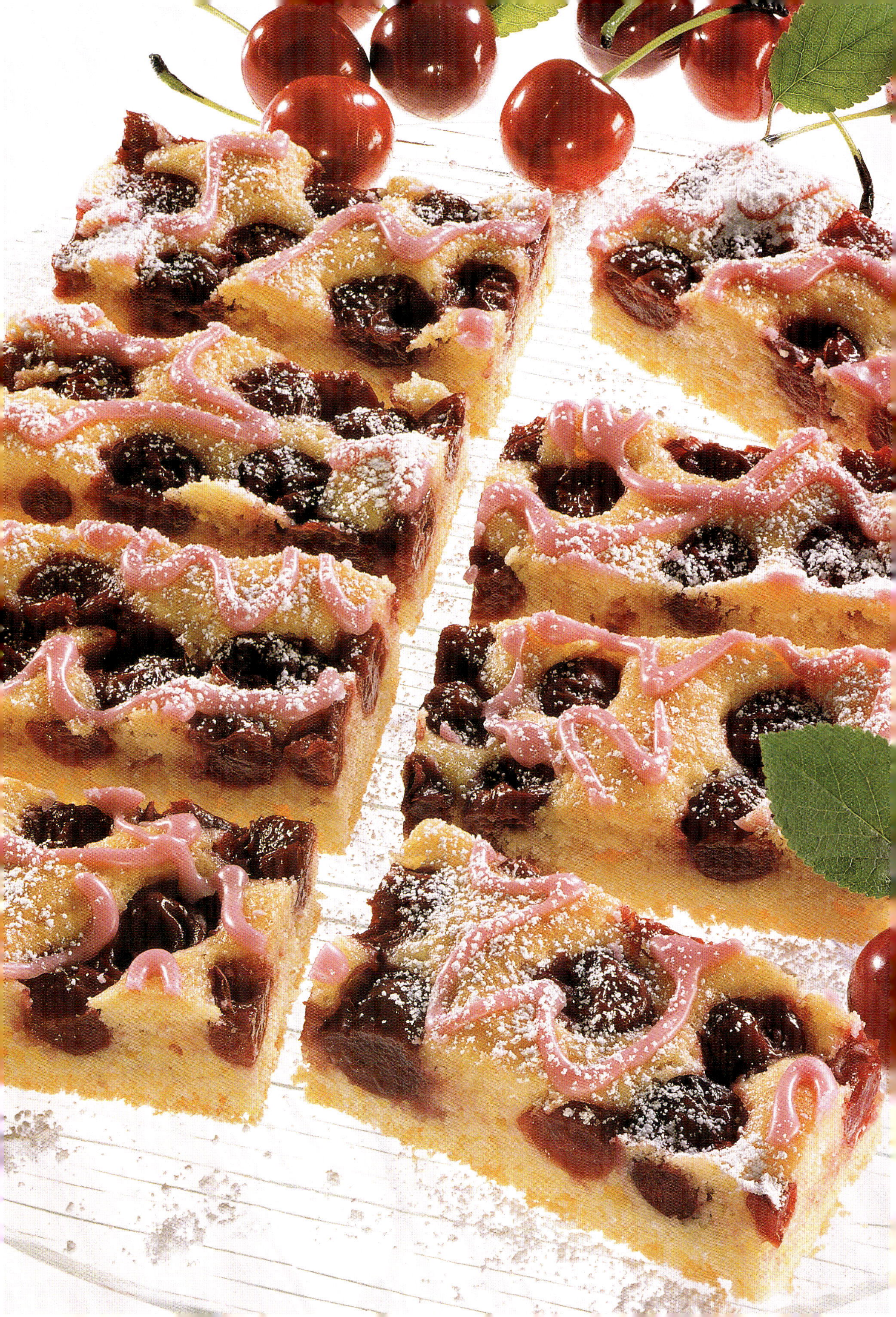

Schoko-Mirabellen-Kuchen

Zutaten

Zum Vorbereiten:
2 Gläser Mirabellen mit Stein (Abtropfgewicht je 385 g)
2 Becher (je 250 ml) Schlagsahne

Für den Rührteig:
1 Pck. (250 g) Butter oder Margarine
1 Becher (200 g) Zucker
1 Pck. Vanillin-Zucker
4 Eier (Größe M)
3 ½ Becher (450 g) Weizenmehl
⅓ Becher (50 g) Kakaopulver
3 gestr. TL Backpulver
3 EL Milch

Für den Belag:
1 Pck. Pudding-Pulver Sahne-Geschmack
3–4 EL Zucker
500 ml (½ l) Mirabellensaft
2 Pck. Sahnesteif
1–2 EL gesiebter Puderzucker

Zum Bestäuben:
2 EL Kakaopulver

Zubereitungszeit:
55 Minuten, ohne Kühlzeit

Insgesamt:
E: 95 g, F: 252 g, Kh: 794 g, kJ: 25655, kcal: 6129

FRUCHTIG

1. Zum Vorbereiten Mirabellen in einem Sieb abtropfen lassen, den Saft dabei auffangen und 500 ml (½ l) davon abmessen. Mirabellen je nach Größe halbieren oder vierteln und entsteinen. Sahne in einen hohen Rührbecher geben und zugedeckt kalt stellen. Einen Sahnebecher auswaschen, abtrocknen und zum Abmessen verwenden.

2. Für den Teig Butter oder Margarine mit Handrührgerät mit Rührbesen auf höchster Stufe geschmeidig rühren. Nach und nach Zucker und Vanillin-Zucker unterrühren. So lange rühren, bis eine gebundene Masse entstanden ist.

3. Eier nach und nach unterrühren (jedes Ei etwa ½ Minute). Mehl, Kakao und Backpulver mischen, sieben und abwechselnd portionsweise mit der Milch auf mittlerer Stufe unterrühren. Ein Drittel der Mirabellenstücke unterheben.

4. Einen Backrahmen auf ein Backblech (30 x 40 cm, gefettet) stellen. Den Teig hineingeben und glatt streichen. Die restlichen Mirabellenstücke darauf verteilen. Das Backblech in den Backofen schieben.

Ober-/Unterhitze: etwa 180 °C (vorgeheizt)
Heißluft: etwa 160 °C (vorgeheizt)
Gas: Stufe 2–3 (vorgeheizt)
Backzeit: etwa 25 Minuten.

5. Das Backblech auf einen Kuchenrost stellen. Den Kuchen erkalten lassen.

6. Für den Belag aus Pudding-Pulver, Zucker und Mirabellensaft nach Packungsanleitung - aber mit den hier angegebenen Zutaten - einen Pudding zubereiten. Den Pudding in eine Rührschüssel geben, mit Klarsichtfolie zudecken und erkalten lassen.

7. Die kalt gestellte Sahne mit Sahnesteif und Puderzucker steif schlagen. Den Pudding mit Handrührgerät mit Rührbesen geschmeidig rühren, Sahne unterheben. Die Pudding-Sahne-Masse wellenartig auf den Kuchen streichen. Den Kuchen 1 Stunde kalt stellen.

(Fortsetzung Seite 158)

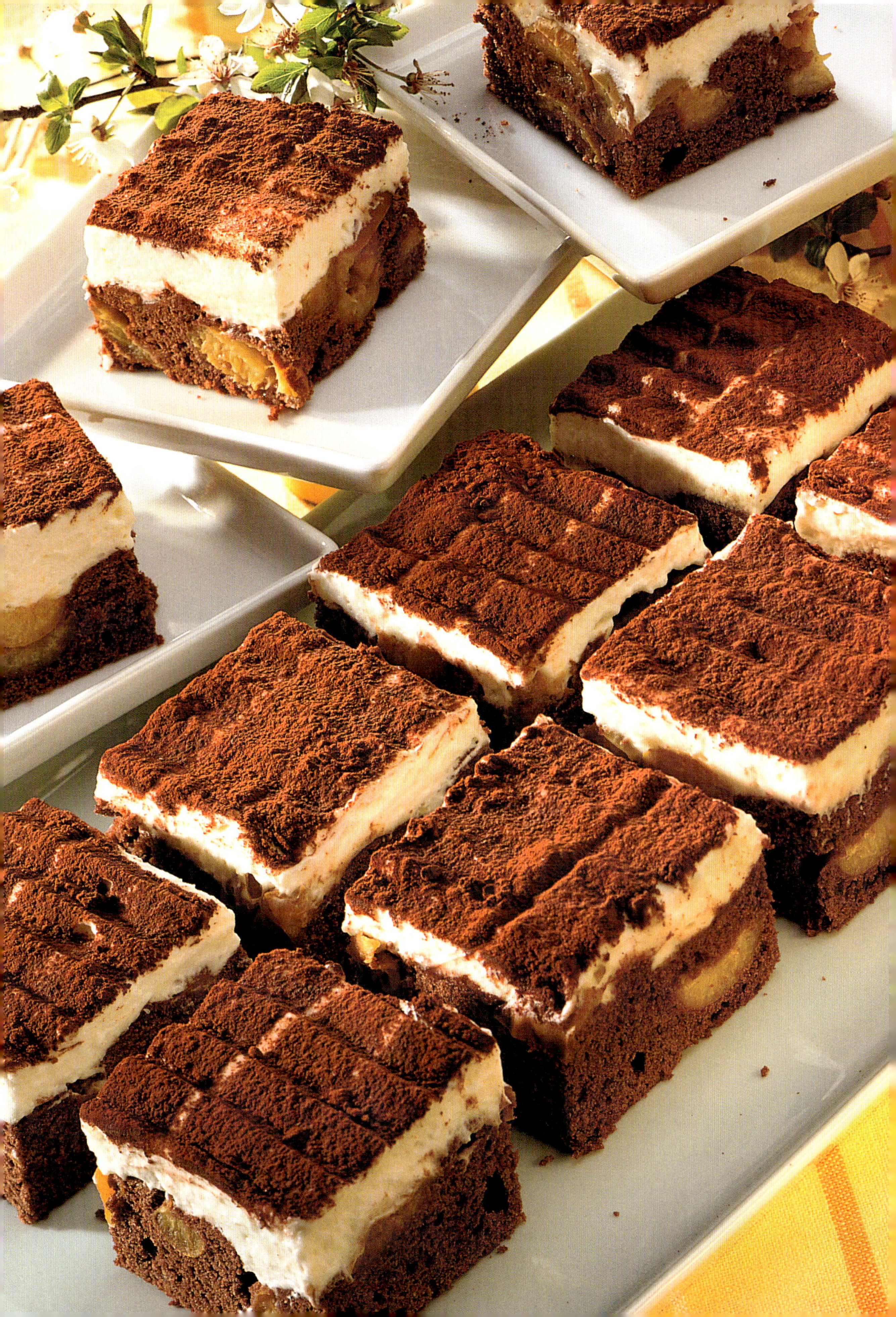

8 Zum Bestäuben einen Kuchenrost auf den Backrahmen legen und den Kuchen durch den Rost mit Kakao bestäuben. Den Backrahmen entfernen.

Kokoskuchen

Zutaten

Zum Vorbereiten:
2 Becher (je 200 ml) Schlagsahne

Für den All-in-Teig:
3 Becher (375 g) Weizenmehl
1 Pck. Backpulver
1 ½ Becher (300 g) Zucker
2 Eier (Größe M)
1 ½ Becher (350 ml) Buttermilch (Zitrone)

Für den Belag:
2 Becher (150 g) Kokosraspel
½ Becher (100 g) Zucker

Zubereitungszeit:
30 Minuten

Insgesamt:
E: 84 g, F: 236 g, Kh: 749 g, kJ: 23298, kcal: 5567

EINFACH – SCHNELL – FÜR KINDER

1 Zum Vorbereiten für den Guss Sahne in eine Schüssel geben und zugedeckt kalt stellen. Den Becher auswaschen, abtrocknen und zum Abmessen verwenden.

2 Für den Teig Mehl mit Backpulver mischen und in eine Rührschüssel sieben. Zucker, Eier und Buttermilch hinzufügen. Die Zutaten in 2 Minuten mit Handrührgerät mit Rührbesen auf höchster Stufe zu einem glatten Teig verarbeiten.

3 Den Teig auf ein Backblech (30 x 40 cm, gefettet) geben und glatt streichen.

4 Für den Belag Kokosraspel und Zucker vermischen und gleichmäßig auf den Teig streuen. Das Backblech in den Backofen schieben.

Ober-/Unterhitze: etwa 200 °C (vorgeheizt)
Heißluft: etwa 180 °C (vorgeheizt)
Gas: Stufe 3–4 (vorgeheizt)
Backzeit: etwa 30 Minuten.

5 Das Backblech auf einen Kuchenrost stellen.

6 Für den Guss die kalt gestellte Sahne über den heißen Belag gießen. Kuchen erkalten lassen und in Schnitten schneiden.

Tipp: *Buttermilch (Zitrone) kann auch durch Reine Buttermilch und 1 Päckchen Finesse Geriebene Zitronenschale ersetzt werden.*

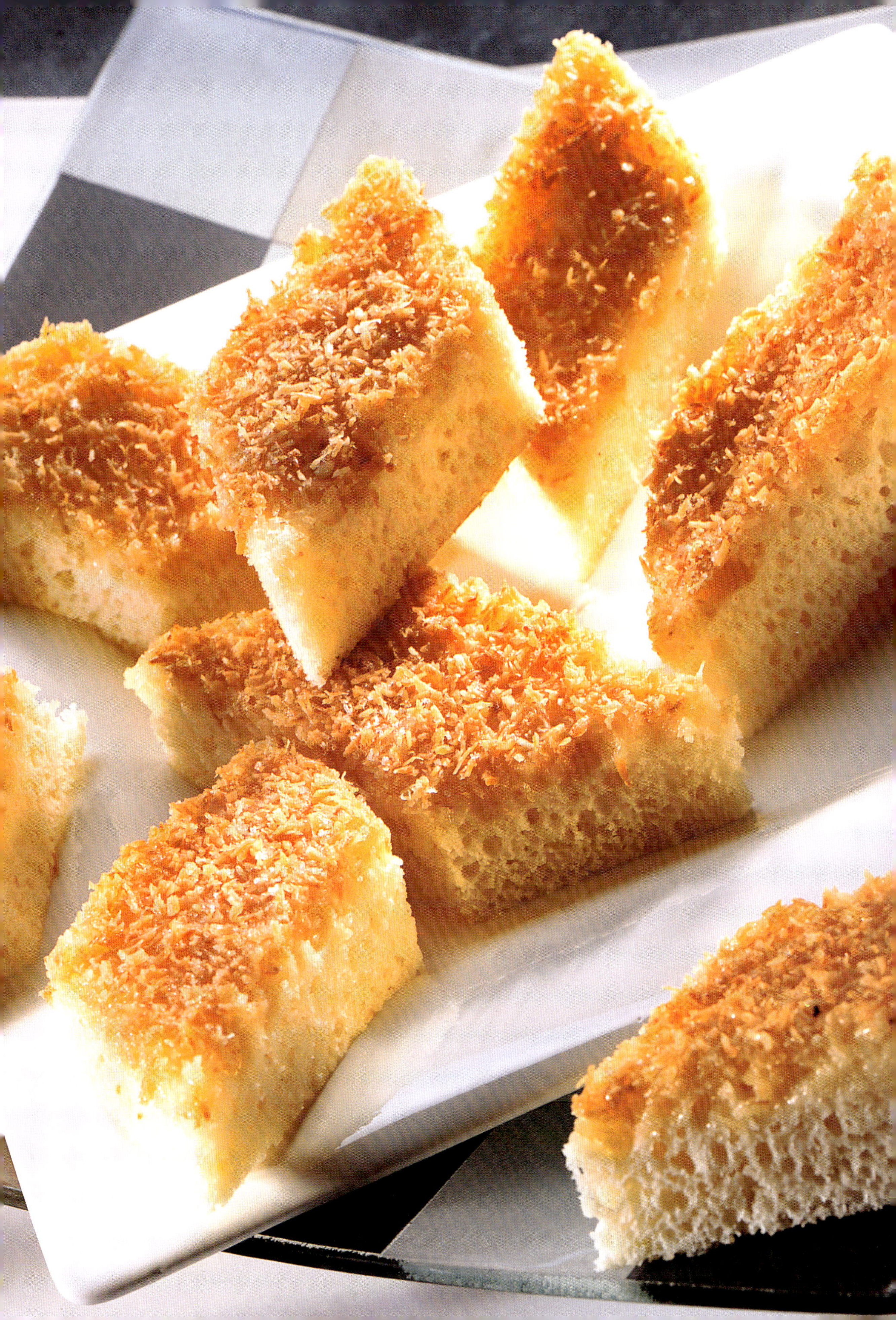

Schoko-Birnen-Kuchen

Zutaten

Zum Vorbereiten:
120 g Halbbitter-Kuvertüre

Für den Belag:
1 Dose Birnenhälften (Abtropfgewicht 460 g)

Für den Teig:
250 g Weizenmehl
4 gestr. TL Backpulver
200 g Zucker
4 Eier (Größe M)
125 g zerlassene, abgekühlte Butter oder Margarine
125 ml (⅛ l) Schlagsahne

Zum Besprenkeln:
80 g Halbbitter-Kuvertüre

Zubereitungszeit:
30 Minuten

Insgesamt:
E: 70 g, F: 241 g, Kh: 579 g, kJ: 20498, kcal: 4897

KLASSISCH

1. Zum Vorbereiten Kuvertüre in Stücke schneiden, in einem kleinen Topf im Wasserbad bei schwacher Hitze zu einer geschmeidigen Masse verrühren, etwas abkühlen lassen.

2. Für den Belag Birnenhälften in ein Sieb geben und gut abtropfen lassen.

3. Für den Teig Mehl mit Backpulver mischen, in eine verschließbare Schüssel (3-Liter-Inhalt) sieben, mit Zucker mischen. Eier, Butter oder Margarine, Sahne und zerlassene Kuvertüre hinzufügen, Schüssel mit dem Deckel fest verschließen. Mehrmals (insgesamt 15–30 Sekunden, je nach Menge der Zutaten) kräftig schütteln, so dass alle Zutaten gut vermischt sind. Alles mit einem Schneebesen oder Rührlöffel nochmals sorgfältig durchrühren, damit vor allem trockene Zutaten vom Rand mit untergerührt werden.

4. Den Teig auf ein Backblech (30 x 40 cm, gefettet) geben und glatt streichen.

5. Birnen in dünne Spalten schneiden und dachziegelartig auf den Teig legen. Das Backblech in den Backofen schieben.

Ober-/Unterhitze: etwa 180 °C (vorgeheizt)
Heißluft: etwa 160 °C (vorgeheizt)
Gas: Stufe 2–3 (vorgeheizt)
Backzeit: etwa 30 Minuten.

6. Das Backblech auf einen Kuchenrost stellen, Kuchen erkalten lassen.

7. Zum Besprenkeln Kuvertüre in kleine Stücke schneiden, in einem kleinen Topf im Wasserbad bei schwacher Hitze zu einer geschmeidigen Masse verrühren. Den Kuchen mit der Kuvertüre besprenkeln.

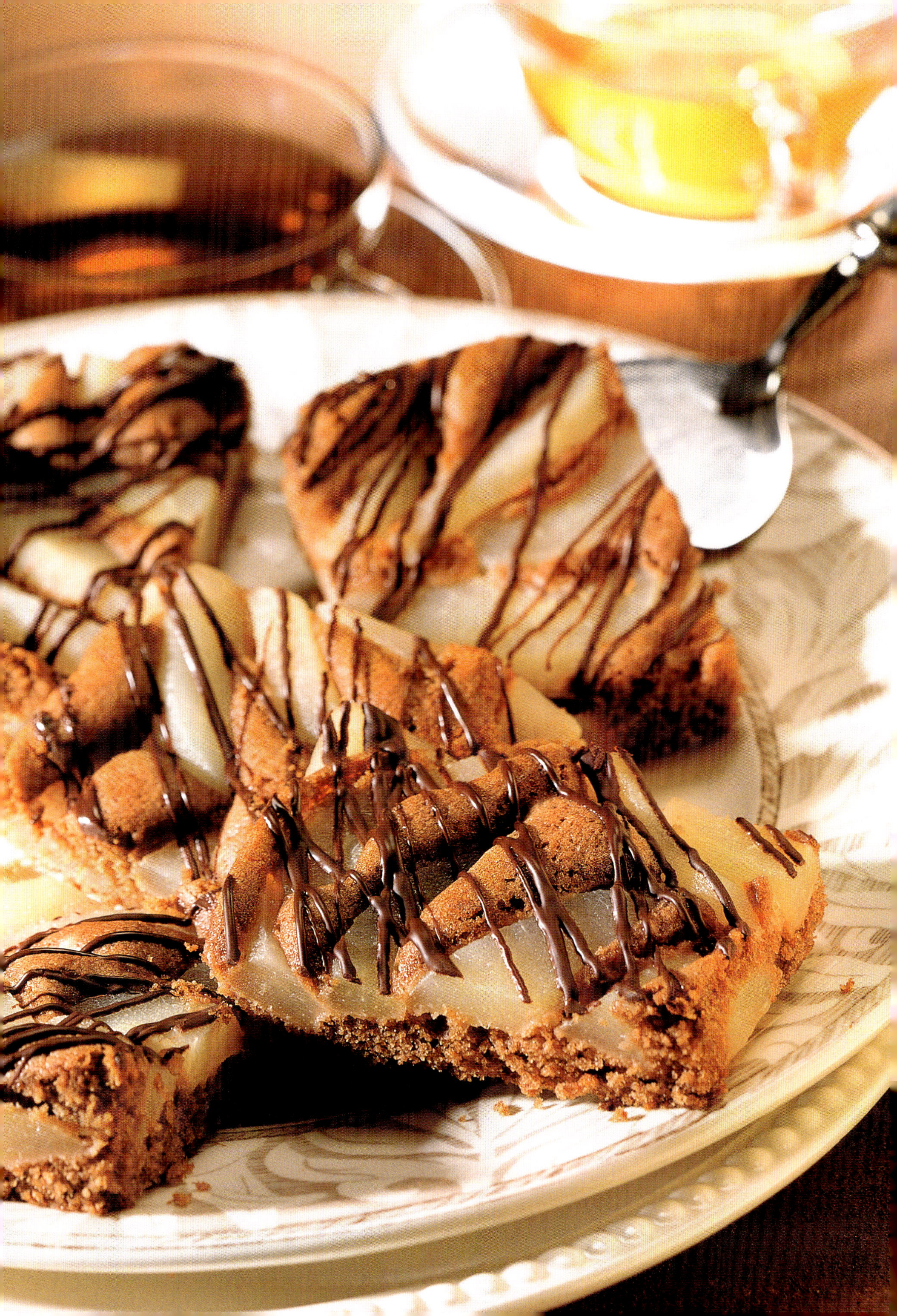

Schokoladen-Himbeer-Kuchen

Zutaten

Zum Vorbereiten:
1 Becher (250 g) Mascarpone (italienischer Frischkäse)
1 ½ Pck. (150 g) Halbbitter-Kuvertüre

Für den Schüttelteig:
knapp 1 ½ Becher (270 g) Weizenmehl
3 gestr. TL Backpulver
½ Becher (125 g) Zucker
4 Eier (Größe M)
½ Pck. (125 g) zerlassene, abgekühlte Butter oder Margarine
etwa ½ Becher (100 ml) Milch

Zum Tränken:
½ Becher (125 ml) Espresso-Kaffee
2 TL Zucker
2 EL Amaretto (Mandellikör)

Für die Creme:
200 g frische Himbeeren
4 Blatt weiße Gelatine
Saft von 1 Zitrone
1 Becher (100 g) gesiebter Puderzucker
1 Becher (250 ml [¼ l]) Schlagsahne

Zum Garnieren:
100 g frische, verlesene Himbeeren
30 g geschabte Vollmilchschokolade

1. Zum Vorbereiten Mascarpone in eine Rührschüssel geben und zugedeckt kalt stellen. Den Mascarpone-Becher auswaschen, abtrocknen und zum Abmessen verwenden.

2. Kuvertüre in kleine Stücke hacken, in einem kleinen Topf im Wasserbad bei schwacher Hitze zu einer geschmeidigen Masse verrühren. Kuvertüre etwas abkühlen lassen.

3. Für den Teig Mehl mit Backpulver mischen, in eine verschließbare Schüssel (3-Liter-Inhalt) sieben, mit Zucker mischen. Eier, Butter oder Margarine und Milch hinzufügen. Schüssel mit dem Deckel fest verschließen.

4. Mehrmals (insgesamt 15–30 Sekunden) kräftig schütteln, so dass alle Zutaten gut vermischt sind. Alles mit einem Rührlöffel nochmals sorgfältig durchrühren, damit vor allem trockene Zutaten vom Rand mit untergerührt werden.

5. Den Teig auf ein Backblech (30 x 40 cm, gefettet) geben und glatt streichen. Die aufgelöste Kuvertüre darüber träufeln. Das Backblech in den Backofen schieben.

Ober-/Unterhitze: etwa 200 °C (vorgeheizt)
Heißluft: etwa 180 °C (vorgeheizt)
Gas: Stufe 3–4 (vorgeheizt)
Backzeit: etwa 25 Minuten.

6. Das Backblech auf einen Kuchenrost stellen. Kuchen abkühlen lassen. Die Kuchenoberfläche mit einer Gabel mehrmals einstechen.

7. Zum Tränken Espresso-Kaffee mit Zucker und Amaretto verrühren. Den Kuchen mit der Kaffeemischung tränken.

8. Für die Creme Himbeeren verlesen und pürieren. Gelatine in kaltem Wasser nach Packungsanleitung einweichen. Zitronensaft in einem kleinen Topf erwärmen (nicht kochen). Die leicht ausgedrückte Gelatine unter Rühren vollständig darin auflösen.

(Fortsetzung Seite 164)

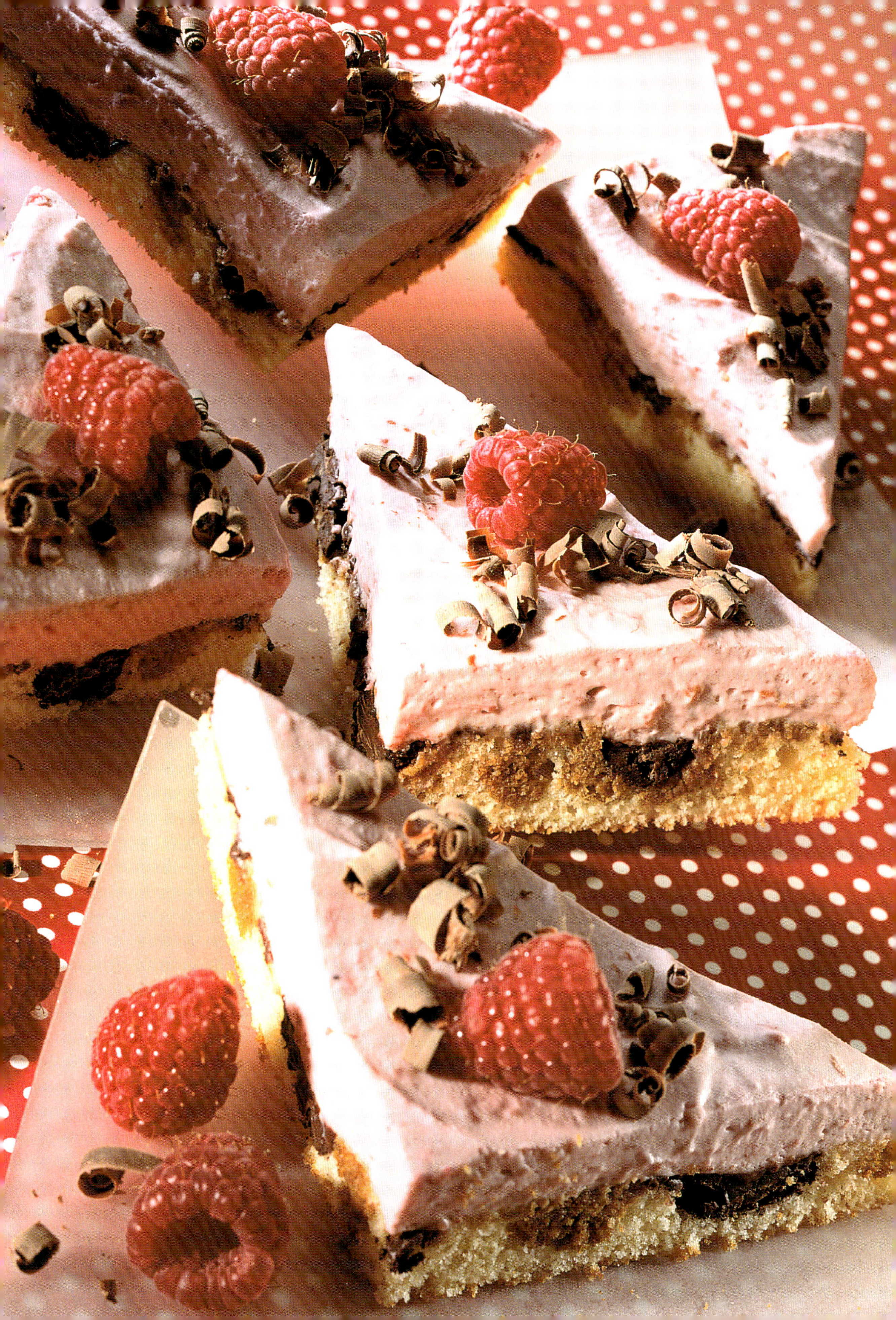

Zubereitungszeit:
65 Minuten, ohne Kühlzeit

Insgesamt:
E: 98 g, F: 373 g, Kh: 579 g,
kJ: 26432, kcal: 6317

ETWAS TEURER

9. Die kalt gestellte Mascarponecreme mit Handrührgerät mit Rührbesen zu einer geschmeidigen Masse verrühren. Himbeerpüree und Puderzucker hinzufügen. Die Zitronen-Gelatine-Lösung langsam unterrühren. Sahne steif schlagen und unterheben.

10. Die Creme auf dem Kuchen verteilen. Kuchen etwa 2 Stunden kalt stellen.

11. Zum Garnieren den Kuchen in Schnitten schneiden und mit Himbeeren und geschabter Schokolade garnieren.

Muskatkuchen

Zutaten
1 Tasse ≙ 250 ml

Zum Vorbereiten:
1 Pck. (250 g) Butter
100 g Zartbitterschokolade

Für den Rührteig:
1 Tasse (220 g) Zucker
Mark von 1 Vanilleschote
4 Eier (Größe M)
1½ Tassen (255 g) Weizenmehl
½ Tasse (65 g) Speisestärke
2 gestr. TL Backpulver
½ TL gemahlene Muskatblüte (Macis)
6–8 EL Schlagsahne

Für den Belag:
24 dünne Schokotaler

Zubereitungszeit:
35 Minuten, ohne Abkühlzeit

Insgesamt:
E: 73 g, F: 322 g, Kh: 575 g,
kJ: 23743, kcal: 5673

FÜR KINDER

1. Zum Vorbereiten Butter in einem Topf bei mittlerer Hitze leicht bräunen. Butter in eine Rührschüssel geben und abkühlen lassen. Schokolade fein hacken.

2. Für den Teig die gebräunte Butter mit Handrührgerät mit Rührbesen auf höchster Stufe geschmeidig rühren. Nach und nach Zucker und Vanillemark unterrühren. So lange rühren, bis eine gebundene Masse entstanden ist.

3. Eier nach und nach unterrühren (jedes Ei etwa ½ Minute). Mehl, Speisestärke und Backpulver mischen, sieben, abwechselnd portionsweise mit der Muskatblüte und Sahne auf mittlerer Stufe unterrühren. Schokolade unterrühren.

4. Den Teig auf ein Backblech (30 x 40 cm, gefettet) geben und glatt streichen. Das Backblech in den Backofen schieben.

Ober-/Unterhitze: etwa 180 °C (vorgeheizt)
Heißluft: etwa 160 °C (vorgeheizt)
Gas: Stufe 2–3 (vorgeheizt)
Backzeit: etwa 25 Minuten.

5. Das Backblech auf einen Kuchenrost stellen. Den heißen Kuchen mit Schokotalern belegen. Kuchen erkalten lassen.

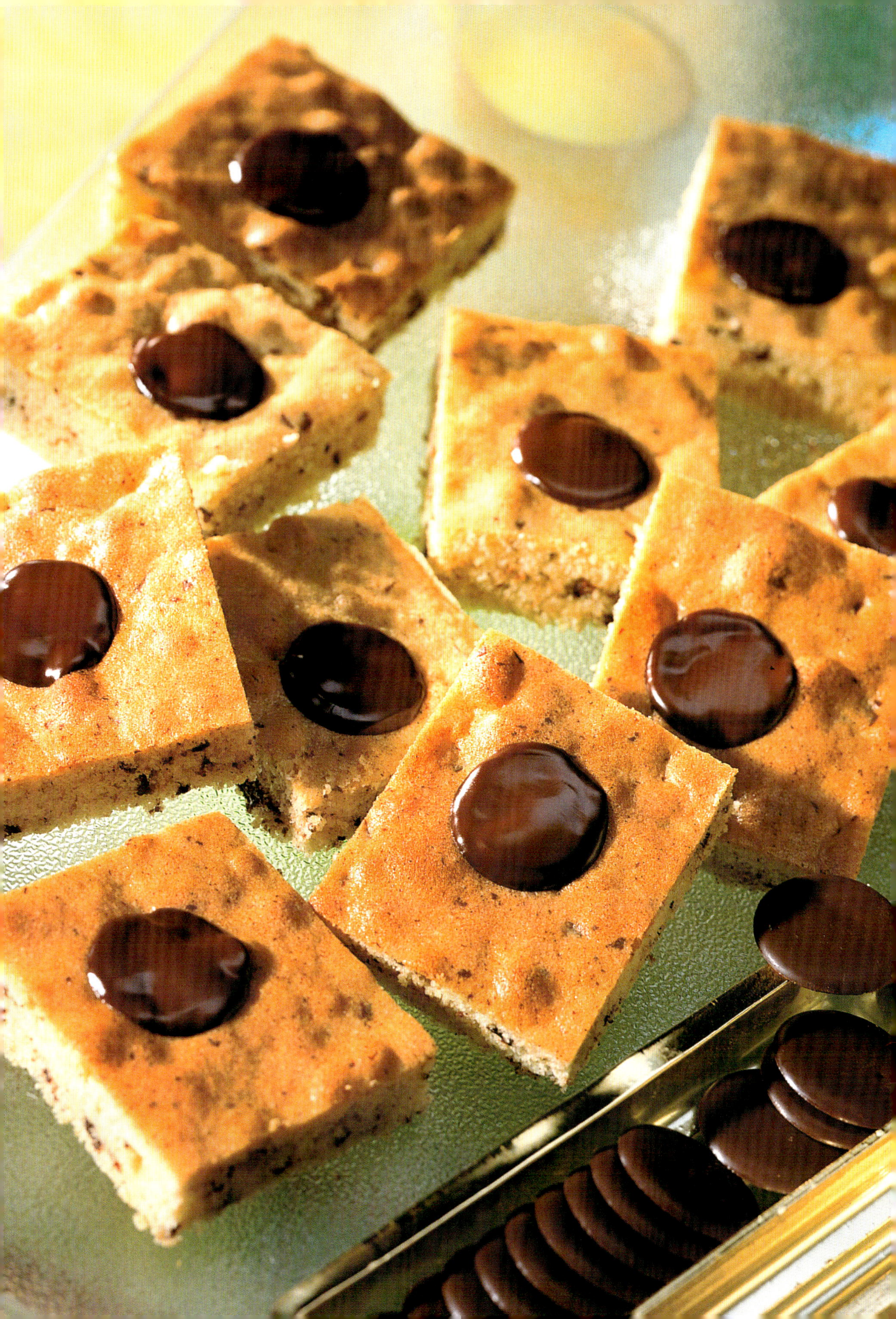

Selterskuchen oder Saftkuchen vom Blech

Zutaten

1 Tasse ≙ 150 ml

Für den Teig:
3 Tassen (300 g) Weizenmehl
½ Pck. Backpulver
2 Tassen (300 g) Zucker
1 Pck. Finesse Geriebene Zitronenschale oder 1 Pck. Finesse Orangenfrucht
4 Eier (Größe M)
1 Tasse (150 ml) Speiseöl
1 Tasse (150 ml) Selters, Fanta, Apfel- oder Orangensaft

Für den Guss:
250 g Puderzucker
3–4 EL Fanta oder Apfelsaft
gelbe und rote Speisefarbe

Zubereitungszeit:
20 Minuten

Insgesamt:
E: 63 g, F: 180 g, Kh: 790 g, kJ: 21483, kcal: 5131

FÜR KINDER

1 Für den Teig Mehl mit Backpulver mischen, in eine verschließbare Schüssel (3-Liter-Inhalt) sieben, mit Zucker, Zitronenschale oder Orangenfrucht mischen. Eier, Öl und Selters, Fanta, Apfel- oder Orangensaft hinzufügen, Schüssel mit dem Deckel fest verschließen. Mehrmals (insgesamt 15–30 Sekunden, je nach Menge der Zutaten) kräftig schütteln, so dass alle Zutaten gut vermischt sind. Alles mit einem Schneebesen oder Rührlöffel nochmals sorgfältig durchrühren, damit vor allem trockene Zutaten vom Rand mit untergerührt werden.

2 Teig auf einem Backblech (30 x 40 cm, gefettet, bemehlt) verteilen, glatt streichen. Das Backblech in den Backofen schieben.

Ober-/Unterhitze: etwa 180 °C (vorgeheizt)
Heißluft: etwa 160 °C (vorgeheizt)
Gas: Stufe 2–3 (vorgeheizt)
Backzeit: etwa 20 Minuten.

3 Das Backblech auf einen Kuchenrost stellen. Kuchen erkalten lassen.

4 Für den Guss Puderzucker in eine Rührschüssel sieben, mit Fanta oder Apfelsaft zu einem dickflüssigen Guss verrühren. Den Kuchen mit ⅔ des Gusses überziehen. Den restlichen Guss in 3 Portionen teilen und mit Speisefarbe rot, gelb und orange einfärben.

5 Den Guss getrennt in Gefrierbeutel füllen, eine kleine Spitze abschneiden, abwechselnd Linien auf den noch feuchten, weißen Guss spritzen. Mit einem Holzstäbchen abwechselnd von oben nach unten und von unten nach oben durch den Guss ziehen, so dass geschwungene Linien entstehen.

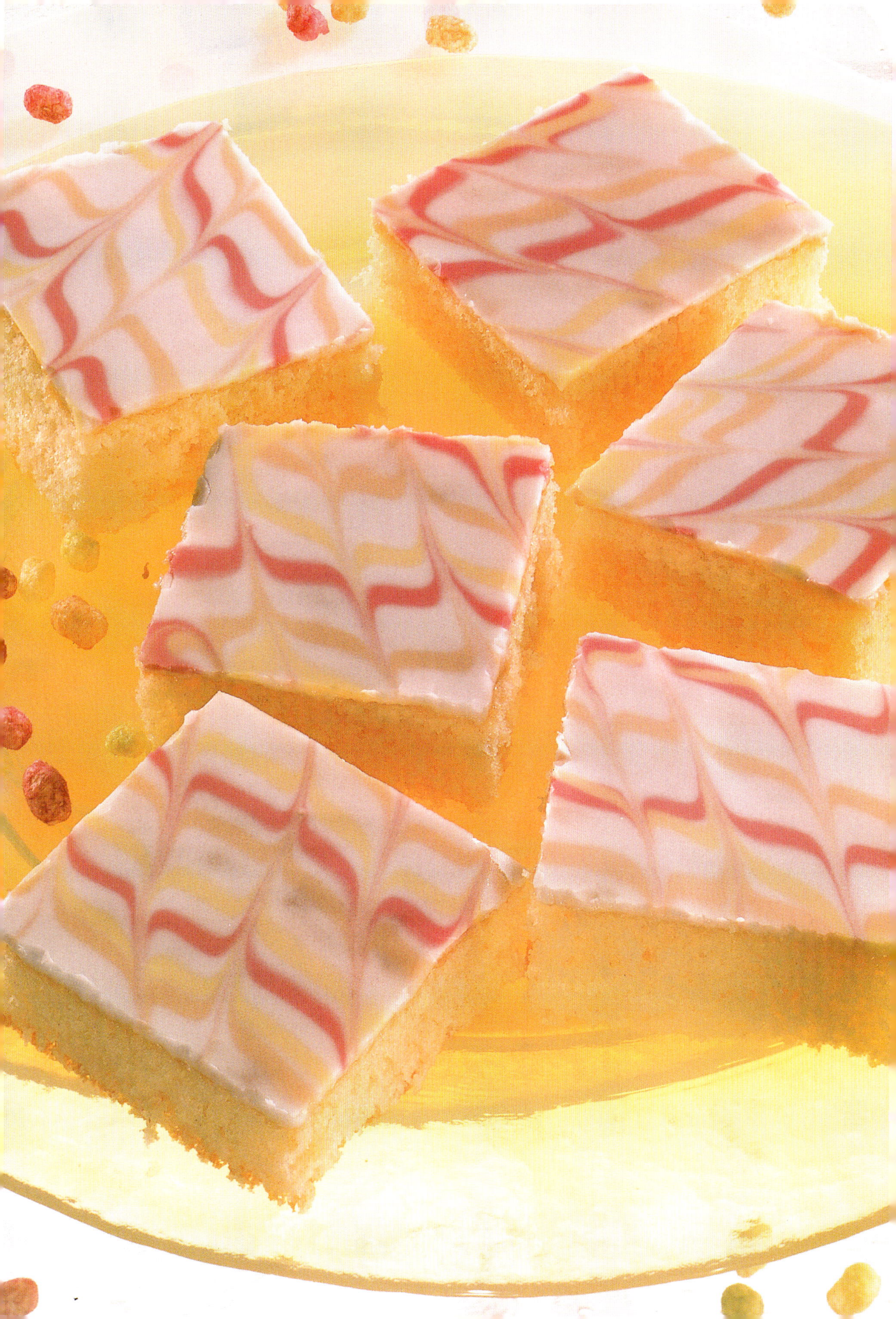

Apfelkuchen mit Krokant

Zutaten

Zum Vorbereiten:
1 Becher (250 ml [¼ l]) Schlagsahne
½ Becher (110 g) Zucker
1 Pck. (100 g) abgezogene, gestiftelte Mandeln

Für den Hefeteig:
2 ½ Becher (375 g) Weizenmehl (Type 550)
1 Pck. Hefeteig Garant
knapp ½ Tasse (75 g) Zucker
1 Prise Salz
1 Ei (Größe M)
knapp ½ Pck. (100 g) zerlassene, abgekühlte Butter oder Margarine
1 Becher (250 ml [¼ l]) Milch

Für den Belag:
1 Pck. Mandella Pudding-Pulver Vanille-Mandel
¼ Becher (55 g) Zucker
1 Becher (250 ml [¼ l]) Milch
6–7 Äpfel (750 g)

Zubereitungszeit:
90 Minuten, ohne Ruhe- und Teiggehzeiten

Insgesamt:
E: 125 g, F: 277 g, Kh: 906 g,
kJ: 28681, kcal: 6850

FÜR KINDER

1. Zum Vorbereiten Sahne in eine Schüssel geben und zugedeckt kalt stellen. Den Sahnebecher auswaschen, abtrocknen und zum Abmessen verwenden.

2. Zucker in einem kleinen Topf bei schwacher Hitze unter Rühren karamellisieren lassen. Mandeln unterrühren. Die Mandel-Krokant-Masse auf eine leicht geölte Marmorplatte oder auf ein Stück Alufolie geben und fest werden lassen. Dann in Stücke brechen.

3. Für den Teig Mehl in eine verschließbare Schüssel (3-Liter-Inhalt) geben, mit Hefeteig Garant, Zucker und Salz mischen. Ei, Butter oder Margarine und Milch hinzufügen. Schüssel mit dem Deckel fest verschließen.

4. Mehrmals (insgesamt 15–30 Sekunden) kräftig schütteln, so dass alle Zutaten gut vermischt sind. Alles mit einem Schneebesen oder Rührlöffel nochmals sorgfältig durchrühren, damit vor allem trockene Zutaten vom Rand mit untergerührt werden. Den Teig aus der Schüssel nehmen, leicht mit Mehl bestäuben und auf einem Backblech (30 x 40 cm, gefettet) oder in einer Fettfangschale (30 x 40 cm, gefettet) ausrollen. Evtl. einen Backrahmen darumstellen.

5. Für den Belag aus Pudding-Pulver, Zucker, Milch und der kalt gestellten Sahne nach Packungsanleitung einen Pudding zubereiten, etwas abkühlen lassen. Die Puddingmasse auf dem Teig verteilen.

6. Äpfel schälen, halbieren, vierteln, entkernen und in Spalten schneiden. Apfelspalten dachziegelartig auf der Puddingmasse verteilen. Mit Mandel-Krokant bestreuen. Den Teig etwa 15 Minuten ruhen lassen. Das Backblech in den Backofen schieben.

Ober-/Unterhitze: 180–200 °C (vorgeheizt)
Heißluft: 160–180 °C (vorgeheizt)
Gas: etwa Stufe 3 (vorgeheizt)
Backzeit: etwa 30 Minuten.

7. Das Backblech auf einen Kuchenrost stellen. Den Kuchen erkalten lassen. Evtl. Backrahmen entfernen.

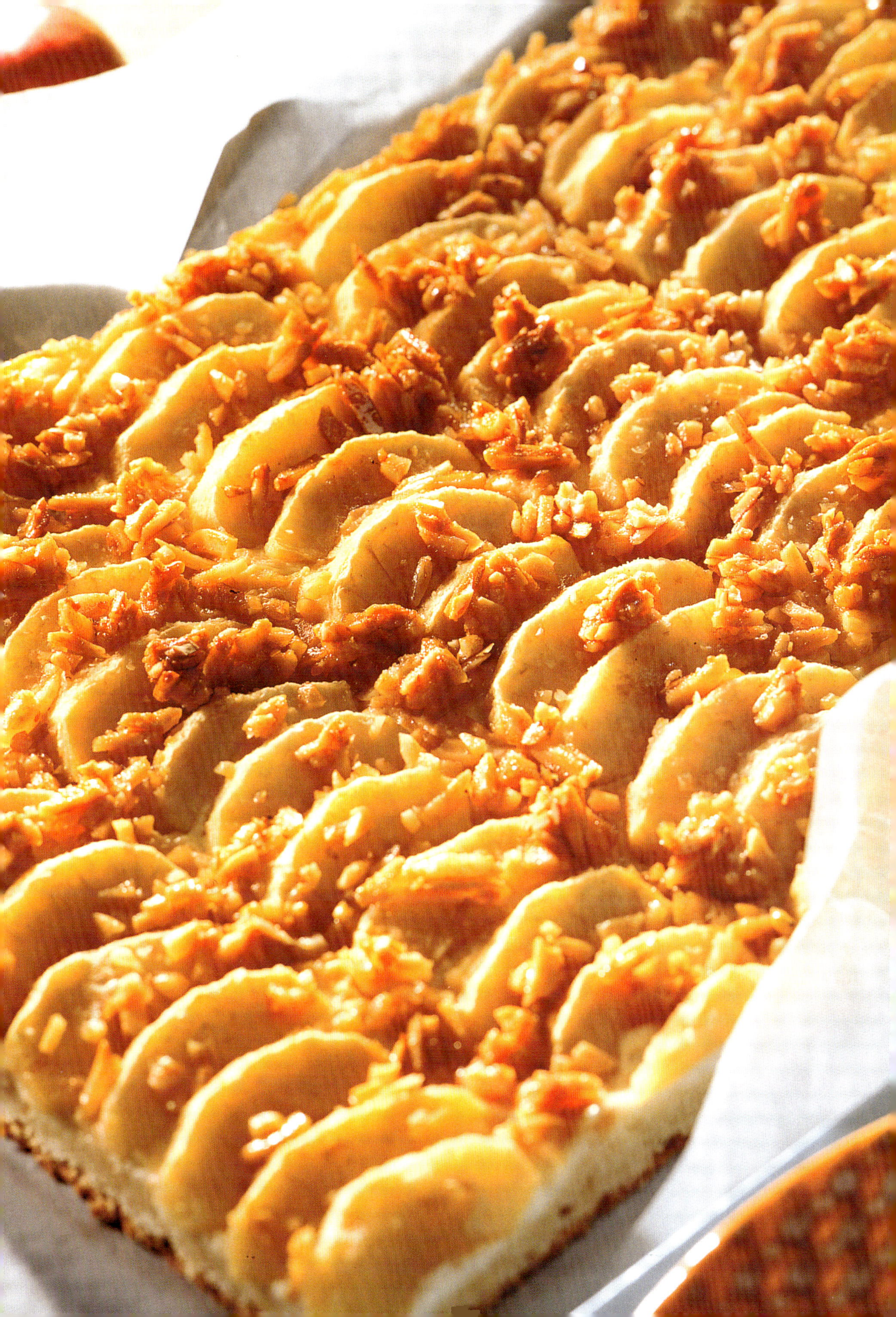

Kirschschnitten

Zutaten

Für den Teig:
200 g Weizenmehl
2 gestr. TL Backpulver
100 g Zucker
1 Pck. Vanillin-Zucker
3 Eier (Größe M)
150 g zerlassene, abgekühlte Butter oder Margarine
6 EL Milch

Für den Belag:
6 Blatt weiße Gelatine
3 Becher (je 150 g) Kirschjoghurt
200 g Schlagsahne
1 EL Puderzucker

Zum Garnieren:
1 Pck. (200 g) Choco Crossies

Zubereitungszeit:
35 Minuten, ohne Kühlzeit

Insgesamt:
E: 81 g, F: 229 g, Kh: 511 g,
kJ: 19207, kcal: 4590

RAFFINIERT

1. Für den Teig Mehl mit Backpulver mischen, in eine verschließbare Schüssel (3-Liter-Inhalt) sieben, mit Zucker und Vanillin-Zucker mischen. Eier, Butter oder Margarine und Milch hinzufügen, Schüssel mit dem Deckel fest verschließen. Mehrmals (insgesamt 15–30 Sekunden, je nach Menge der Zutaten) kräftig schütteln, so dass alle Zutaten gut vermischt sind. Alles mit einem Schneebesen oder Rührlöffel nochmals sorgfältig durchrühren, damit vor allem trockene Zutaten vom Rand mit untergerührt werden.

2. Einen Backrahmen (25 x 25 cm, gefettet) auf ein Backblech (mit Backpapier belegt) setzen. Teig in den Backrahmen füllen und glatt streichen. Das Backblech in den Backofen schieben.

Ober-/Unterhitze: etwa 180 °C (vorgeheizt)
Heißluft: etwa 160 °C (vorgeheizt)
Gas: Stufe 2–3 (vorgeheizt)
Backzeit: etwa 30 Minuten.

3. Backblech auf einen Kuchenrost stellen. Kuchen im Backrahmen erkalten lassen.

4. Für den Belag Gelatine in kaltem Wasser nach Packungsanleitung einweichen, dann leicht ausdrücken. Die ausgedrückte Gelatine in einem kleinen Topf unter Rühren erwärmen (nicht kochen), bis sie völlig gelöst ist.

5. Joghurt in eine Schüssel geben, 1–2 Esslöffel davon mit der aufgelösten Gelatine verrühren, Masse unter den restlichen Joghurt rühren und kalt stellen. Sahne mit Puderzucker steif schlagen. Wenn die Masse anfängt dicklich zu werden, die steif geschlagene Sahne unterheben. Joghurtmasse auf den Teig streichen, kalt stellen und fest werden lassen.

6. Den Backrahmen vorsichtig mit einem Messer lösen und entfernen. Kuchen in Stücke schneiden und mit Choco Crossies garnieren.

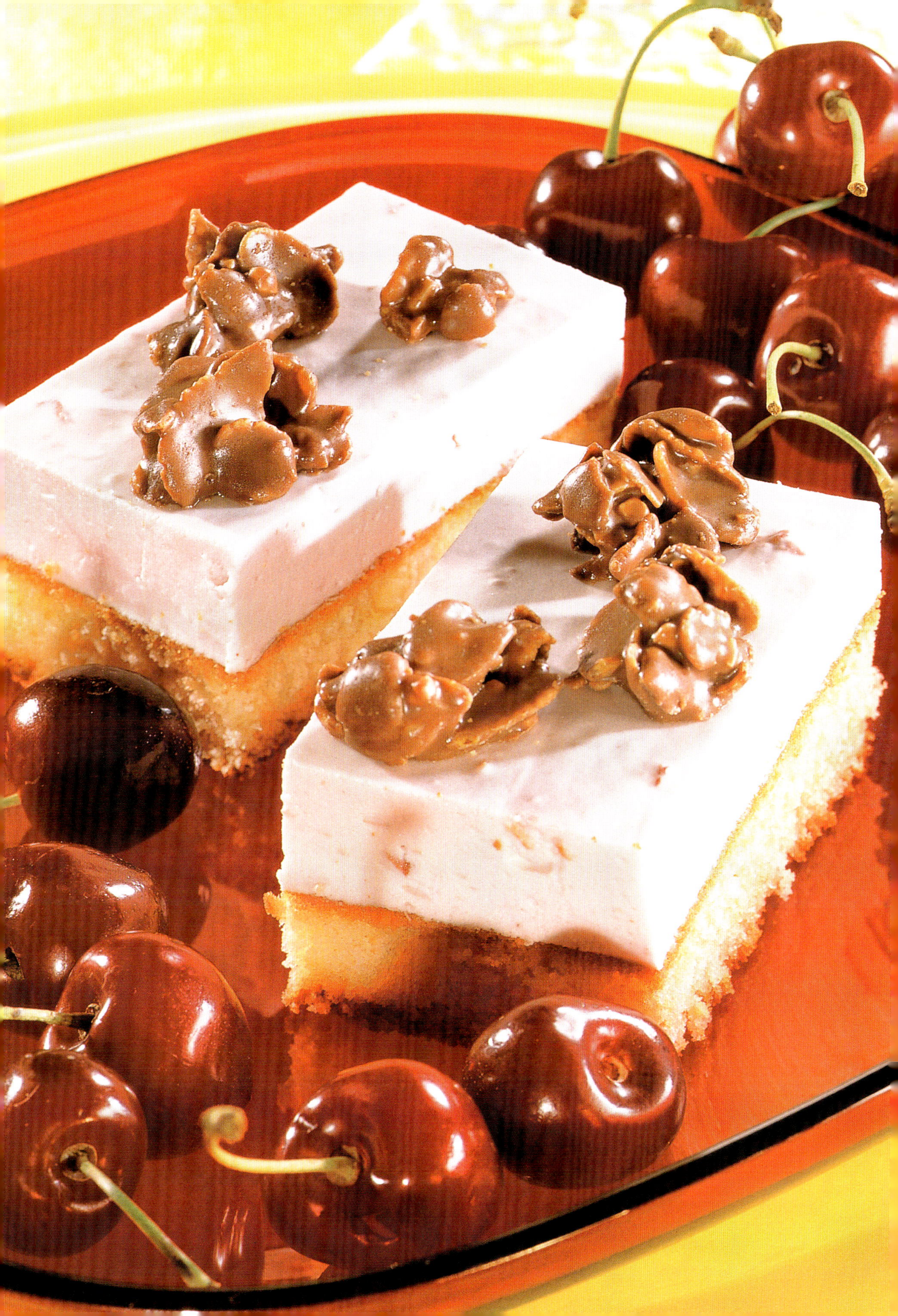

Granatapfel-Schnitten

Zutaten

Zum Vorbereiten:
4 Becher (je 250 g) Sahnequark

Für den Rührteig:
1 Pck. (250 g) Butter oder Margarine
1 Becher (200 g) Zucker
1 Prise Salz
1 Pck. gemahlener Safran
4 Eier (Größe M)
2 Becher (300 g) Weizenmehl
3 gestr. TL Backpulver
2 EL Milch

Für den Belag:
3 Pck. Dessert-Pulver Quarkfein Vanille-Geschmack
1 Granatapfel
1 EL Grenadinesirup (Granatapfelsirup)
2 EL gesiebter Puderzucker

Zubereitungszeit:
65 Minuten, ohne Kühlzeit

Insgesamt:
E: 177 g, F: 347 g, Kh: 784 g,
kJ: 30223, kcal: 7199

*RAFFINIERT –
FÜR GÄSTE*

1. Zum Vorbereiten Quark in eine Rührschüssel geben und zugedeckt kalt stellen. Einen Quarkbecher auswaschen, abtrocknen und zum Abmessen verwenden.

2. Für den Teig Butter oder Margarine mit Handrührgerät mit Rührbesen auf höchster Stufe geschmeidig rühren. Nach und nach Zucker, Salz und Safran unterrühren. So lange rühren, bis eine gebundene Masse entstanden ist.

3. Eier nach und nach unterrühren (jedes Ei etwa ½ Minute). Mehl und Backpulver mischen, sieben, abwechselnd portionsweise mit der Milch auf mittlerer Stufe unterrühren.

4. Den Teig auf ein Backblech (30 x 40 cm, gefettet, mit Backpapier belegt) streichen. An der offenen Seite des Backbleches das Backpapier unmittelbar vor dem Teig zur Falte knicken, so dass ein Rand entsteht. Das Backblech in den Backofen schieben.

Ober-/Unterhitze: etwa 180 °C (vorgeheizt)
Heißluft: etwa 160 °C (vorgeheizt)
Gas: Stufe 2–3 (vorgeheizt)
Backzeit: etwa 25 Minuten.

5. Die Gebäckplatte vom Rand lösen und auf einen mit Backpapier belegten Kuchenrost stürzen. Mitgebackenes Backpapier abziehen. Gebäckplatte erkalten lassen.

6. Aus der Gebäckplatte mit einem Ausstecher Ovale (Ø etwa 9 cm) ausstechen, diese auf ein Backblech legen. Gebäckreste mit den Händen fein zerbröseln.

7. Für den Belag den kalt gestellten Quark und Quarkfein mit Handrührgerät mit Rührbesen auf höchster Stufe zu einer geschmeidigen Masse verrühren. Die Quarkcreme in einen Spritzbeutel mit Lochtülle (Ø 15 mm) geben. Die Creme auf die Gebäckschnitten spritzen.

8. Gebäckbrösel auf einen Teller geben. Gebäckschnitten nacheinander in die Brösel setzen. Die Brösel an die Quarkränder drücken. Gebäckschnitten etwa 1 Stunde kalt stellen.

(Fortsetzung Seite 174)

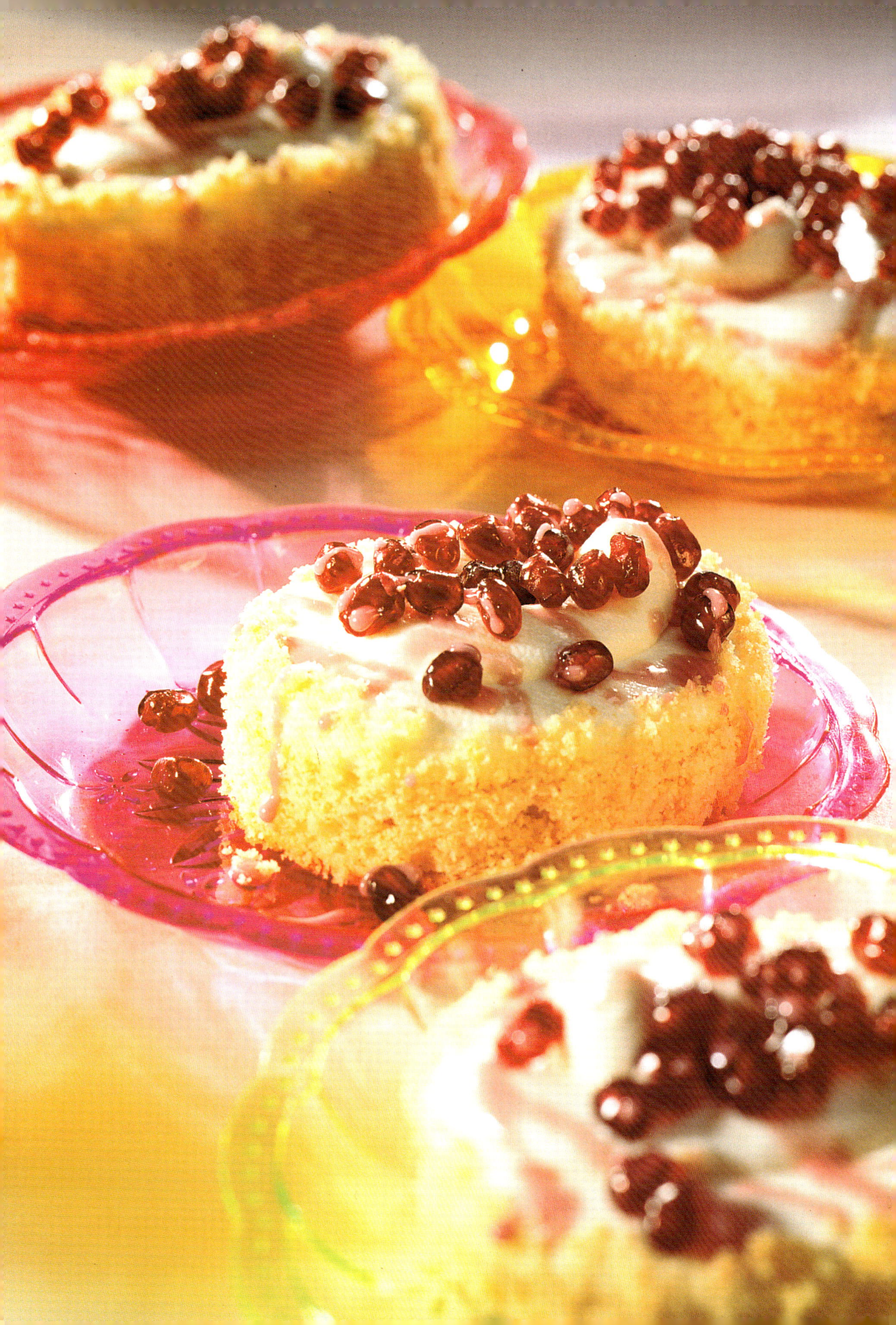

9. Um die Blüte des Granatapfels herum keilförmig ein kleines Quadrat ausschneiden. Den Apfel von den Ecken aus 4-mal einritzen. Den Apfel öffnen und die Kerne herauslösen.

10. Für den Guss Grenadinesirup und Puderzucker gut verrühren. Die Gebäckschnitten mit Granatapfelkernen garnieren und mit dem Guss beträufeln.

Tipp: *Den Safran durch gemahlenen Zimt oder Ingwer ersetzen.*

Wattekuchen

Zutaten
1 Tasse ≙ 200 ml

Für den All-in-Teig:
3 Tassen (300 g) Weizenmehl
4 gestr. TL Backpulver
2 Tassen (300 g) Zucker
1 Pck. Finesse Geriebene Zitronenschale
1 EL Zitronensaft
4 Eier (Größe M)
¾ Tasse (150 ml) Speiseöl
¾ Tasse (150 ml) Mineralwasser mit Kohlensäure

Für den Guss:
1 Tasse (150 g) gesiebter Puderzucker
1–2 EL Zitronensaft

Zubereitungszeit:
30 Minuten

Insgesamt:
E: 63 g, F: 179 g, Kh: 672 g,
kJ: 19548, kcal: 4670

EINFACH – PREISWERT

1. Für den Teig Mehl mit Backpulver mischen und in eine Rührschüssel sieben. Zucker, Zitronenschale und -saft, Eier, Speiseöl und Mineralwasser hinzufügen. Die Zutaten in 2 Minuten mit Handrührgerät mit Rührbesen auf höchster Stufe zu einem glatten Teig verarbeiten.

2. Den Teig auf ein Backblech (30 x 40 cm, gefettet, mit Mehl bestäubt) geben und glatt streichen. Das Backblech in den Backofen schieben.

Ober-/Unterhitze: etwa 180 °C (vorgeheizt)
Heißluft: etwa 160 °C (vorgeheizt)
Gas: Stufe 2–3 (vorgeheizt)
Backzeit: etwa 20 Minuten.

3. Das Backblech auf einen Kuchenrost stellen.

4. Für den Guss Puderzucker mit Zitronensaft zu einer dickflüssigen Masse verrühren. Den Guss sofort mit Hilfe eines Pinsels oder Messers auf dem Kuchen verteilen. Den Kuchen auf dem Kuchenrost erkalten lassen. Dann in Quadrate oder Rechtecke schneiden.

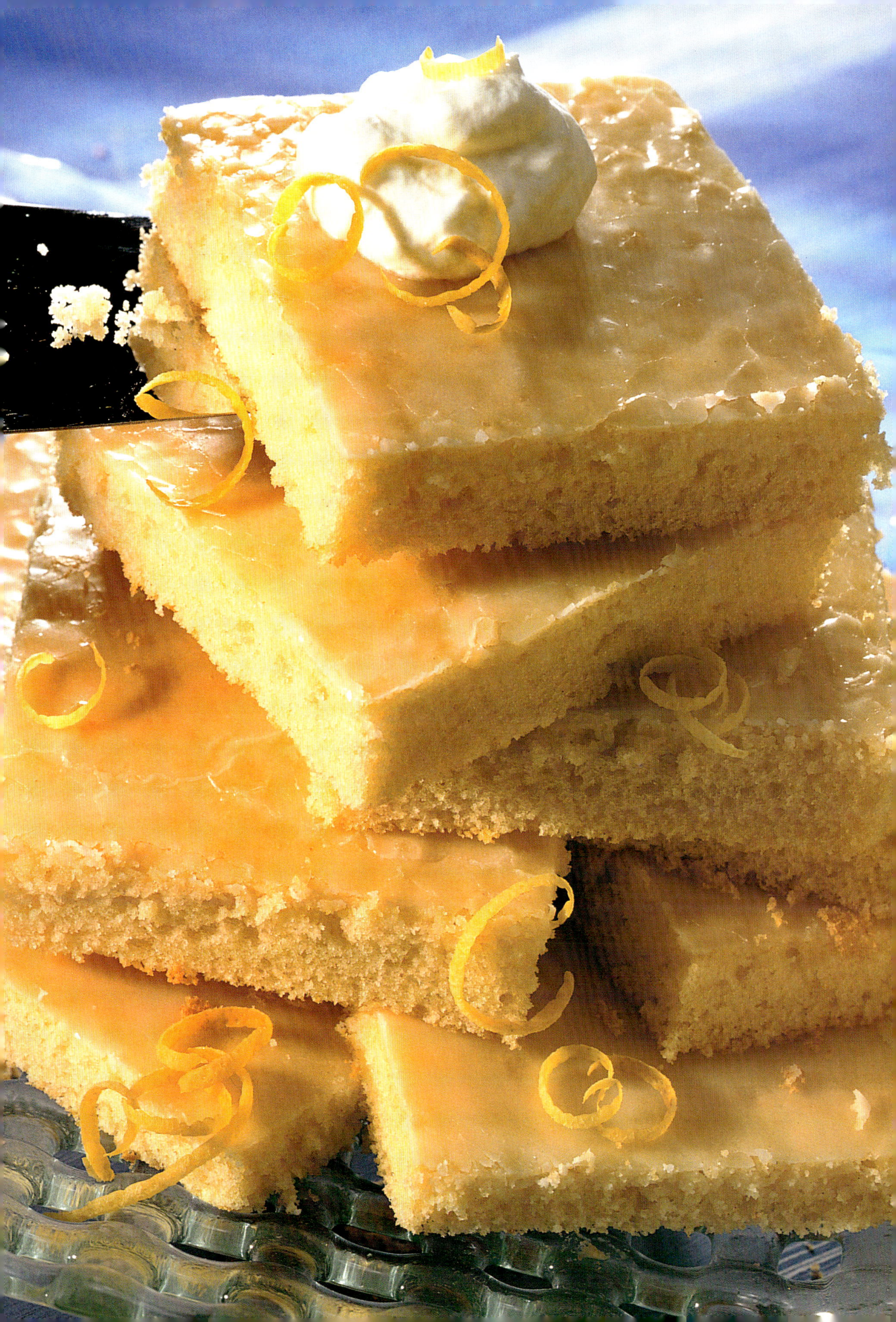

Ananasblechkuchen mit Kokosstreuseln

Zutaten

Zum Vorbereiten:
1 Dose Ananasringe
(Abtropfgewicht 490 g)

Für die Streusel:
125 g weiche Butter
150 g Weizenmehl
80 g Zucker
1 Prise Salz
120 g Kokosraspel

Für den Teig:
350 g Weizenmehl
1 Pck. Backpulver
175 g Zucker
1 Pck. Vanillin-Zucker
5 Eier (Größe M)
200 g zerlassene, abgekühlte Butter oder Margarine
150 ml Ananassaft

Zubereitungszeit:
40 Minuten

Insgesamt:
E: 104 g, F: 381 g, Kh: 712 g,
kJ: 28935, kcal: 6913

RAFFINIERT

1. Zum Vorbereiten Ananas zum Abtropfen in ein Sieb geben, Saft dabei auffangen. Anschließend die Ananas in kleine Stücke schneiden.

2. Für die Streusel Butter, Mehl, Zucker, Salz und Kokosraspel in eine Schüssel geben und mit den Händen krümelig verkneten. Die Streusel beiseite stellen.

3. Für den Teig Mehl mit Backpulver mischen, in eine verschließbare Schüssel (3-Liter-Inhalt) sieben, mit Zucker und Vanillin-Zucker mischen. Eier, Butter oder Margarine und Ananassaft hinzufügen, Schüssel mit dem Deckel fest verschließen. Mehrmals (insgesamt 15–30 Sekunden, je nach Menge der Zutaten) kräftig schütteln, so dass alle Zutaten gut vermischt sind. Alles mit einem Schneebesen oder Rührlöffel nochmals sorgfältig durchrühren, damit vor allem trockene Zutaten vom Rand mit untergerührt werden.

4. Teig auf ein Backblech (30 x 40 cm, gefettet, bemehlt) geben und glatt streichen. Ananasstücke auf dem Teig verteilen, Streusel darüber streuen. Das Backblech in den Backofen schieben.

Ober-/Unterhitze: etwa 200 °C (vorgeheizt)
Heißluft: etwa 180 °C (vorgeheizt)
Gas: Stufe 3–4 (vorgeheizt)
Backzeit: etwa 30 Minuten.

5. Backblech auf einen Kuchenrost stellen, den Kuchen erkalten lassen.

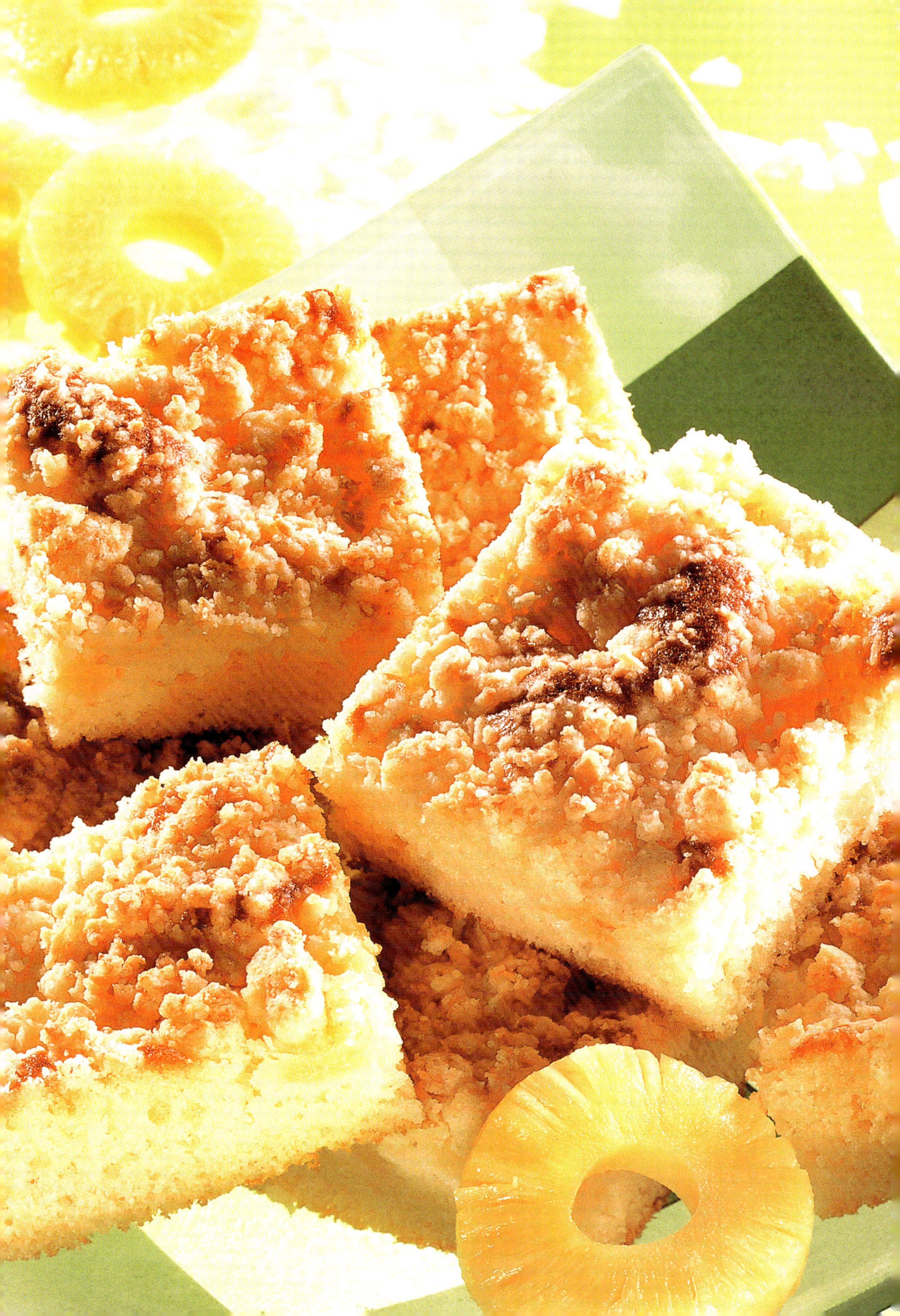

Cassataschnitten

Zutaten

Für den Teig:
200 g Weizenmehl
50 g Speisestärke
½ Pck. Backpulver
175 g Zucker
1 Pck. Vanillin-Zucker
1 Pck. Finesse Geriebene Zitronenschale
3 Eier (Größe M)
125 g zerlassene, abgekühlte Butter oder Margarine
150 ml Buttermilch, Zitronen-Geschmack

Für den Belag:
10 Blatt weiße Gelatine
200 g gemischte, kandierte Früchte
60 g Pistazienkerne
50 g Zartbitterschokolade
750 g Ricotta (italienischer Frischkäse)
Saft von ½ Zitrone
60 g Zucker
500 ml (½ l) Schlagsahne

Zubereitungszeit:
40 Minuten, ohne Kühlzeit

Insgesamt:
E: 173 g, F: 426 g, Kh: 672 g,
kJ: 31136, kcal: 7432

DAUERT ETWAS LÄNGER – ETWAS TEURER

1 Für den Teig Mehl und Speisestärke mit Backpulver mischen, in eine verschließbare Schüssel (3-Liter-Inhalt) sieben und mit Zucker, Vanillin-Zucker und Zitronenschale mischen. Eier, Butter oder Margarine und Buttermilch hinzufügen, Schüssel mit dem Deckel fest verschließen. Mehrmals (insgesamt 15–30 Sekunden, je nach Menge der Zutaten) kräftig schütteln, so dass alle Zutaten gut vermischt sind. Alles mit einem Schneebesen oder Rührlöffel nochmals sorgfältig durchrühren, damit vor allem trockene Zutaten vom Rand mit untergerührt werden.

2 Teig auf ein Backblech (30 x 40 cm, gefettet, bemehlt) streichen. Das Backblech in den Backofen schieben.

Ober-/Unterhitze: etwa 200 °C (vorgeheizt)
Heißluft: etwa 180 °C (vorgeheizt)
Gas: Stufe 3–4 (vorgeheizt)
Backzeit: 15–20 Minuten.

3 Backblech auf einen Kuchenrost stellen. Kuchen erkalten lassen und einen Backrahmen darumstellen.

4 Für den Belag Gelatine in kaltem Wasser nach Packungsanleitung einweichen. Kandierte Früchte, Pistazienkerne und Schokolade hacken und vermischen.

5 Ricotta, Zitronensaft und Zucker verrühren. Gelatine leicht ausdrücken. Die ausgedrückte Gelatine in einem kleinen Topf unter Rühren erwärmen (nicht kochen), bis sie völlig gelöst ist. 3 Esslöffel Creme unterrühren, alles zu der restlichen Creme geben und gut verrühren. Die Frucht-Pistazien-Mischung (3 Esslöffel abnehmen) zu der Ricotta-Creme geben und unterheben. Sahne steif schlagen und unter die Creme heben.

6 Cassata-Creme auf dem Gebäckboden verteilen und glatt streichen. Restliche Fruchtmischung darauf streuen. Mindestens 3 Stunden kalt stellen. Backrahmen lösen und entfernen. Den Kuchen in Stücke schneiden.

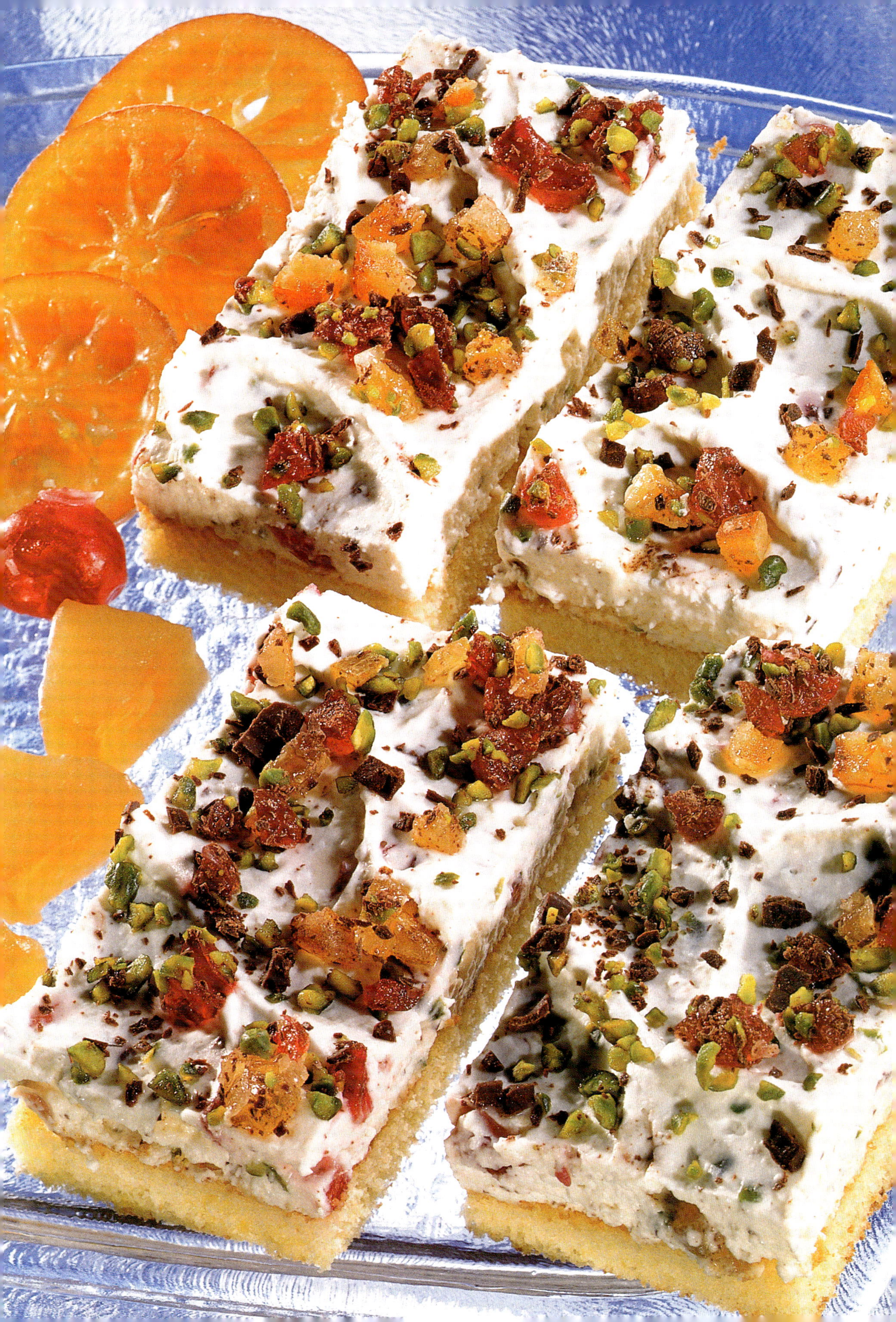

Aprikosen-Mohn-Kuchen

Zutaten

Zum Vorbereiten:
1 Becher (250 g) Magerquark

Für den Quark-Öl-Teig:
2 ½ Becher (350 g) Weizenmehl
1 Pck. Backpulver
6 EL Milch
6 EL Speiseöl
½ Becher (100 g) Zucker
1 Pck. Vanillin-Zucker
1 Prise Salz

Für den Belag:
2 Pck. (je 150 g) Aprikosen-Fruchtquark
4 EL (30 g) Weizenmehl
1 Ei (Größe M)
1 Pck. (250 g) Mohn-Back
1 Becher (250 g) Aprikosenkonfitüre

Zum Bestreichen:
1 Eigelb (Größe M)
2 EL Schlagsahne

Zubereitungszeit:
60 Minuten

Insgesamt:
E: 161 g, F: 133 g, Kh: 724 g, kJ: 20157, kcal: 4813

FÜR KINDER

1 Zum Vorbereiten Quark in eine Schüssel geben. Den Becher ausspülen, abtrocknen und zum Abmessen verwenden.

2 Für den Teig Mehl mit Backpulver mischen und in eine Rührschüssel sieben. Quark, Milch, Speiseöl, Zucker, Vanillin-Zucker und Salz hinzufügen. Die Zutaten mit Handrührgerät mit Knethaken auf höchster Stufe in etwa 1 Minute zu einem Teig verarbeiten (nicht zu lange, Teig klebt sonst). Anschließend auf der bemehlten Arbeitsfläche zu einer Rolle formen. Ein Viertel des Teiges beiseite stellen.

3 Restlichen Teig auf einem Backblech (30 x 40 cm, gefettet) ausrollen, dabei am Rand etwas hochdrücken.

4 Für den Belag Fruchtquark mit Mehl und Ei gut verrühren. Abwechselnd Aprikosenquark, Mohn-Back und Konfitüre als Kleckse auf den Teigboden geben.

5 Den restlichen Teig auf einer bemehlten Arbeitsfläche zu einem Rechteck (38 x 15 cm) ausrollen und mit einem Kuchengitterroller darüber rollen. Das Teiggitter auseinander ziehen und auf den Belag legen.

6 Zum Bestreichen Eigelb mit Sahne verschlagen. Das Teiggitter damit bestreichen. Das Backblech in den Backofen schieben.

Ober-/Unterhitze: etwa 200 °C (vorgeheizt)
Heißluft: etwa 180 °C (vorgeheizt)
Gas: Stufe 3–4 (vorgeheizt)
Backzeit: etwa 25 Minuten.

7 Das Backblech auf einen Kuchenrost stellen. Kuchen erkalten lassen.

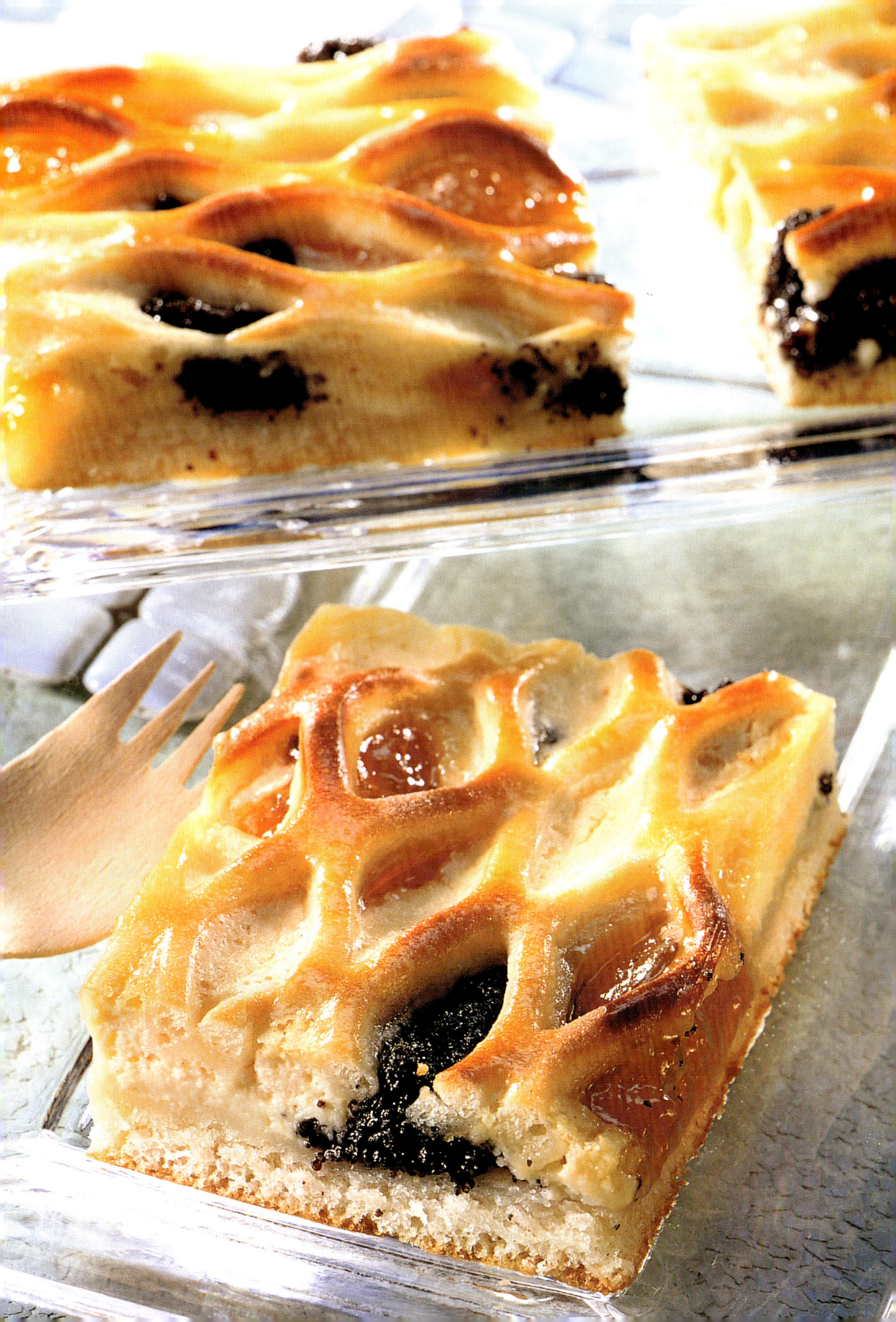

Florentiner Tassenkuchen

Zutaten
1 Tasse ≙ 200 ml

Für den All-in-Teig:
3 Tassen (300 g) Weizenmehl
2 gestr. TL Backpulver
1 Tasse (150 g) Zucker
3 Eier (Größe M)
¾ Tasse (150 ml) Speiseöl
2 EL Rum

Für den Belag:
1 Tasse (100 ml) Schlagsahne
1 Tasse (150 g) Zucker
1 Pck. (100 g) Früchte-Mix
1 Pck. (100 g) abgezogene, gehobelte Mandeln

Zubereitungszeit:
35 Minuten

Insgesamt:
E: 79 g, F: 257 g, Kh: 600 g,
kJ: 22105, kcal: 5276

EINFACH

1. Für den Teig Mehl mit Backpulver mischen und in eine Rührschüssel sieben. Zucker, Eier, Speiseöl und Rum hinzufügen. Die Zutaten in 2 Minuten mit Handrührgerät mit Rührbesen auf höchster Stufe zu einem glatten Teig verarbeiten.

2. Den Teig auf ein Backblech (30 x 40 cm, gefettet) geben und glatt streichen. Das Backblech in den Backofen schieben und den Boden vorbacken.

Ober-/Unterhitze: etwa 180 °C (vorgeheizt)
Heißluft: etwa 160 °C (vorgeheizt)
Gas: Stufe 2–3 (vorgeheizt)
Backzeit: etwa 10 Minuten.

3. Das Backblech auf einen Kuchenrost stellen.

4. Für den Belag Sahne und Zucker in einem kleinen Topf kurz aufkochen lassen. Früchte-Mix und Mandeln unterrühren. Die Masse auf dem vorgebackenen Boden verteilen. Das Backblech wieder in den Backofen schieben und den Kuchen fertig backen.

Ober-/Unterhitze: etwa 180 °C (vorgeheizt)
Heißluft: etwa 160 °C (vorgeheizt)
Gas: Stufe 2–3 (vorgeheizt)
Backzeit: etwa 15 Minuten.

5. Das Backblech auf einen Kuchenrost stellen. Den Kuchen erkalten lassen und in beliebig große Stücke schneiden.

Tipp: *Früchtemix ist eine Mischung aus Sukkade, Orangeat und kandierten Melonen. Früchtemix gibt vielen Gebäcken eine herzhaft-fruchtige Note.*

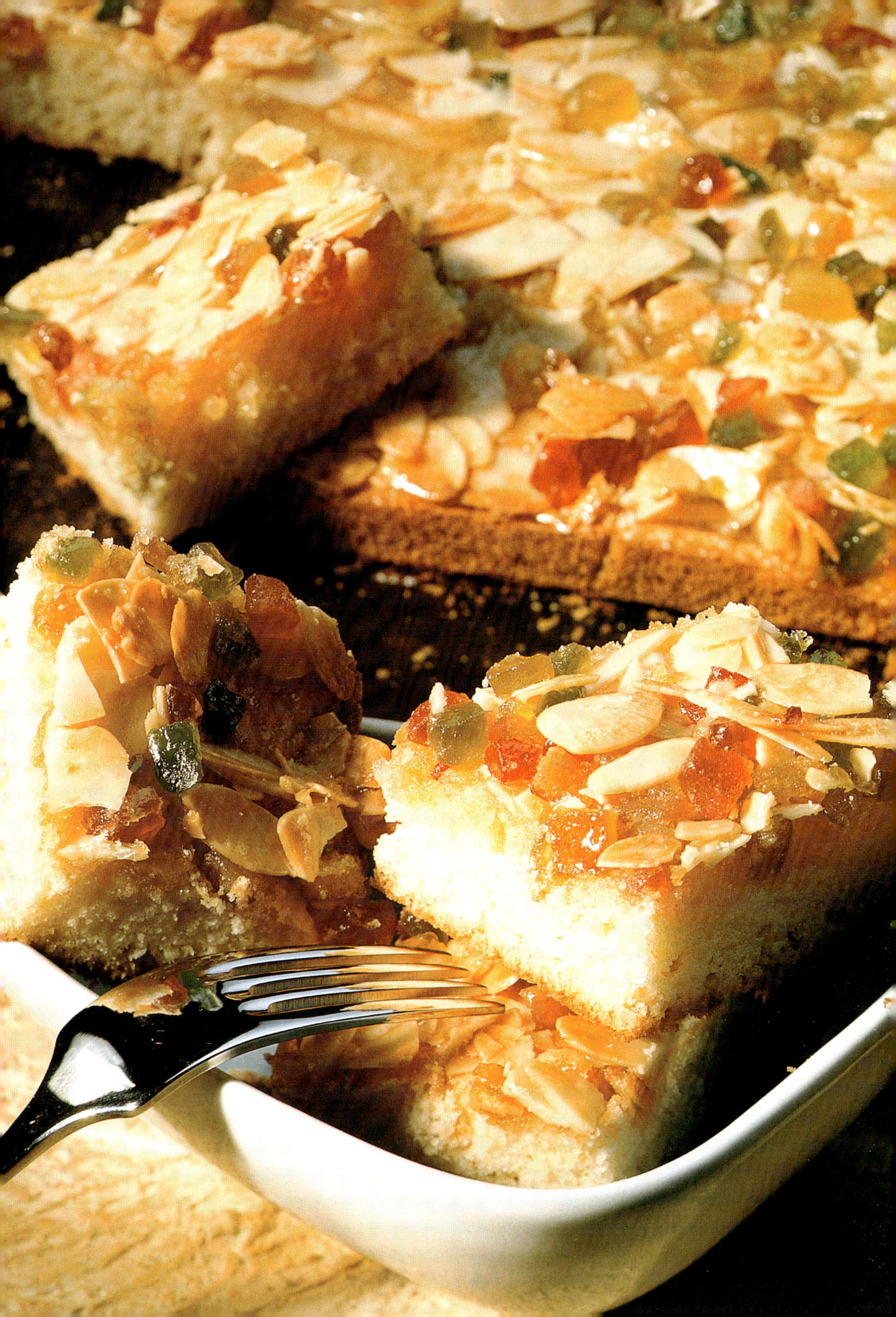

Birnen-Hefekuchen mit Pistazienguss

Zutaten

Zum Vorbereiten:
1 Becher (250 g) Schmand

Für den Hefeteig:
3 Becher (480 g) Weizenmehl
1 Pck. Trockenhefe
1 Prise Salz
½ Becher (110 g) Zucker
abgeriebene Schale von ½ Zitrone (unbehandelt)
1 Ei (Größe M)
1 Becher (250 ml) Milch
¼ Pck. (65 g) zerlassene, abgekühlte Butter oder Margarine

Für den Belag:
8 reife Birnen (etwa 1,2 kg)
Saft von 1 Zitrone

Für den Guss:
2 Pck. (50 g) gehackte Pistazienkerne
3 Eier (Größe M)
4 EL Zucker

Zubereitungszeit:
60 Minuten, ohne Teiggehzeit

Insgesamt:
E: 123 g, F: 178 g, Kh: 637g, kJ: 20364, kcal: 4867

DAUERT LÄNGER – ETWAS TEURER

1 Zum Vorbereiten Schmand in eine Rührschüssel geben und zugedeckt kalt stellen. Den Schmandbecher auswaschen, abtrocknen und zum Abmessen verwenden.

2 Für den Hefeteig Mehl in eine Rührschüssel sieben, mit Trockenhefe sorgfältig vermischen. Salz, Zucker, Zitronenschale, Ei, Milch und Butter oder Margarine hinzufügen. Die Zutaten mit Handrührgerät mit Knethaken zunächst auf niedrigster, dann auf höchster Stufe in etwa 5 Minuten zu einem Teig verarbeiten. Den Teig zugedeckt so lange an einem warmen Ort stehen lassen, bis er sich sichtbar vergrößert hat.

3 Für den Belag Birnen schälen, vierteln, entkernen und in Spalten schneiden. Birnenspalten mit Zitronensaft beträufeln.

4 Den Teig leicht mit Mehl bestäuben, aus der Schüssel nehmen und auf einer bemehlten Arbeitsfläche kurz durchkneten. Den Teig in einer Fettfangschale (30 x 40 cm, gefettet) ausrollen, dabei einen kleinen Rand hochziehen. Die Birnenspalten auf dem Teig verteilen und zugedeckt nochmals so lange an einem warmen Ort gehen lassen, bis er sich sichtbar vergrößert hat.

5 Für den Guss Pistazienkerne, Eier und Zucker mit dem kalt gestellten Schmand gut verrühren. Den Guss auf den Birnenspalten verteilen. Die Fettfangschale in den Backofen schieben.

Ober-/Unterhitze: etwa 200 °C (vorgeheizt)
Heißluft: etwa 180 °C (nicht vorgeheizt)
Gas: Stufe 3–4 (nicht vorgeheizt)
Backzeit: 30–35 Minuten.

6 Die Fettfangschale auf einen Kuchenrost stellen. Den Kuchen erkalten lassen.

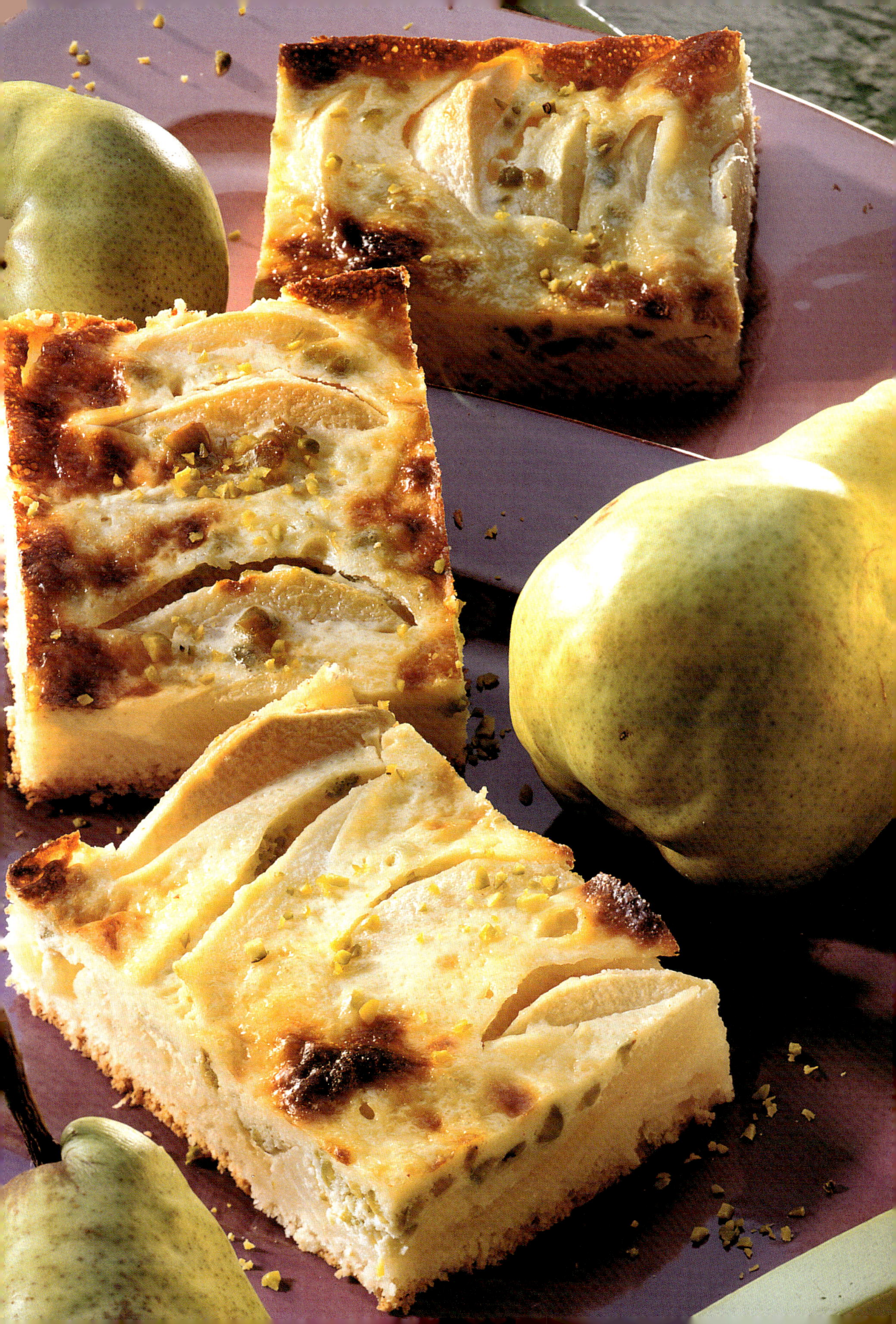

Bananen-Quark-Kuchen

Zutaten

Zum Vorbereiten:
4 Becher (je 250 g) Magerquark

Für den Rührteig:
1 Pck. (250 g) Butter oder Margarine
1 Becher (200 g) Zucker
3 Eier (Größe M)
2 Becher (300 g) Weizenmehl
2 gestr. TL Backpulver
½ Becher (125 ml [⅛ l]) Bananen-Nektar
1 Becher (100 g) gemahlene Haselnusskerne

Für den Belag:
12 Blatt weiße Gelatine
1 Becher (250 ml [¼ l]) Bananen-Nektar
½ Becher (100 g) Zucker
3 Bananen
4 EL Zitronensaft
1 Becher (250 ml [¼ l]) Schlagsahne

Zum Garnieren:
2 Bananen
2 EL Zitronensaft
12 dünne Schokotaler

Zubereitungszeit:
40 Minuten, ohne Kühlzeit

Insgesamt:
E: 238 g, F: 387 g, Kh: 768 g, kJ: 32732, kcal: 7821

1 Zum Vorbereiten Quark in eine Schüssel geben. Einen Quarkbecher auswaschen, abtrocknen und zum Abmessen verwenden.

2 Für den Teig Butter oder Margarine mit Handrührgerät mit Rührbesen auf höchster Stufe geschmeidig rühren. Nach und nach Zucker unterrühren. So lange rühren, bis eine gebundene Masse entstanden ist. Eier nach und nach unterrühren (jedes Ei etwa ½ Minute). Mehl und Backpulver mischen, sieben, abwechselnd portionsweise mit dem Nektar und den Haselnusskernen auf mittlerer Stufe unterrühren. Den Teig auf ein Backblech (30 x 40 cm, gefettet) geben und glatt streichen. Das Backblech in den Backofen schieben.

Ober-/Unterhitze: etwa 180 °C (vorgeheizt)
Heißluft: etwa 160 °C (vorgeheizt)
Gas: Stufe 2–3 (vorgeheizt)
Backzeit: etwa 25 Minuten.

3 Das Backblech auf einen Kuchenrost stellen. Gebäckboden erkalten lassen. Einen Backrahmen darumstellen.

4 Für den Belag Gelatine in kaltem Wasser nach Packungsanleitung einweichen, leicht ausdrücken. Die ausgedrückte Gelatine in einem kleinen Topf unter Rühren erhitzen (nicht kochen), bis sie völlig gelöst ist. Den kalt gestellten Quark mit Nektar und Zucker geschmeidig rühren. Die aufgelöste Gelatine unterrühren. Bananen schälen, der Länge nach halbieren und quer in Scheiben schneiden. Bananenscheiben mit Zitronensaft mischen und vorsichtig unter die Quarkmasse heben. Sahne steif schlagen und unterheben. Die Quark-Sahne-Masse auf den Gebäckboden geben und glatt streichen. Etwa 1 Stunde kalt stellen. Den Backrahmen entfernen und den Kuchen in etwa 24 Stücke schneiden.

5 Zum Garnieren Bananen schälen, schräg in Scheiben schneiden und in dem Zitronensaft schwenken. Kuchenstücke mit den Bananenscheiben garnieren. Schokotaler mit einem Messer mit angewärmter Klinge halbieren. Schokotalerhälften auf die Kuchenstücke setzen.

FÜR KINDER

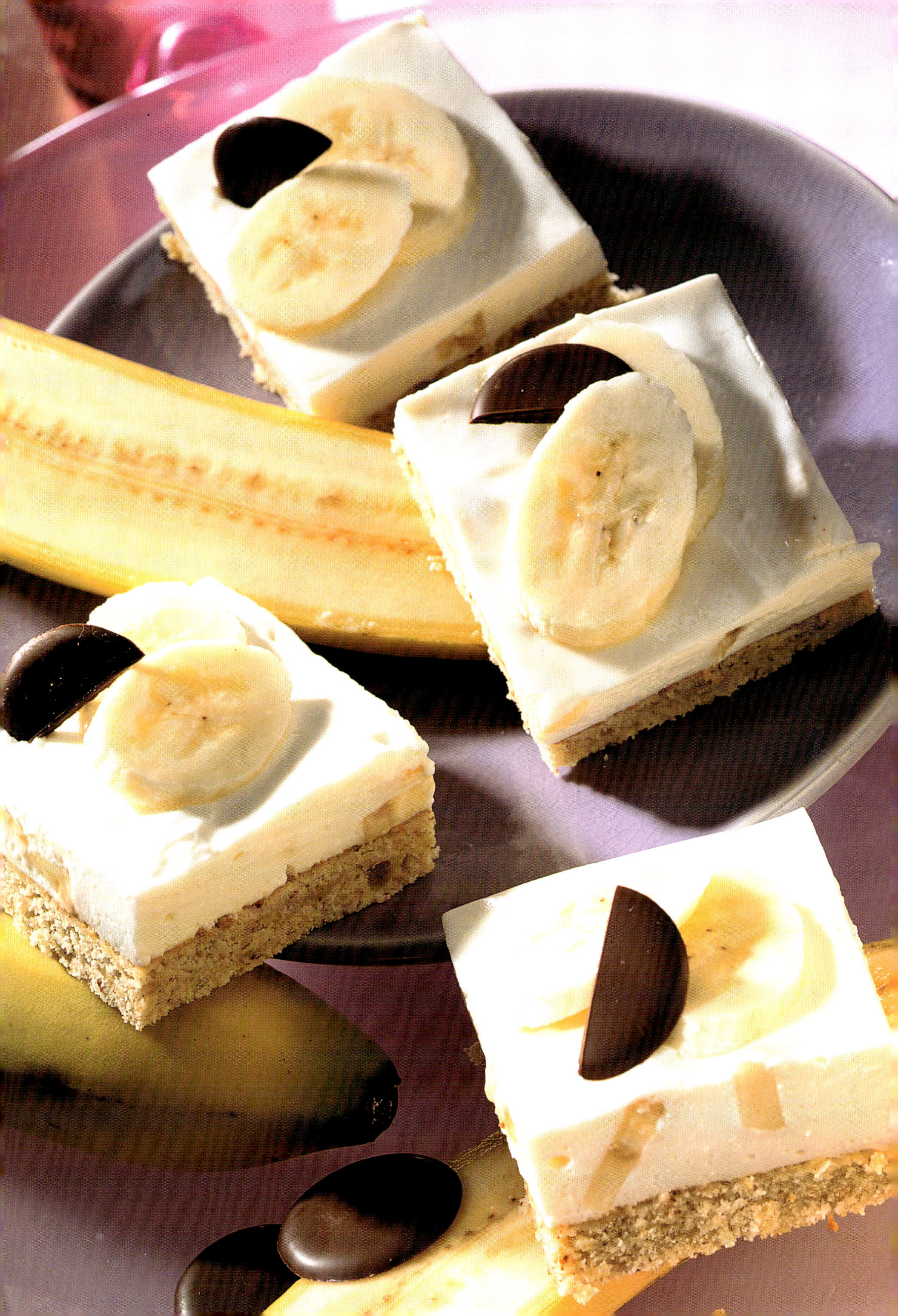

Crème-fraîche-Becherkuchen

Zutaten

Für den Belag:
1 Becher (150 g) Crème fraîche
½ Pck. (125 g) Butter
1 Becher (150 g) Zucker
1 Pck. Vanillin-Zucker

Für den Teig:
3 Becher (300 g) Weizenmehl
1 Pck. Backpulver
1 Becher (150 g) Zucker
1 Pck. Finesse Geriebene Zitronenschale
3 Eier (Größe M)
2 Becher (je 150 g) Crème fraîche

Zum Bestreuen:
100 g abgezogene, gehobelte Mandeln

Zum Besprenkeln:
50 g Halbbitter-Kuvertüre
1 TL Speiseöl

Zubereitungszeit:
25 Minuten, ohne Abkühlzeit

Insgesamt:
E: 90 g, F: 336 g, Kh: 581 g,
kJ: 24677, kcal: 5895

EINFACH – SCHNELL ZUZUBEREITEN

1 Für den Belag Crème fraîche in einen kleinen Topf geben, Becher auswaschen und trocknen. Butter, Zucker und Vanillin-Zucker hinzufügen und langsam erwärmen, von der Kochstelle nehmen.

2 Für den Teig Mehl mit Backpulver mischen, in eine verschließbare Schüssel (3-Liter-Inhalt) sieben, mit Zucker und Zitronenschale mischen. Eier und Crème fraîche hinzufügen, Schüssel mit dem Deckel fest verschließen. Mehrmals (insgesamt 15–30 Sekunden, je nach Menge der Zutaten) kräftig schütteln, so dass alle Zutaten gut vermischt sind. Alles mit einem Schneebesen oder Rührlöffel nochmals sorgfältig durchrühren, damit vor allem trockene Zutaten vom Rand mit untergerührt werden.

3 Den Teig in eine Fettfangschale (30 x 40 cm, gefettet) geben, glatt streichen. Die Fettfangschale in den Backofen schieben.

Ober-/Unterhitze: etwa 200 °C (vorgeheizt)
Heißluft: etwa 180 °C (vorgeheizt)
Gas: Stufe 3–4 (vorgeheizt)
Backzeit: etwa 25 Minuten.

4 Den Belag nach 10 Minuten Backzeit gleichmäßig auf dem Teig verteilen, mit Mandeln bestreuen. Kuchen bei gleicher Temperatureinstellung fertig backen.

5 Die Fettfangschale auf einen Kuchenrost stellen, den Kuchen erkalten lassen.

6 Zum Besprenkeln Kuvertüre in kleine Stücke schneiden, mit dem Öl in einem kleinen Topf im Wasserbad bei schwacher Hitze geschmeidig rühren. Den erkalteten Kuchen damit besprenkeln und fest werden lassen.

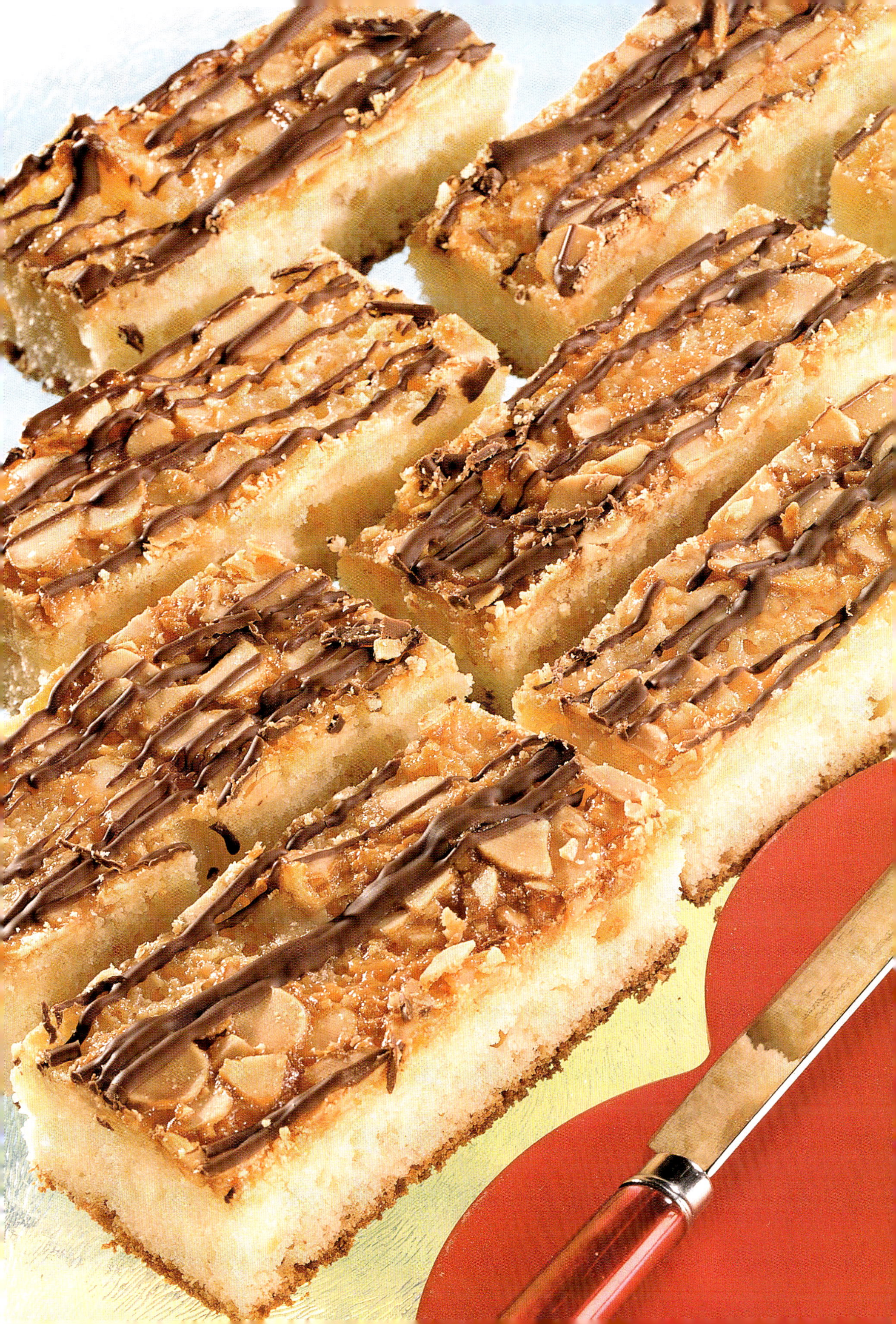

Ambrosiaschnitten

Zutaten

Für den Teig:
- 150 g Weizenmehl
- ½ Pck. Backpulver
- 150 g Zucker
- 3 Eier (Größe M)
- 100 g zerlassene, abgekühlte Butter oder Margarine
- 100 ml Milch
- 50 g abgezogene, gemahlene Mandeln

Für die Füllung:
- 8 Blatt weiße Gelatine
- 500 g Naturjoghurt
- 250 ml (¼ l) schwarzer Johannisbeernektar
- 2–3 EL Zitronensaft
- 75 g Zucker
- 500 ml (½ l) Schlagsahne
- 1 Pck. Sahnesteif
- 1 Pck. Vanillin-Zucker

einige Johannisbeerrispen zum Verzieren

Zubereitungszeit:
35 Minuten, ohne Kühlzeit

Insgesamt:
E: 92 g, F: 308 g, Kh: 429 g, kJ: 21051, kcal: 5033

DAUERT ETWAS LÄNGER

1. Für den Teig Mehl mit Backpulver mischen, in eine verschließbare Schüssel (3-Liter-Inhalt) sieben, mit Zucker mischen. Eier, Butter oder Margarine und Milch hinzufügen, Schüssel mit dem Deckel fest verschließen. Mehrmals (insgesamt 15–30 Sekunden, je nach Menge der Zutaten) kräftig schütteln, so dass alle Zutaten gut vermischt sind, Mandeln hinzugeben. Alles mit einem Schneebesen oder Rührlöffel nochmals sorgfältig durchrühren, damit vor allem trockene Zutaten vom Rand mit untergerührt werden.

2. Teig auf ein Backblech (30 x 40 cm, gefettet, mit Backpapier belegt) füllen und glatt streichen. Das Backblech in den Backofen schieben.

Ober-/Unterhitze: etwa 180 °C (vorgeheizt)
Heißluft: etwa 160 °C (vorgeheizt)
Gas: Stufe 2–3 (vorgeheizt)
Backzeit: etwa 15 Minuten.

3. Die Gebäckplatte auf die Arbeitsfläche stürzen, mitgebackenes Papier abziehen, das Gebäck erkalten lassen.

4. Für die Füllung Gelatine in kaltem Wasser nach Packungsanleitung einweichen. Joghurt, Johannisbeernektar, Zitronensaft und Zucker verrühren. Gelatine leicht ausdrücken und auflösen. Vier Esslöffel Joghurtcreme mit der Gelatine verrühren, mit der restlichen Joghurtcreme gut verrühren, Creme kalt stellen.

5. 250 ml (¼ l) Sahne steif schlagen. Wenn die Creme anfängt dicklich zu werden, die steif geschlagene Sahne unterheben. Gebäckplatte senkrecht halbieren. Einen Boden auf eine Platte legen und Backrahmen darumstellen. Joghurtcreme darauf verteilen, mit dem zweiten Boden bedecken, andrücken und 2–3 Stunden kalt stellen. Restliche Sahne mit Sahnesteif und Vanillin-Zucker steif schlagen. Oberfläche damit bestreichen, mit einem Tortenkamm oder Löffel verzieren. Kuchen in Schnitten aufschneiden, mit Johannisbeerrispen verzieren.

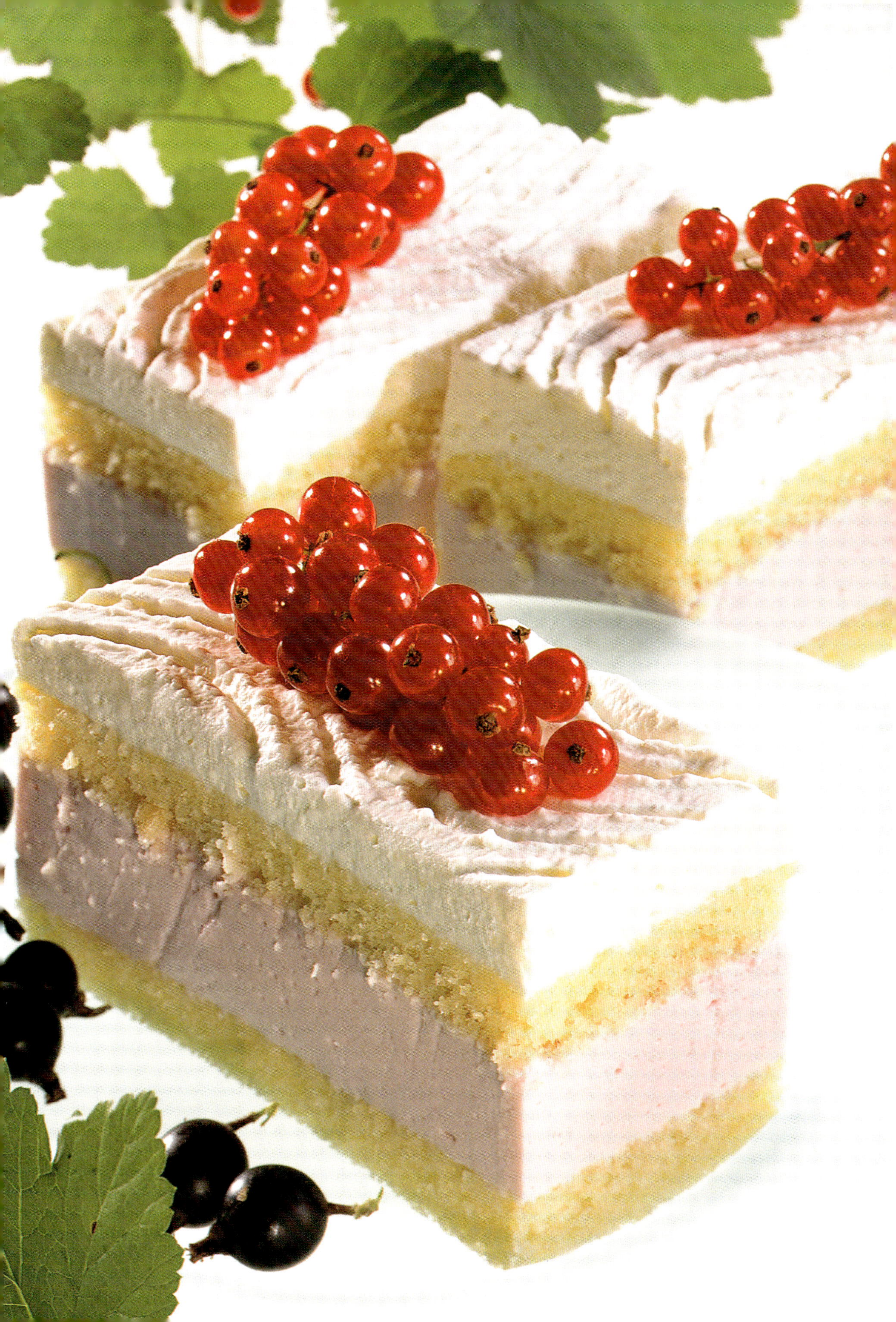

Apfel-Schoko-Schnitten mit Cornflakes

Zutaten

Zum Vorbereiten:
- 800 g Äpfel
- 2 l Wasser
- 2 EL Zitronensaft

Für den Teig:
- 250 g Weizenmehl
- ½ Pck. Backpulver
- 150 g Zucker
- 1 Pck. Vanillin-Zucker
- 1 EL Kakaopulver
- 4 Eier (Größe M)
- 125 g zerlassene, abgekühlte Butter oder Margarine
- 100 ml Milch
- 30 g Zartbitter-Raspelschokolade

Für den Guss:
- 2 Pck. Tortenguss, klar
- 50 g Zucker
- 500 ml (½ l) Cidre (Apfelwein) oder Apfelsaft

Für den Belag:
- 50 g Halbbitter-Kuvertüre
- 40 g Cornflakes

Zubereitungszeit: 50 Minuten

Insgesamt:
E: 73 g, F: 168 g, Kh: 479 g, kJ: 18686, kcal: 4463

RAFFINIERT

---

1. Zum Vorbereiten Äpfel schälen, vierteln und entkernen. Äpfel in dünne Spalten schneiden. Wasser und Zitronensaft verrühren. Apfelspalten hineingeben und beiseite stellen.

2. Für den Teig Mehl mit Backpulver mischen, in eine verschließbare Schüssel (3-Liter-Inhalt) sieben, mit Zucker, Vanillin-Zucker und Kakao mischen. Eier, Butter oder Margarine und Milch hinzufügen, Schüssel mit dem Deckel fest verschließen. Mehrmals (insgesamt 15–30 Sekunden, je nach Menge der Zutaten) kräftig schütteln, so dass alle Zutaten gut vermischt sind, Raspelschokolade hinzugeben. Alles mit einem Schneebesen oder Rührlöffel nochmals sorgfältig durchrühren, damit vor allem trockene Zutaten vom Rand mit untergerührt werden.

3. Teig auf ein Backblech (30 x 40 cm, gefettet, bemehlt) geben und glatt streichen. Apfelspalten in einem Sieb gut abtropfen lassen, dicht nebeneinander auf dem Teig verteilen und leicht in den Teig drücken. Das Backblech in den Backofen schieben.

Ober-/Unterhitze: etwa 200 °C (vorgeheizt)
Heißluft: etwa 180 °C (vorgeheizt)
Gas: Stufe 3–4 (vorgeheizt)
Backzeit: etwa 25 Minuten.

4. Backblech auf einen Kuchenrost stellen und Kuchen erkalten lassen.

5. Für den Guss Tortenguss mit Zucker und Cidre nach Packungsanleitung zubereiten. Guss auf dem Kuchen verteilen und fest werden lassen.

6. Für den Belag Kuvertüre hacken, in einem kleinen Topf im Wasserbad bei schwacher Hitze geschmeidig rühren. Cornflakes mit Kuvertüre besprenkeln und trocknen lassen. Schoko-Flakes über den Kuchen streuen.

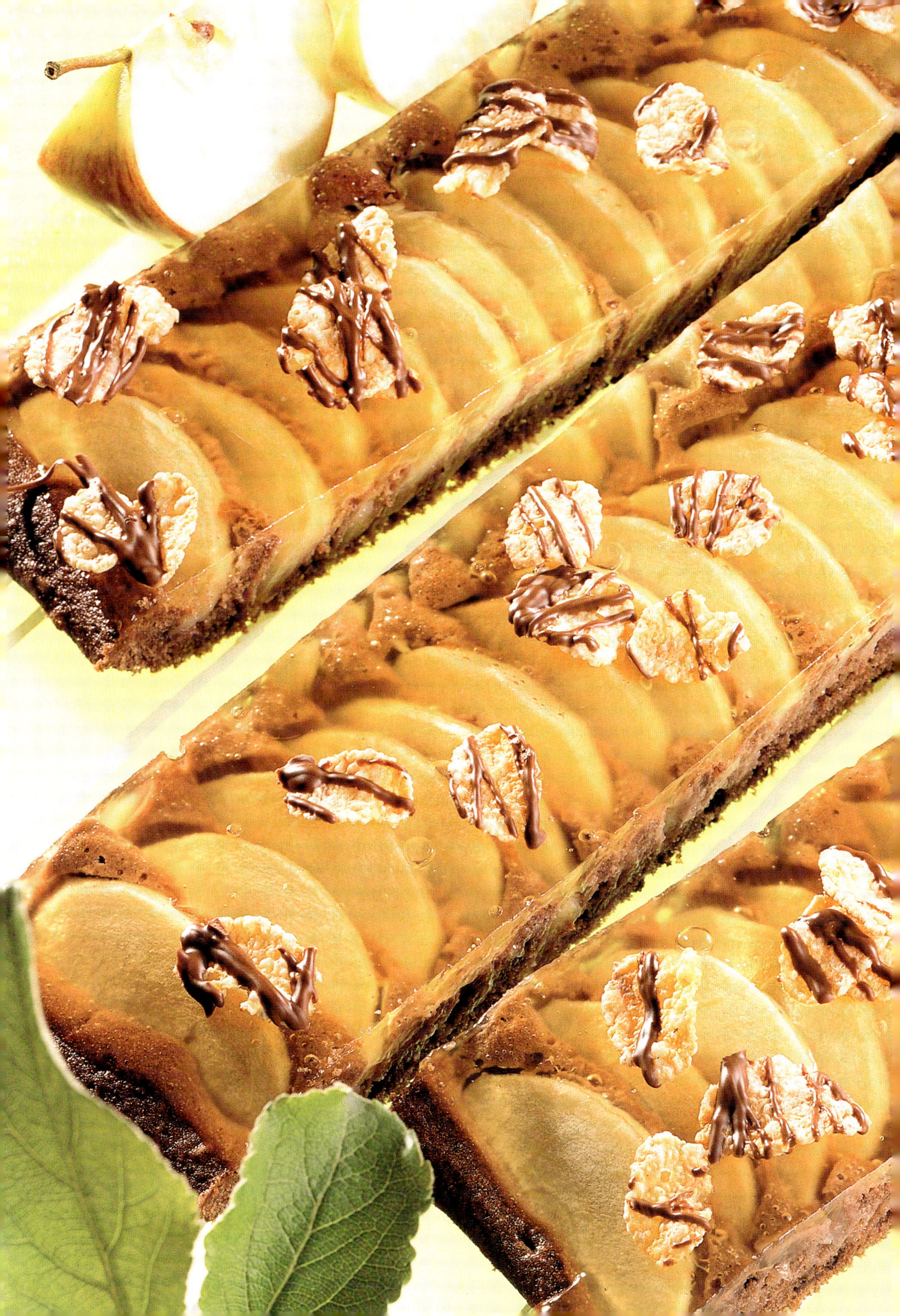

Kleingebäck

Nektarinenmuffins

Zutaten

Für den Teig:
150 g Weizenmehl
½ Pck. Backpulver
75 g Zucker
1 Pck. Vanillin-Zucker
50 g Vollmilch-Schokoflocken
4 Eier (Größe M)
75 g zerlassene, abgekühlte Butter oder Margarine

Für den Belag:
1–2 Nektarinen

Zum Bestäuben:
1 EL Puderzucker

Zubereitungszeit:
20 Minuten

Insgesamt:
E: 53 g, F: 105 g, Kh: 249 g,
kJ: 9366, kcal: 2237

FRUCHTIG

1 Für den Teig Mehl mit Backpulver mischen, in eine verschließbare Schüssel (3-Liter-Inhalt) sieben, mit Zucker und Vanillin-Zucker mischen. Eier und Butter oder Margarine hinzufügen, Schüssel mit dem Deckel fest verschließen. Mehrmals (insgesamt 15–30 Sekunden, je nach Menge der Zutaten) kräftig schütteln, so dass alle Zutaten gut vermischt sind. Schokoflocken hinzufügen und alles mit einem Schneebesen oder Rührlöffel nochmals sorgfältig durchrühren, damit vor allem trockene Zutaten vom Rand mit untergerührt werden.

2 Den Teig in 12 gefettete Muffinsförmchen füllen.

3 Für den Belag Nektarinen waschen, trockentupfen, entsteinen und in dünne Spalten schneiden und fächerartig auf dem Teig verteilen. Muffinsförmchen auf dem Rost in den Backofen schieben.

Ober-/Unterhitze: etwa 180 °C (vorgeheizt)
Heißluft: etwa 160 °C (vorgeheizt)
Gas: Stufe 2–3 (vorgeheizt)
Backzeit: etwa 25 Minuten.

4 Muffins 10 Minuten stehen lassen, dann aus den Förmchen lösen und erkalten lassen. Mit Puderzucker bestäuben.

Tipp: *Anstatt der Nektarinen können Sie auch 4–6 Aprikosen verwenden. Die Muffins sind gefriergeeignet.*

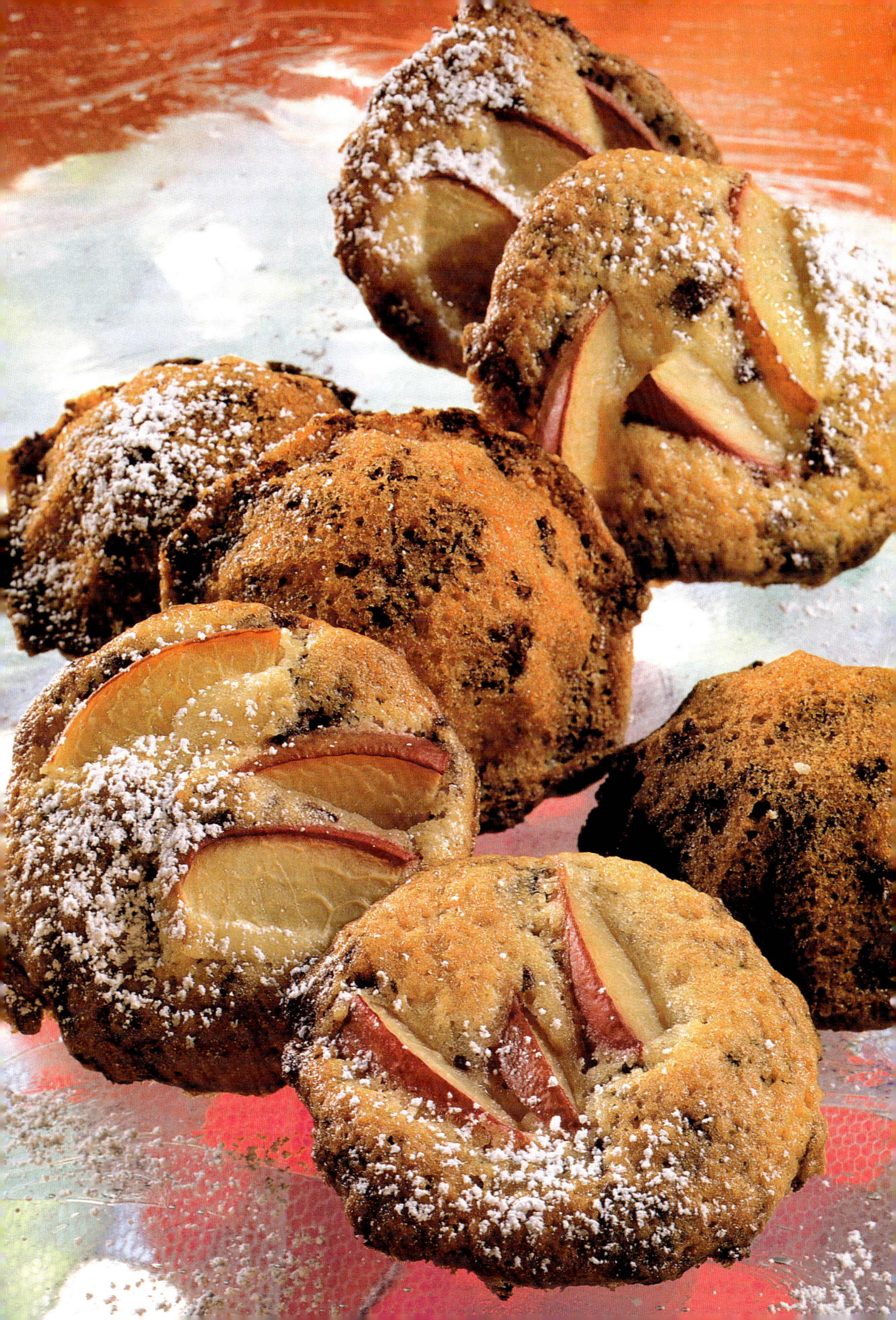

Orangen-Schoko-Madeleines

Zutaten

Zum Vorbereiten:
½ Becher (100 ml) Schlagsahne
½ Tafel (50 g) Edel-Bitter-Schokolade mit Orangenaroma (77 % Kakao)
1 EL (etwa 15 g) Butter oder Margarine

Für den Rührteig:
½ Pck. (125 g) Butter oder Margarine
½ Becher (100 g) Zucker
abgeriebene Schale von ½ Orange (unbehandelt)
3 Eier (Größe M)
1 Becher (125 g) Weizenmehl, 1 Msp. Backpulver
Saft von ½ Orange
4 EL (40 g) glasierte Schokoladenstreusel

Für die Schokocreme:
2 EL (20 g) gesiebter Puderzucker

2 Scheiben kandierte Orangen zum Garnieren

Zubereitungszeit:
60 Minuten, ohne Kühlzeit

Insgesamt:
E: 46 g, F: 189 g, Kh: 283 g, kJ: 13062, kcal: 3121

RAFFINIERT

1. Zum Vorbereiten Sahne in einen kleinen Topf geben. Den Sahnebecher auswaschen, abtrocknen und zum Abmessen verwenden. Die Sahne erhitzen. Schokolade in Stücke brechen und unter Rühren in der Sahne auflösen. Butter oder Margarine unterrühren. Die Masse in eine Schüssel geben und etwa 3 Stunden kalt stellen.

2. Für den Teig Butter oder Margarine mit Handrührgerät mit Rührbesen auf höchster Stufe geschmeidig rühren. Nach und nach Zucker und Orangenschale unterrühren. So lange rühren, bis eine gebundene Masse entstanden ist. Eier nach und nach unterrühren (jedes Ei etwa ½ Minute). Mehl mit Backpulver mischen, sieben, abwechselnd portionsweise mit dem Orangensaft auf mittlerer Stufe unterrühren. Zuletzt Schokostreusel unterrühren.

3. Den Teig in 14 Madeleines-Förmchen (gefettet) verteilen. Die Förmchen auf ein Backblech stellen. Das Backblech in den Backofen schieben.

Ober-/Unterhitze: etwa 180 °C (vorgeheizt)
Heißluft: etwa 160 °C (vorgeheizt)
Gas: Stufe 2–3 (vorgeheizt)
Backzeit: 20–25 Minuten.

4. Die Förmchen vom Backblech nehmen und auf einen Kuchenrost stellen. Madeleines etwas abkühlen lassen. Dann mit Hilfe eines Messers aus den Förmchen lösen und auf einem Kuchenrost erkalten lassen.

5. Die kalt gestellte Schoko-Sahne-Masse und Puderzucker mit Handrührgerät mit Rührbesen auf höchster Stufe cremig schlagen. Jeweils einen Klecks Schokocreme auf den Madeleines verteilen. Zum Garnieren Orangenscheiben in kleine Ecken schneiden. Die Madeleines damit garnieren.

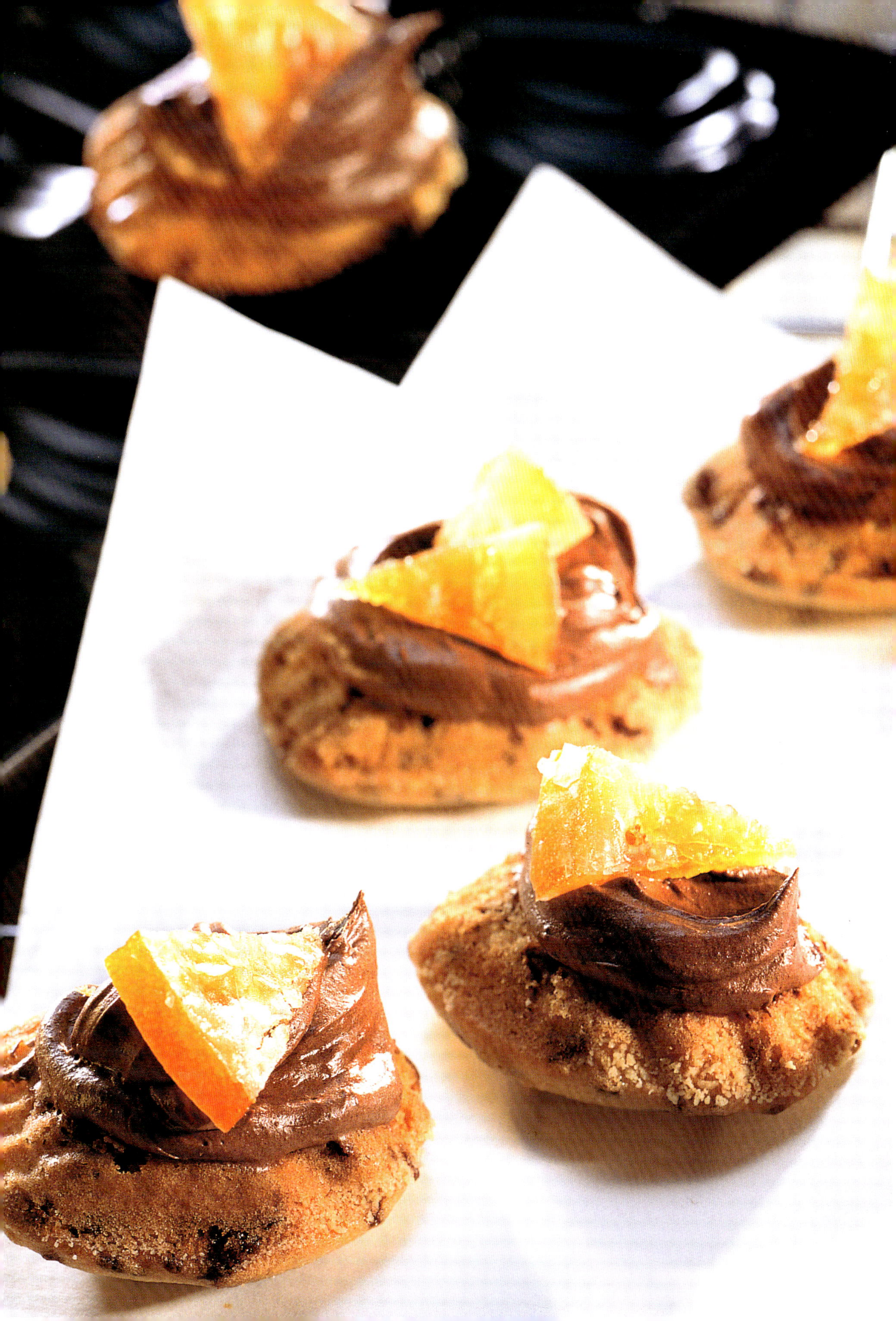

Ananasmuffins

Zutaten

Für den Teig:
200 g Weizenmehl
3 gestr. TL Backpulver
100 g Zucker
1 Pck. Vanillin-Zucker
3 Eier (Größe M)
125 g zerlassene, abgekühlte Butter oder Margarine
125 g Marzipan-Rohmasse, fein gehackt

Für den Belag:
12 Baby-Ananasscheiben (etwa 200 g)

Zum Bestreuen:
100 g Kokosraspel

Zum Bestäuben:
40 g Puderzucker

Zubereitungszeit:
25 Minuten

Insgesamt:
E: 67 g, F: 231 g, Kh: 367 g, kJ: 16425, kcal: 3924

GUT VORZUBEREITEN

1. Für den Teig Mehl mit Backpulver mischen, in eine verschließbare Schüssel (3-Liter-Inhalt) sieben, mit Zucker und Vanillin-Zucker mischen. Eier und Butter oder Margarine hinzufügen, Schüssel mit dem Deckel fest verschließen. Mehrmals (insgesamt 15–30 Sekunden, je nach Menge der Zutaten) kräftig schütteln, so dass alle Zutaten gut vermischt sind, Marzipanstücke hinzugeben. Alles mit einem Schneebesen oder Rührlöffel nochmals sorgfältig durchrühren, damit vor allem trockene Zutaten vom Rand mit untergerührt werden.

2. Den Teig in 12 gefettete Muffinsförmchen füllen.

3. Für den Belag Ananasscheiben in einem Sieb abtropfen lassen oder frische Ananas schälen und in Scheiben schneiden. Größere Ananasscheiben evtl. halbieren. Je eine Ananasscheibe auf die Teighäufchen legen. Kokosraspel über die Ananas streuen.

4. Muffinsförmchen auf dem Rost in den Backofen schieben.

Ober-/Unterhitze: etwa 180 °C (vorgeheizt)
Heißluft: etwa 160 °C (nicht vorgeheizt)
Gas: Stufe 2–3 (nicht vorgeheizt)
Backzeit: etwa 35 Minuten.

5. Die Muffins 10 Minuten in der Form auf einem Kuchenrost stehen lassen, dann aus den Förmchen lösen und erkalten lassen. Muffins mit Puderzucker bestäuben.

Tipp: *Statt Baby-Ananas können Sie auch Mandarinen verwenden.*

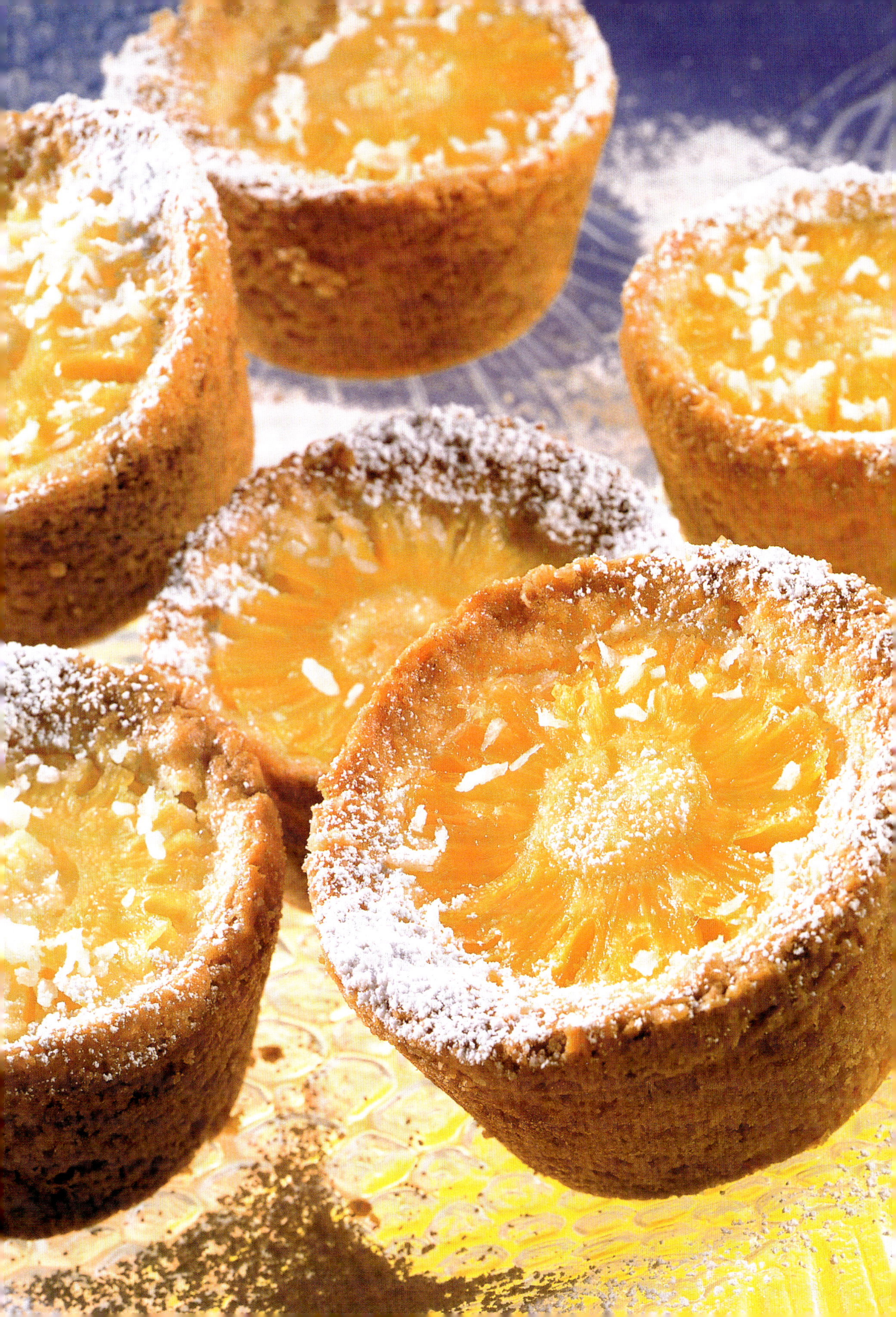

Bananenwaffeln mit heißer Schokoladensauce

Zutaten
1 Tasse ≙ 200 ml

Zum Vorbereiten:
1 Banane
1 EL Zitronensaft

Für den Schüttelteig:
2 Tassen (200 g) Weizenmehl
2 gestr. TL Backpulver
½ Tasse (50 g) gemahlene Haselnusskerne
½ Tasse (75 g) Zucker
1 Pck. Vanillin-Zucker
1 Prise Salz
3 Eier (Größe M)
4 EL Mineralwasser
½ Pck. (125 g) zerlassene, abgekühlte Butter oder Margarine

Für die Sauce:
½ Tasse (100 ml) Milch
½ Tafel (50 g) Zartbitterschokolade
2–3 EL Cognac

1. Zum Vorbereiten Banane schälen, mit einer Gabel fein zerdrücken und mit Zitronensaft verrühren.

2. Für den Teig Mehl mit Backpulver mischen, in eine verschließbare Schüssel (3-Liter-Inhalt) sieben, mit Haselnusskernen, Zucker, Vanillin-Zucker und Salz mischen. Eier, Mineralwasser und Butter oder Margarine hinzufügen. Schüssel mit dem Deckel fest verschließen.

3. Mehrmals (insgesamt 15–30 Sekunden) kräftig schütteln, so dass alle Zutaten gut vermischt sind. Bananenmus hinzugeben. Alles mit einem Schneebesen oder Rührlöffel nochmals sorgfältig durchrühren, damit vor allem trockene Zutaten vom Rand mit untergerührt werden.

4. Den Teig in nicht zu großen Portionen in ein gut erhitztes Waffeleisen (gefettet) füllen. Die Waffeln goldbraun backen und einzeln auf einem Kuchenrost erkalten lassen.

5. Für die Sauce Milch in einem kleinen Topf erhitzen. Schokolade in Stücke brechen und unter Rühren in der Milch auflösen. Cognac unterrühren. Die Sauce heiß zu den Waffeln reichen.

Zubereitungszeit:
65 Minuten

Insgesamt:
E: 64 g, F: 177 g, Kh: 312 g,
kJ: 13927, kcal: 3328

SCHNELL – EINFACH –
FÜR GÄSTE

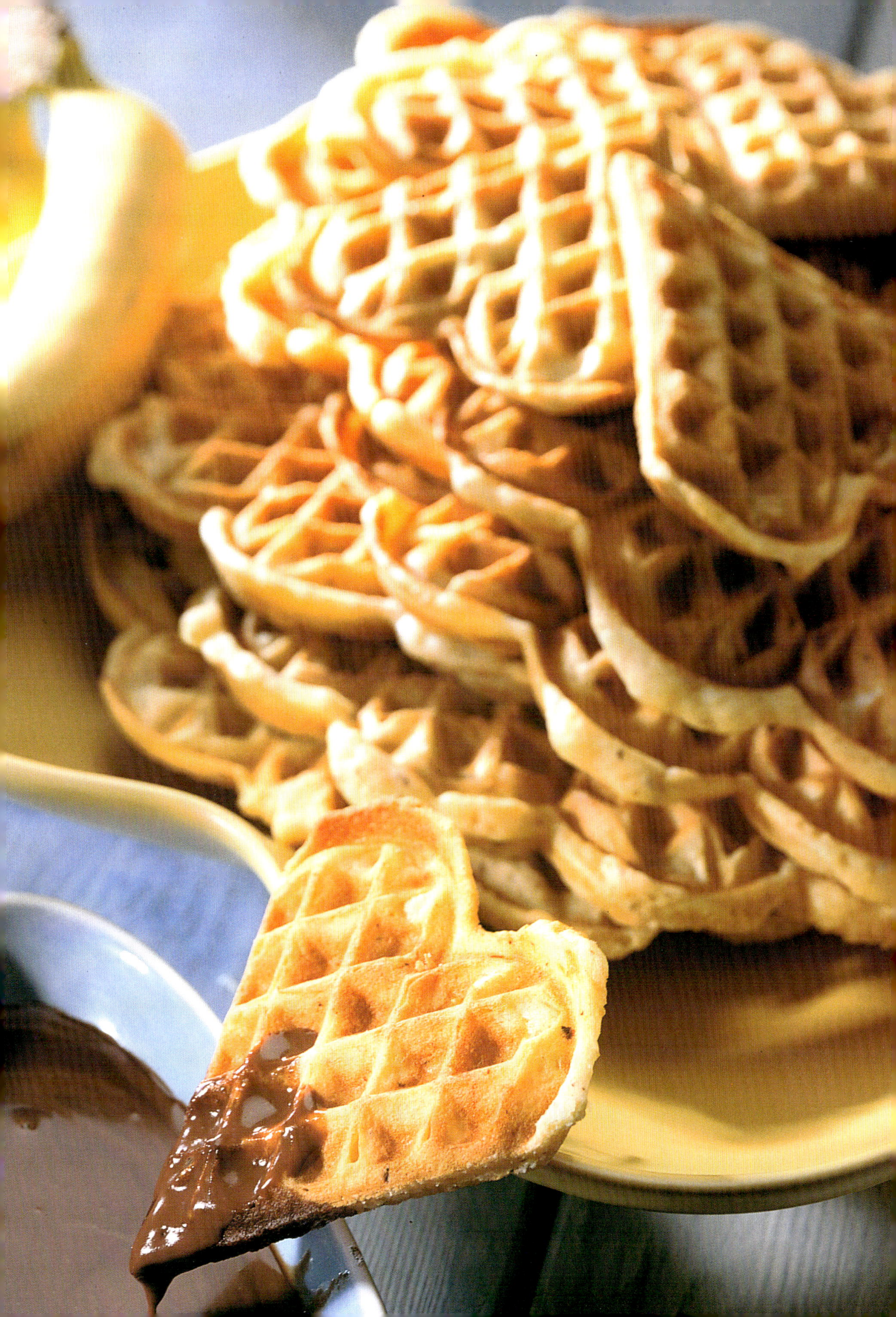

Schwarz-Weiß-Muffins

Zutaten

Für den Teig:
150 g Weizenmehl
3 gestr. TL Backpulver
1 Pck. Pudding-Pulver Vanille-Geschmack
125 g Zucker
1 Pck. Vanillin-Zucker
4 Eier (Größe M)
150 g zerlassene, abgekühlte Butter oder Margarine

1 EL Kakaopulver
1–2 EL Milch

Zum Bestäuben:
Puderzucker

Zubereitungszeit:
15 Minuten

Insgesamt:
E: 49 g, F: 153 g, Kh: 286 g,
kJ: 11734, kcal: 2803

FÜR KINDER

1. Für den Teig Mehl mit Backpulver und Pudding-Pulver mischen, in eine verschließbare Schüssel (3-Liter-Inhalt) sieben, mit Zucker und Vanillin-Zucker mischen. Eier und Butter oder Margarine hinzufügen, Schüssel mit dem Deckel fest verschließen. Mehrmals (insgesamt 15–30 Sekunden, je nach Menge der Zutaten) kräftig schütteln, so dass alle Zutaten gut vermischt sind. Alles mit einem Schneebesen oder Rührlöffel nochmals sorgfältig durchrühren, damit vor allem trockene Zutaten vom Rand mit untergerührt werden.

2. Gut die Hälfte des Teiges in 12 gefettete Muffinsförmchen füllen. Kakao sieben, mit der Milch unter den Rest des Teiges rühren. Den Kakaoteig auf dem hellen Teig verteilen. Die Muffinsförmchen auf dem Rost in den Backofen schieben.

Ober-/Unterhitze: etwa 180 °C (vorgeheizt)
Heißluft: etwa 160 °C (vorgeheizt)
Gas: Stufe 2–3 (vorgeheizt)
Backzeit: etwa 25 Minuten.

3. Die Muffins 10 Minuten in der Form auf einem Kuchenrost stehen lassen, dann aus den Förmchen lösen und erkalten lassen.

4. Zum Bestäuben die Muffins vor dem Servieren mit Puderzucker bestäuben.

Tipp: *Bestreichen Sie die heißen Muffins mit Erdbeerkonfitüre.*

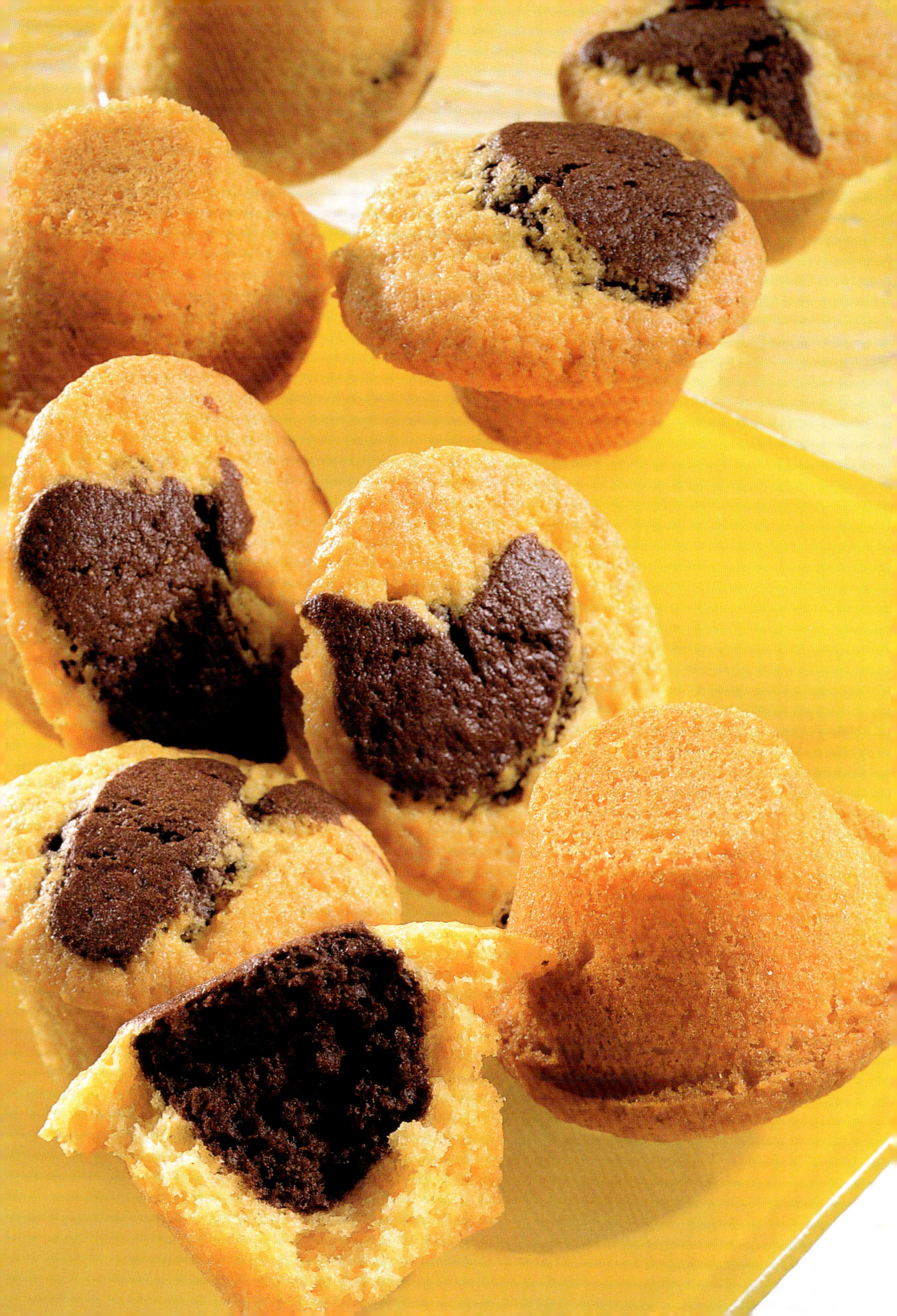

Knusper-Whisky-Muffins

Zutaten
1 Tasse ≙ 250 ml

Für den Schüttelteig:
1 ½ Tassen (255 g) Weizenmehl
3 gestr. TL Backpulver
1 Tasse (220 g) Zucker
1 Pck. Vanilin-Zucker
2 Eier (Größe M)
1 Tasse (250 ml) Buttermilch
4 EL Scotch-Whisky
½ Pck. (125 g) zerlassene, abgekühlte Butter oder Margarine
1 Pck. Karamell-Kugeln (100 g, z. B. Daim)

Zum Bestäuben:
2 EL Puderzucker

Zubereitungszeit:
60 Minuten

Insgesamt:
E: 56 g, F: 132 g, Kh: 516 g, kJ: 15588, kcal: 3723

GUT VORZUBEREITEN

1. Für den Teig Mehl mit Backpulver mischen, in eine verschließbare Schüssel (3-Liter-Inhalt) sieben, mit Zucker und Vanillin-Zucker mischen. Eier, Buttermilch, Whisky und Butter oder Margarine hinzufügen. Schüssel mit dem Deckel fest verschließen.

2. Mehrmals (insgesamt 15–30 Sekunden) kräftig schütteln, so dass alle Zutaten gut vermischt sind. Karamell-Kugeln hinzugeben. Alles mit einem Schneebesen oder Rührlöffel nochmals sorgfältig durchrühren, damit vor allem trockene Zutaten vom Rand mit untergerührt werden.

3. Den Teig in eine große und eine kleine Muffinform (große Muffinform für 12 Muffins, kleine Muffinform für 6 Muffins, mit Papierbackförmchen ausgelegt) füllen. Die Formen auf dem Rost in den Backofen schieben.

Ober-/Unterhitze: etwa 180 °C (vorgeheizt)
Heißluft: etwa 160 °C (vorgeheizt)
Gas: Stufe 2–3 (vorgeheizt)
Backzeit: 25–30 Minuten.

4. Die Muffins 10 Minuten in der Form stehen lassen, dann aus der Form nehmen und auf einem Kuchenrost erkalten lassen. Muffins mit Puderzucker bestäuben.

Tipp: *Die Muffins können auch in zweifach ineinander gesteckten Papierbackförmchen gebacken werden.*
Anstelle von Karamell-Kugeln kann auch 1 Päckchen (200 g) Rosinen in feiner Vollmilchschokolade verwendet werden.

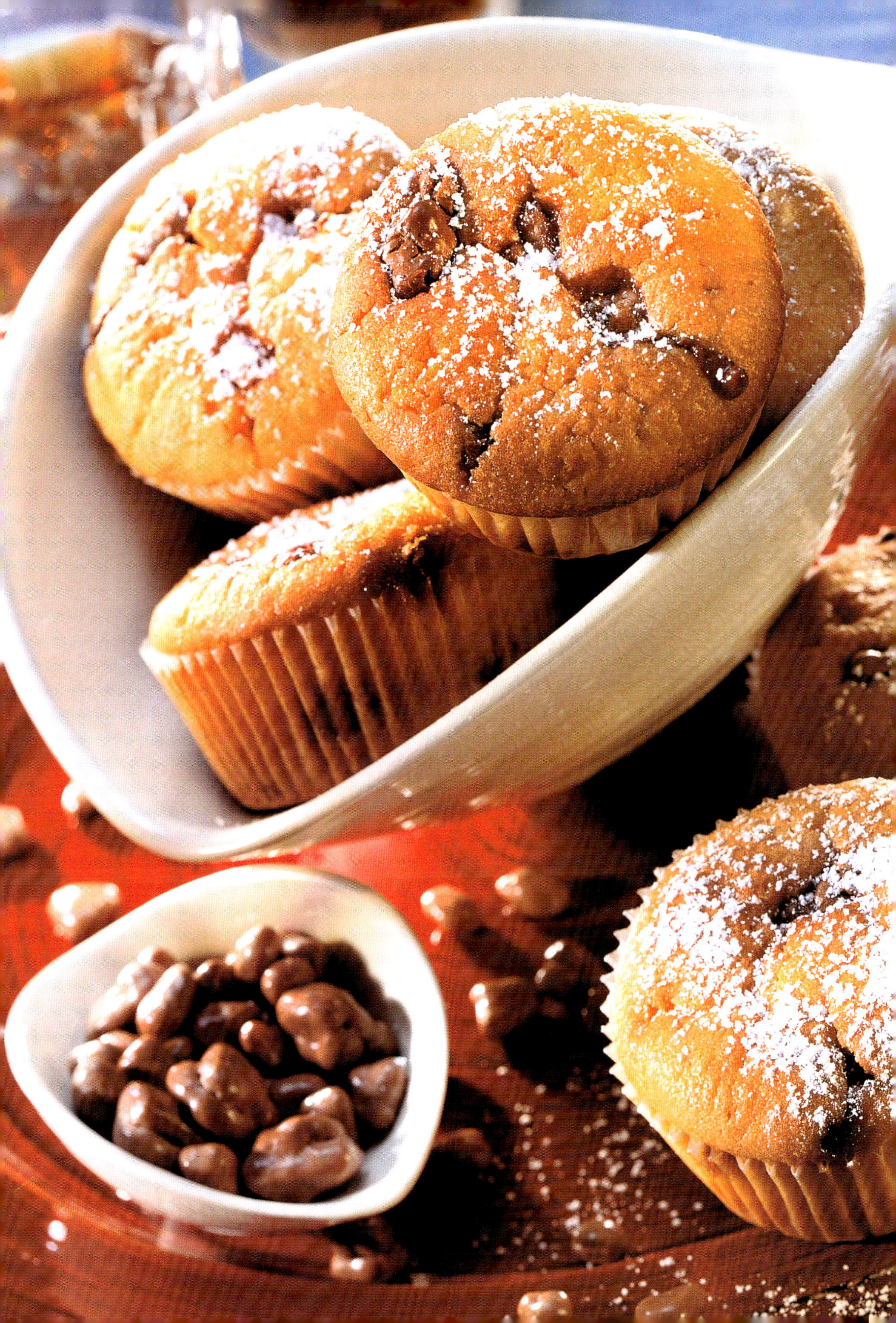

Cappuccino-Küchlein mit Käsehaube

Zutaten

Für den Teig:
- 60 g Weizenmehl
- 60 g Speisestärke
- 2 gestr. TL Backpulver
- 80 g Zucker
- 1 Prise Salz
- 3–4 TL Instant Espresso-Pulver
- 2 Eier (Größe M)
- 100 g zerlassene, abgekühlte Butter oder Margarine
- 7 EL Milch

Für die Käsehaube:
- 200 g Doppelrahm-Frischkäse
- 1 EL Crème fraîche
- 1 TL Speisestärke
- 1 Pck. Vanillin-Zucker
- 40 g gesiebter Puderzucker

Zum Bestäuben:
Kakaopulver

Zubereitungszeit:
40 Minuten, ohne Abkühlzeit

Insgesamt:
E: 50 g, F: 169 g, Kh: 242 g
kJ: 11612, kcal: 2774

RAFFINIERT

1 Für den Teig Mehl mit Speisestärke und Backpulver mischen, in eine verschließbare Schüssel (3-Liter-Inhalt) sieben, mit Zucker, Salz und Espresso-Pulver mischen. Eier, Butter oder Margarine und Milch hinzufügen, Schüssel mit dem Deckel fest verschließen. Mehrmals (insgesamt 15–30 Sekunden, je nach Menge der Zutaten) kräftig schütteln, so dass alle Zutaten gut vermischt sind. Alles mit einem Schneebesen oder Rührlöffel nochmals sorgfältig durchrühren, damit vor allem trockene Zutaten vom Rand mit untergerührt werden.

2 Teig in 12 Muffinsförmchen (mit Papierbackförmchen ausgelegt) füllen und auf dem Rost in den Backofen schieben.

Ober-/Unterhitze: etwa 200 °C (vorgeheizt)
Heißluft: etwa 180 °C (vorgeheizt)
Gas: Stufe 3–4 (vorgeheizt)
Backzeit: etwa 15 Minuten.

3 Die Muffinsform auf einen Kuchenrost stellen. Für die Käsehaube Frischkäse, Crème fraîche, Speisestärke, Vanillin- und Puderzucker in eine Rührschüssel geben und gut verrühren. Käsemasse auf die heißen Küchlein geben. Muffinsform wieder in den Backofen schieben.

Ober-/Unterhitze: etwa 200 °C (vorgeheizt)
Heißluft: etwa 180 °C (vorgeheizt)
Gas: Stufe 3–4 (vorgeheizt)
Backzeit: etwa 10 Minuten.

4 Küchlein 10 Minuten in der Form stehen lassen, herausnehmen und auf einem Kuchenrost erkalten lassen. Zum Bestäuben Küchlein vor dem Servieren mit Kakao bestäuben.

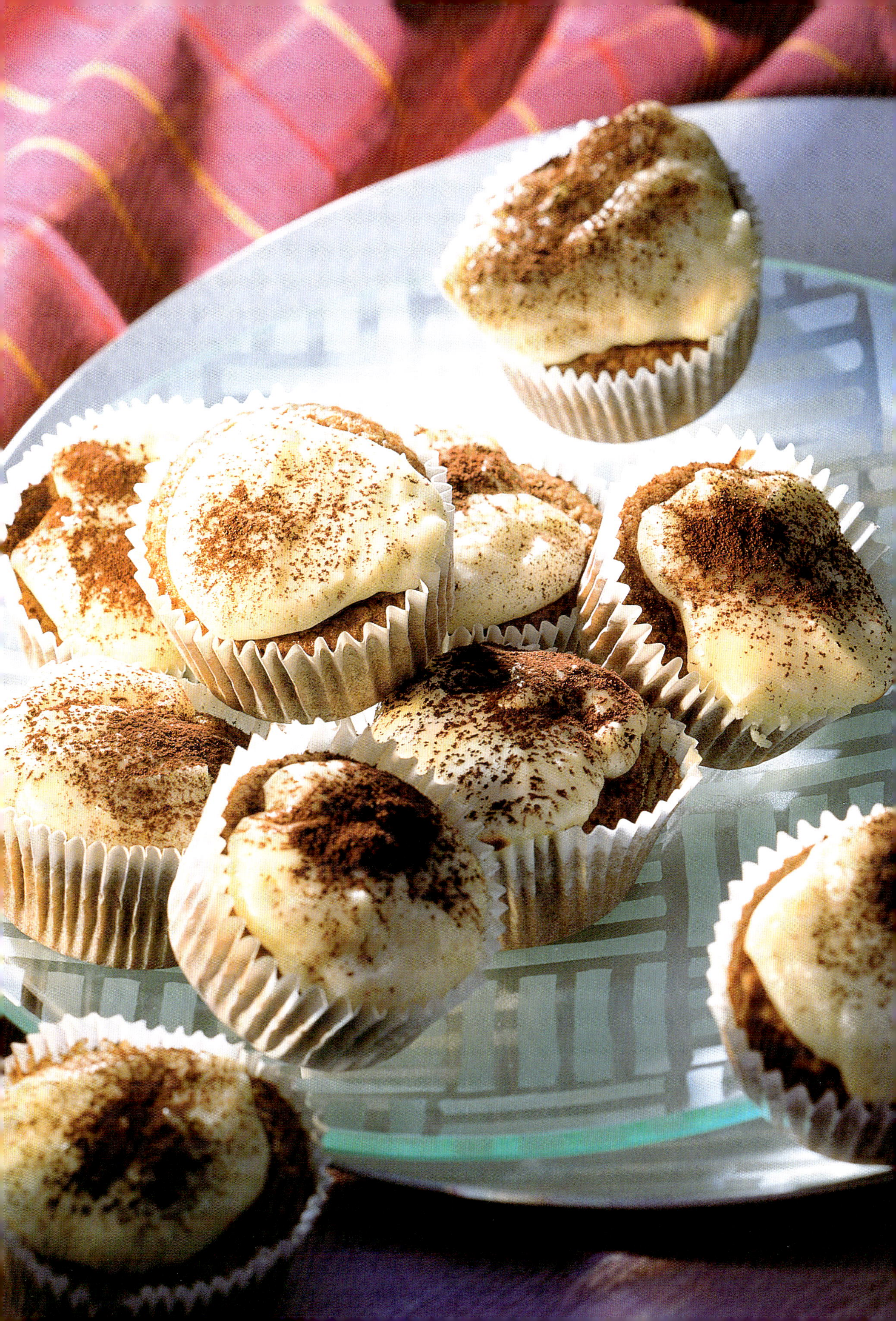

Marzipan-Weintrauben-Muffins

Zutaten
1 Tasse ≙ 200 ml

Für den Schüttelteig:
2 ½ Tassen (250 g) Weizenmehl
2 gestr. TL Backpulver
½ Tasse (75 g) Zucker
1 Pck. Vanillin-Zucker
3 Eier (Größe M)
½ Pck. (125 g) zerlassene, abgekühlte Butter oder Margarine
¾ Tasse (150 ml) Milch
½ Pck. (100 g) Marzipan-Rohmasse

Für den Belag:
250 g kernlose Weintrauben (z. B. Rosé)

Zum Bestäuben:
2 EL (30 g) Puderzucker

Zubereitungszeit:
25 Minuten

Insgesamt:
E: 70 g, F: 166 g, Kh: 386 g, kJ: 14444, kcal: 3449

EINFACH

1. Für den Teig Mehl mit Backpulver mischen und in eine verschließbare Schüssel (3-Liter-Inhalt) sieben, mit Zucker und Vanillin-Zucker mischen. Eier, Butter oder Margarine und Milch hinzufügen. Schüssel mit dem Deckel fest verschließen.

2. Mehrmals (insgesamt 15–30 Sekunden) kräftig schütteln, so dass alle Zutaten gut vermischt sind. Marzipan-Rohmasse in sehr kleine Würfel schneiden und hinzugeben. Alles mit einem Schneebesen oder Rührlöffel nochmals sorgfältig durchrühren, damit vor allem trockene Zutaten vom Rand mit untergerührt werden.

3. Den Teig in eine Muffinform (für 12 Muffins, gefettet, bemehlt) füllen.

4. Für den Belag Weintrauben waschen, abtropfen lassen, trockentupfen und entstielen. Je 2–3 Weintrauben in den Teig drücken. Die Form auf dem Rost in den Backofen schieben.

Ober-/Unterhitze: etwa 200 °C (vorgeheizt)
Heißluft: etwa 180 °C (vorgeheizt)
Gas: Stufe 3–4 (vorgeheizt)
Backzeit: etwa 25 Minuten.

5. Die Muffins 10 Minuten in der Form stehen lassen, dann aus der Form lösen (evtl. vorsichtig mit Hilfe eines Messers herausheben) und auf einem Kuchenrost erkalten lassen. Muffins mit Puderzucker bestäuben.

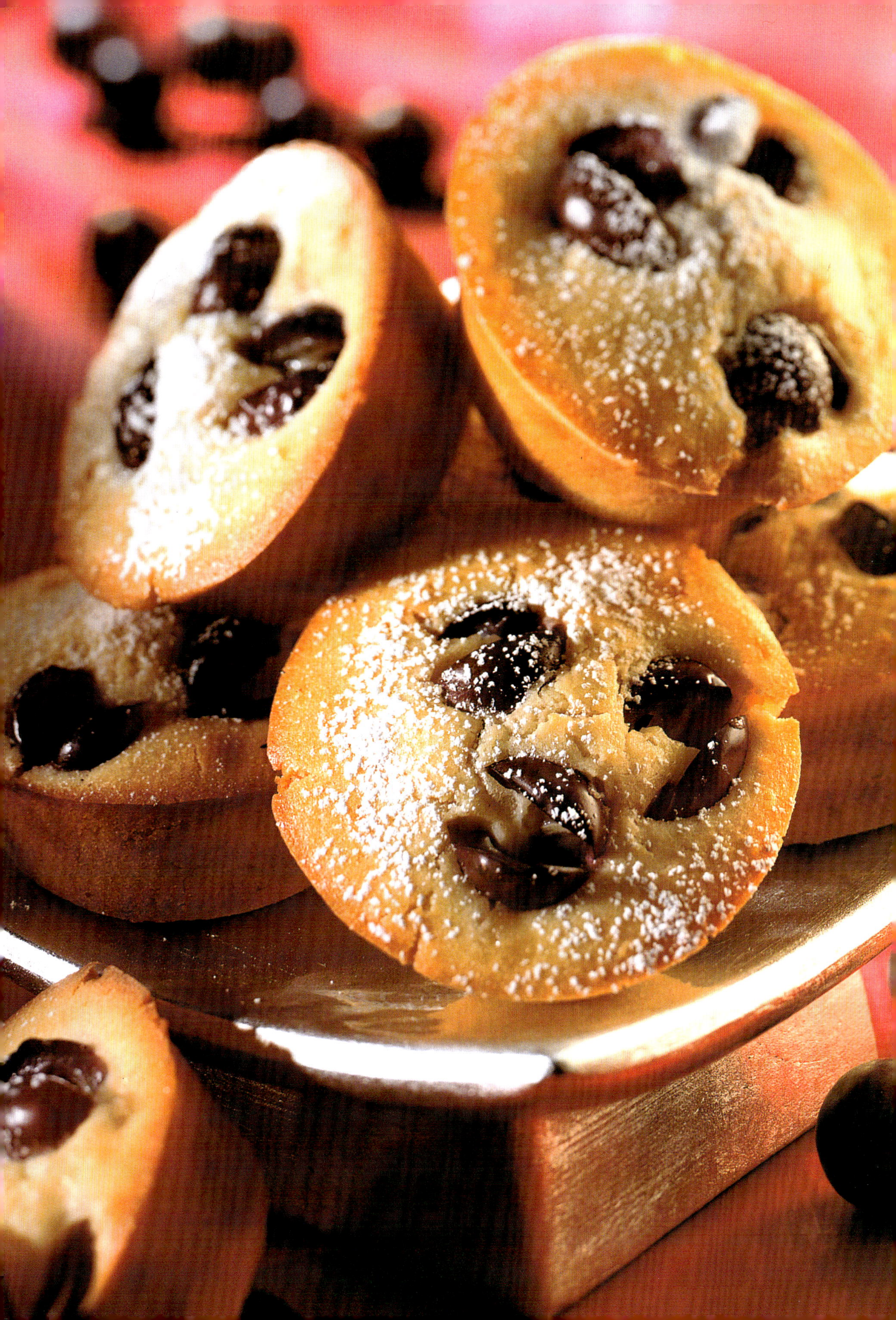

Coca-Cola Erdnuss-Muffins*

Zutaten

Für den Teig:
- 150 g Weizenmehl
- 3 gestr. TL Backpulver
- 30 g Kakaopulver
- 150 g feinster Zucker
- 2 Eier (Größe M)
- 100 g zerlassene, abgekühlte Butter oder Margarine
- 125 ml (⅛ l) Coca-Cola
- 50 g gehackte, ungesalzene Erdnusskerne

Für den Guss:
- 100 g gesiebter Puderzucker
- 15 g Kakaopulver
- 3–4 EL Coca-Cola

Zum Bestreuen:
- 50 g gehackte, ungesalzene Erdnusskerne

Zubereitungszeit:
20 Minuten

Insgesamt:
E: 69 g, F: 150 g, Kh: 401 g, kJ: 13892, kcal: 3318

FÜR KINDER

1. Für den Teig Mehl mit Backpulver und Kakao mischen, in eine verschließbare Schüssel (3-Liter-Inhalt) sieben und mit Zucker mischen. Eier, Butter oder Margarine und Coca-Cola hinzufügen, Schüssel mit dem Deckel fest verschließen. Mehrmals (insgesamt 15–30 Sekunden, je nach Menge der Zutaten) kräftig schütteln, so dass alle Zutaten gut vermischt sind, Erdnusskerne hinzugeben. Alles mit einem Schneebesen oder Rührlöffel nochmals sorgfältig durchrühren, damit vor allem trockene Zutaten vom Rand mit untergerührt werden.

2. Teig in 12 gefettete Muffinsförmchen füllen und auf dem Rost in den Backofen schieben.

Ober-/Unterhitze: etwa 180 °C (vorgeheizt)
Heißluft: etwa 160 °C (vorgeheizt)
Gas: Stufe 2–3 (vorgeheizt)
Backzeit: 25–30 Minuten.

3. Muffinsförmchen 10 Minuten auf einen Kuchenrost stellen, dann aus den Förmchen lösen und erkalten lassen.

4. Für den Guss Puderzucker und Kakao mischen, mit Coca-Cola zu einem dickflüssigen Guss verrühren. Die Muffins damit bestreichen.

5. Zum Bestreuen die Muffins mit den Erdnusskernen bestreuen.

Tipp: *Die Muffins lassen sich gut verpackt 3–4 Tage aufbewahren.*

* *Rezept nicht durch Coca-Cola autorisiert.*

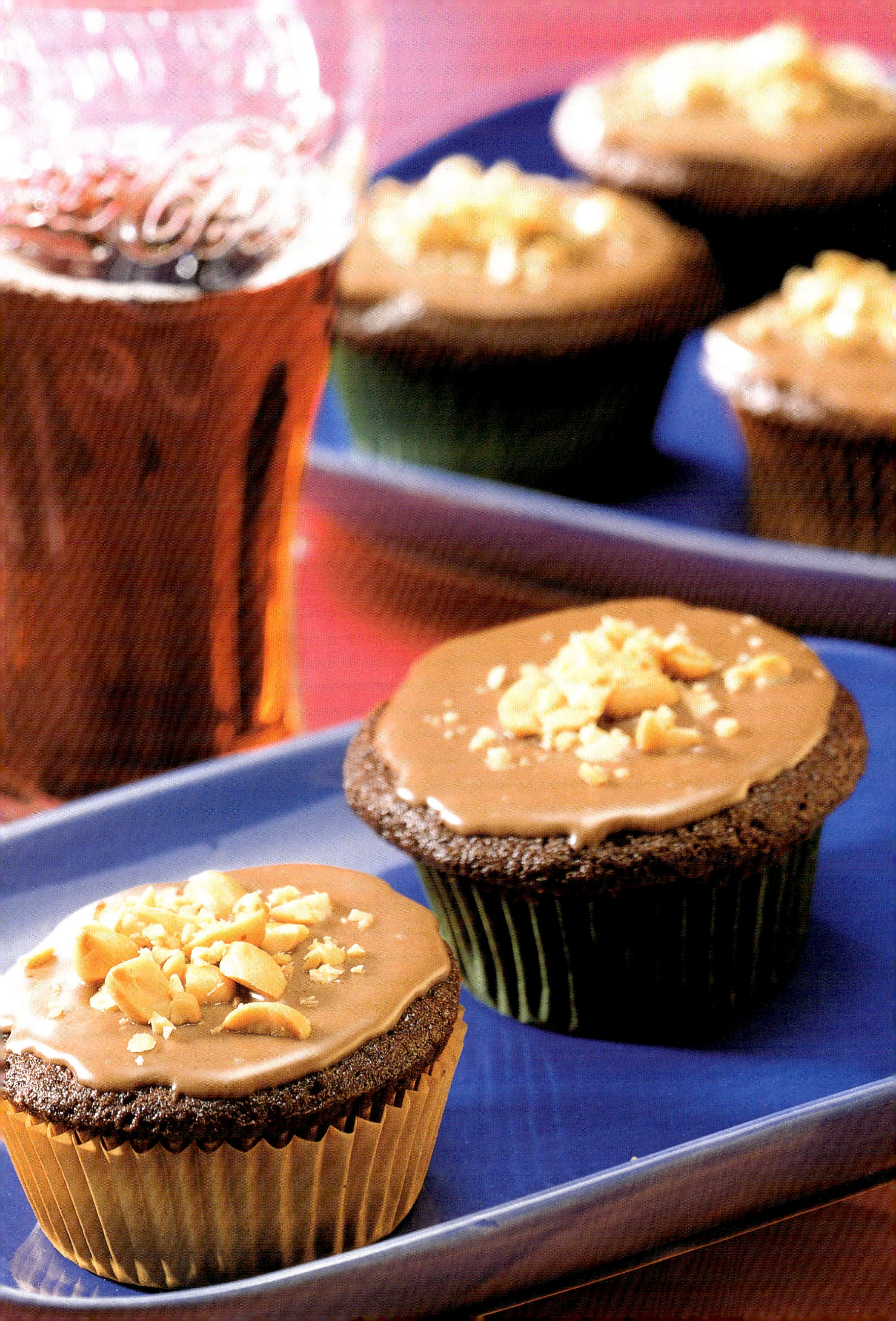

Mini-Mokka-Amerikaner

Zutaten
1 Tasse ≙ 200 ml

Für den Rührteig:
½ Pck. (125 g) Butter oder Margarine
½ Tasse (75 g) Zucker
1 Pck. Vanillin-Zucker
1 Prise Salz
2 Eier (Größe M)
5 EL Milch
2 TL lösliches Espresso-Pulver
2 EL Rum
2½ Tassen (250 g) Weizenmehl
½ Tasse (50 g) Speisestärke
2 TL Kakaopulver
3 gestr. TL Backpulver

Für den Guss:
1 Tafel (100 g) Zartbitterschokolade
1 TL lösliches Espresso-Pulver
1 Tafel (100 g) weiße Schokolade

Zubereitungszeit:
65 Minuten, ohne Abkühlzeit

Insgesamt:
E: 59 g, F: 185 g, Kh: 441 g,
kJ: 16212, kcal: 3873

GUT VORZUBEREITEN

1. Für den Teig Butter oder Margarine mit Handrührgerät mit Rührbesen auf höchster Stufe geschmeidig rühren. Nach und nach Zucker, Vanillin-Zucker und Salz unterrühren. So lange rühren, bis eine gebundene Masse entstanden ist.

2. Eier nach und nach unterrühren (jedes Ei etwa ½ Minute). Milch, Espresso-Pulver und Rum verrühren.

3. Mehl mit Speisestärke, Kakao und Backpulver mischen, sieben, abwechselnd portionsweise mit der Milch-Espresso-Rum-Lösung auf mittlerer Stufe unterrühren.

4. Von dem Teig mit zwei Esslöffeln Häufchen abstechen und nicht zu dicht zueinander (Teig läuft breit) auf Backbleche (gefettet, mit Backpapier belegt) setzen. Die Backbleche nacheinander (bei Heißluft zusammen) in den Backofen schieben.

Ober-/Unterhitze: etwa 180 °C (vorgeheizt)
Heißluft: etwa 160 °C (vorgeheizt)
Gas: Stufe 2–3 (vorgeheizt)
Backzeit: etwa 20 Minuten, je Backblech.

5. Die Amerikaner mit dem Backpapier von den Backblechen auf je einen Kuchenrost ziehen. Amerikaner erkalten lassen.

6. Für den Guss Zartbitterschokolade in Stücke brechen, mit Espresso-Pulver in einem kleinen Topf im Wasserbad bei schwacher Hitze zu einer geschmeidigen Masse verrühren. Weiße Schokolade ebenso auflösen.

7. Die Hälfte der Amerikaner mit weißer Schokolade, die andere Hälfte mit der Mokkaschokolade bestreichen. Auf die „weißen" Amerikaner einen Klecks dunkle Schokolade und auf die dunklen einen Klecks weiße Schokolade geben. Schokolade mit einem Holzstäbchen ineinander ziehen und fest werden lassen.

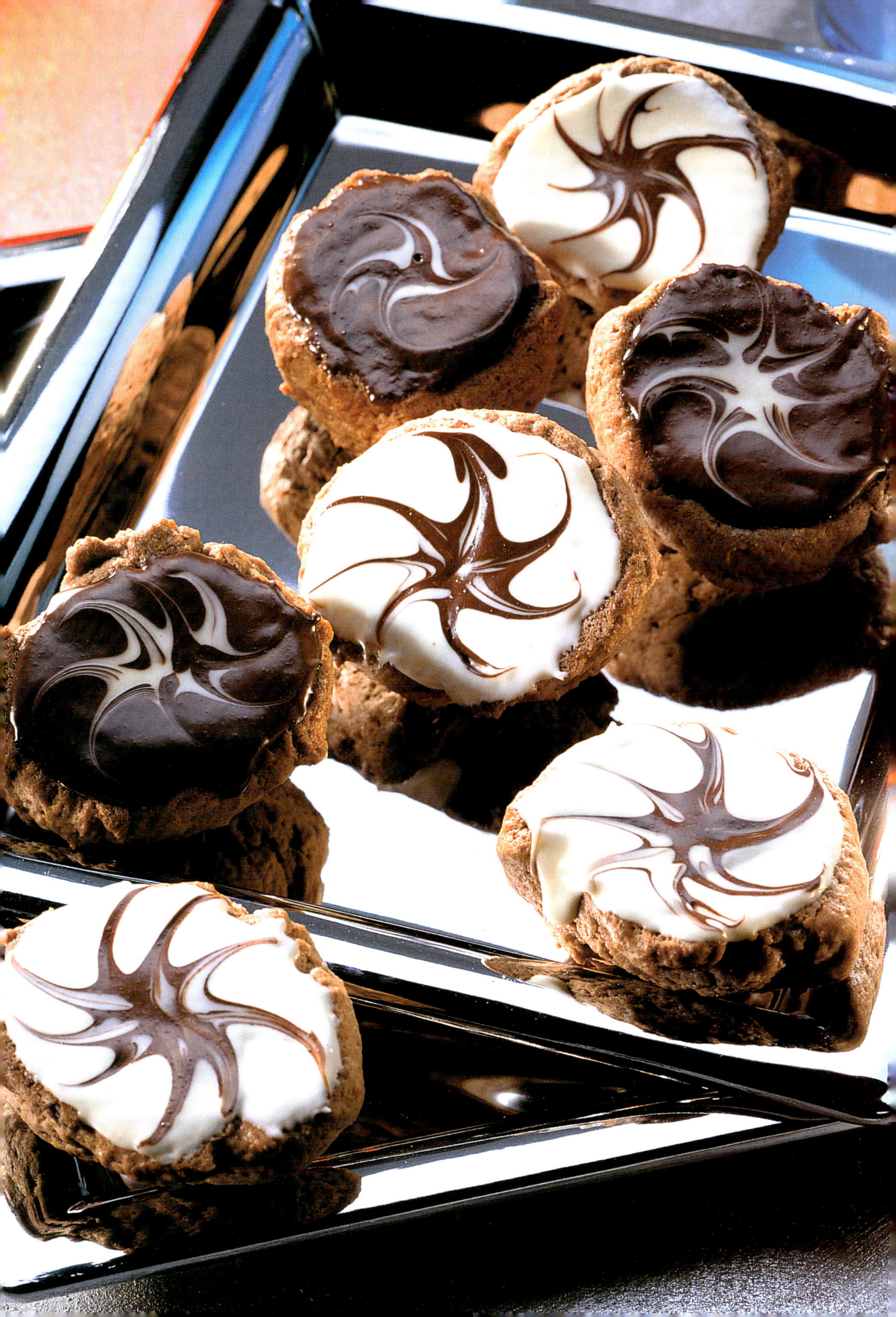

Nuss-Beeren-Törtchen

Zutaten

Für den Teig:
- 130 g Weizenmehl
- 2 gestr. TL Backpulver
- 130 g Zucker
- 4 Eier (Größe M)
- 200 g zerlassene, abgekühlte Butter oder Margarine
- 8 EL Milch
- 130 g gemahlene Haselnusskerne

Zum Ausstreuen:
- 1–2 EL Semmelbrösel

Für den Belag:
- 150 g TK-Heidelbeeren

Zum Bestäuben:
- Puderzucker

Zubereitungszeit:
35 Minuten

Insgesamt:
E: 70 g, F: 277 g, Kh: 291 g,
kJ: 17072, kcal: 4077

KLASSISCH

1. Für den Teig Mehl mit Backpulver mischen, in eine verschließbare Schüssel (3-Liter-Inhalt) sieben, mit Zucker mischen. Eier, Butter oder Margarine und Milch hinzufügen, Schüssel mit dem Deckel fest verschließen. Mehrmals (insgesamt 15–30 Sekunden, je nach Menge der Zutaten) kräftig schütteln, so dass alle Zutaten gut vermischt sind, Haselnusskerne hinzugeben. Alles mit einem Schneebesen oder Rührlöffel nochmals sorgfältig durchrühren, damit vor allem trockene Zutaten vom Rand mit untergerührt werden.

2. Teig in 12 Muffinsförmchen (gefettet, mit Semmelbröseln ausgestreut) füllen.

3. Für den Belag die gefrorenen Heidelbeeren auf dem Teig verteilen. Die Form auf dem Rost in den Backofen schieben.

Ober-/Unterhitze: etwa 200 °C (vorgeheizt)
Heißluft: etwa 180 °C (vorgeheizt)
Gas: Stufe 3–4 (vorgeheizt)
Backzeit: etwa 30 Minuten.

4. Törtchen 10 Minuten in der Form stehen lassen, aus den Förmchen lösen und auf einem Kuchenrost erkalten lassen.

5. Zum Bestäuben Törtchen kurz vor dem Servieren mit Puderzucker bestäuben.

Tipp: *Bereiten Sie die Törtchen statt mit Heidelbeeren mit Himbeeren zu.*

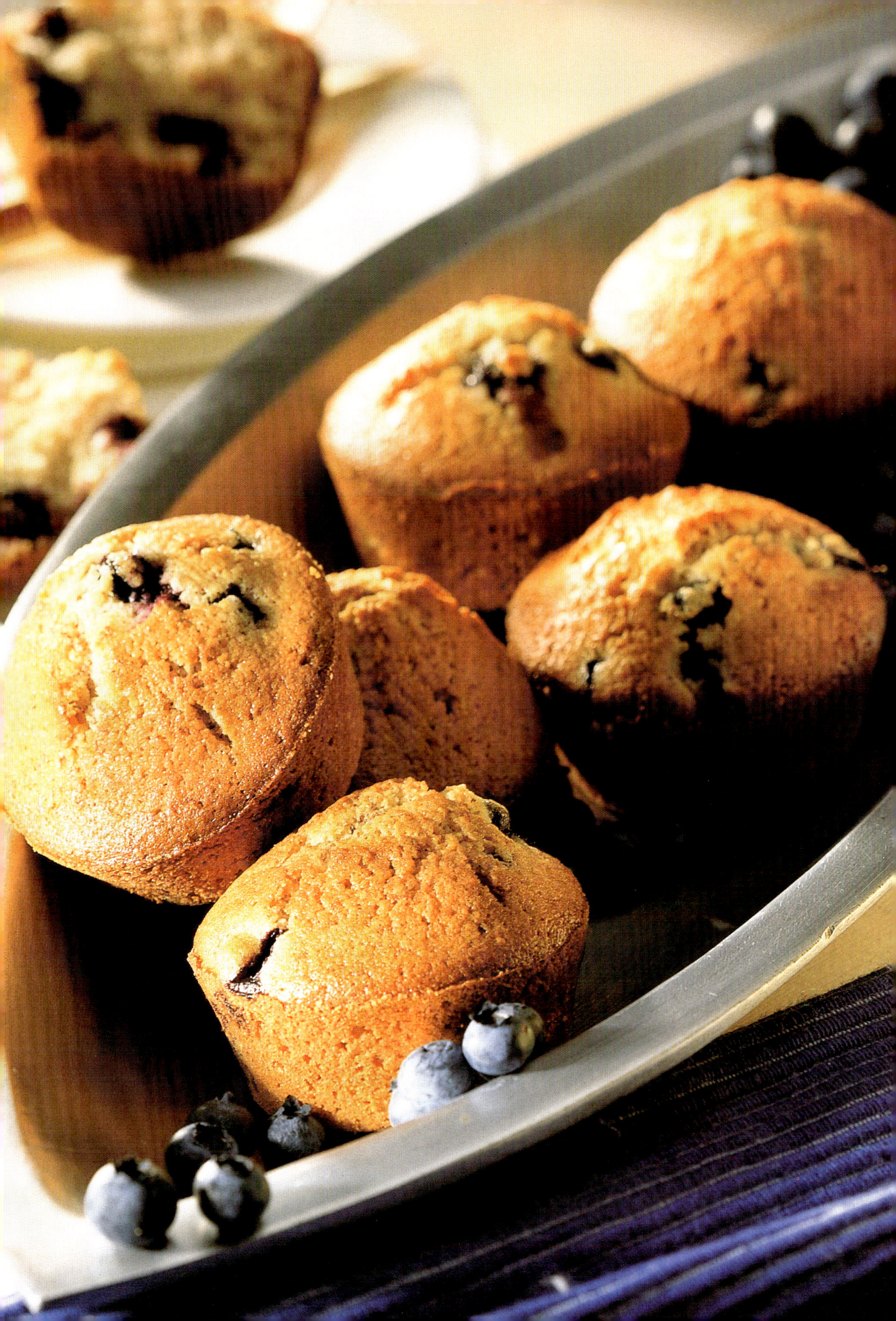

Rosen-Muffins

Zutaten

Für den Teig:
250 g Weizenmehl
3 gestr. TL Backpulver
180 g Zucker
3 Eier (Größe M)
180 g zerlassene, abgekühlte Butter oder Margarine
400 ml Schlagsahne

Für den Sirup:
200 g Zucker
300 ml Wasser
1 Pck. Finesse Geriebene Zitronenschale
3 EL Zitronensaft
3–4 EL Rosenwasser (Reformhaus)

Zum Garnieren:
Dekorrosen und -blätter

Zubereitungszeit:
40 Minuten, ohne Abkühlzeit

Insgesamt:
E: 67 g, F: 312 g, Kh: 599 g, kJ: 23476, kcal: 5609

FÜR GÄSTE

---

1. Für den Teig Mehl mit Backpulver mischen, in eine verschließbare Schüssel (3-Liter-Inhalt) sieben, mit Zucker mischen. Eier, Butter oder Margarine und Sahne hinzufügen, Schüssel mit dem Deckel fest verschließen. Mehrmals (insgesamt 15–30 Sekunden, je nach Menge der Zutaten) kräftig schütteln, so dass alle Zutaten gut vermischt sind. Alles mit einem Schneebesen oder Rührlöffel nochmals sorgfältig durchrühren, damit vor allem trockene Zutaten vom Rand mit untergerührt werden.

2. Teig in 12 gefettete Muffinsförmchen füllen und auf dem Rost in den Backofen schieben.

Ober-/Unterhitze: etwa 200 °C (vorgeheizt)
Heißluft: etwa 180 °C (vorgeheizt)
Gas: Stufe 3–4 (vorgeheizt)
Backzeit: etwa 25 Minuten.

3. Die Muffins 10 Minuten in der Form stehen lassen, dann vorsichtig aus den Förmchen lösen und auf einem Kuchenrost erkalten lassen.

4. Für den Sirup Zucker, Wasser, Zitronenschale und -saft in einen Topf geben, mischen und erhitzen, bis sich der Zucker aufgelöst hat. Sirup im Topf ohne Deckel köcheln lassen, bis er etwas dicklich wird. Rosenwasser unterrühren.

5. Muffins auf einen Kuchenrost stellen und mit dem Sirup beträufeln. Abgetropften Sirup wieder über die Muffins träufeln, bis der gesamte Sirup von den Muffins aufgesogen ist. Muffins erkalten lassen. Mit Dekorrosen und -blättern garnieren.

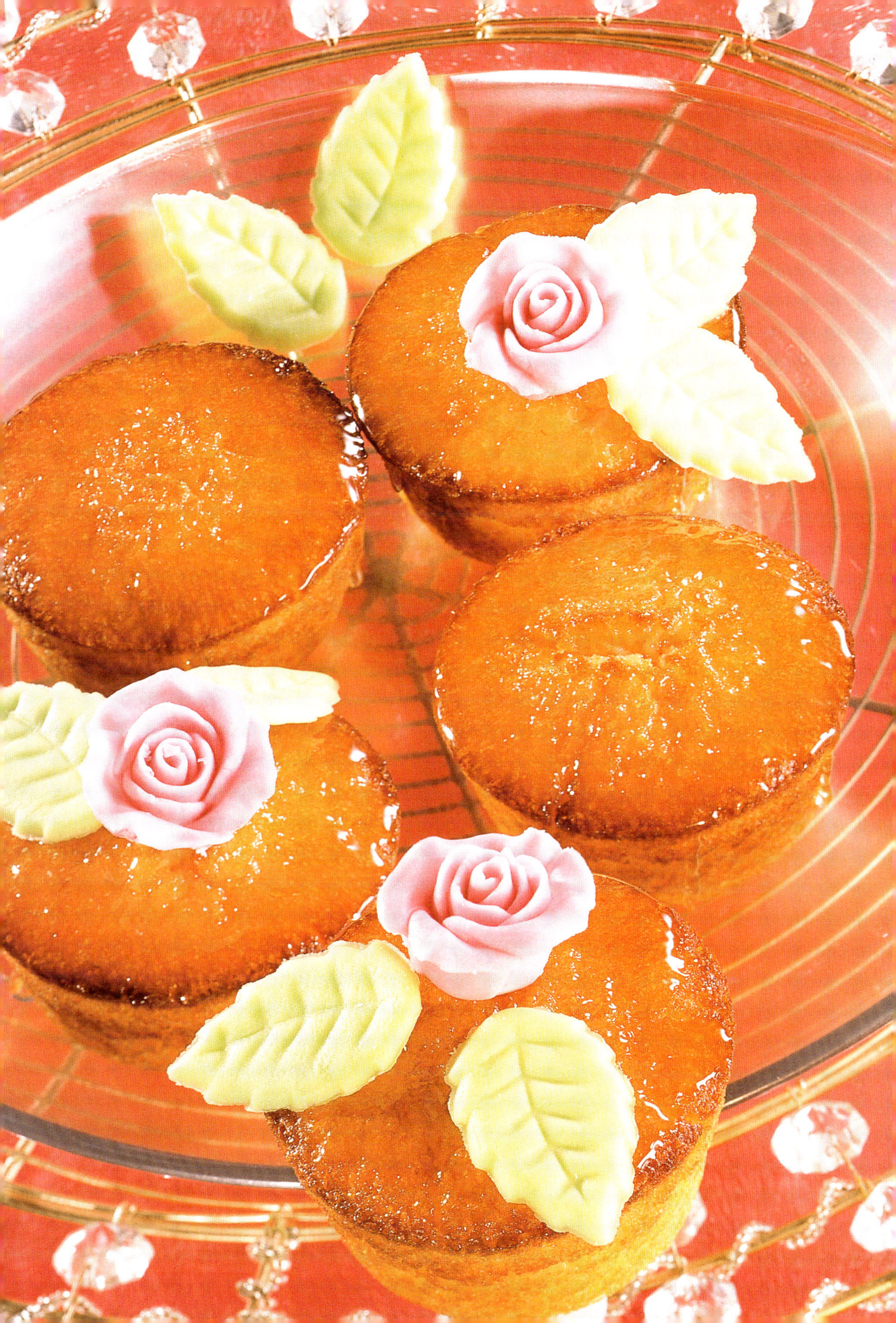

Ratgeber

Schüttelkuchen

Dies ist die neue Art zu backen, ohne Handrührgerät oder Küchenmaschine. Sie wiegen oder messen die Zutaten ab, geben sie in eine gut verschließbare Schüssel oder einen Becher mit Deckel – er muss auslaufsicher sein – und verbinden die Zutaten durch kräftiges Schütteln (15–30 Sekunden, je nach Menge der Zutaten und abhängig davon wie kräftig Sie schütteln). Dann rühren Sie alles mit einem Rührlöffel oder Schneebesen nochmals sorgfältig durch, damit vor allem trockene Zutaten vom Rand her mit untergerührt werden.

Wichtig bei dieser Art zu backen ist vor allem, dass genügend Flüssigkeit vorhanden ist, damit sich die pulverigen Zutaten (Mehl, Zucker, Backpulver und Vanillin-Zucker) mit Eiern und flüssigem Fett (Öl oder zerlassene Butter) gut verbinden können. Zum Schluss geben Sie dann die Aromazutaten hinzu, wie Schokolade, Nüsse oder Trockenfrüchte. Nehmen Sie ein ausreichend großes Gefäß (mit etwa 3-Liter-Inhalt) zum Schütteln, es sollte über den Zutaten noch etwas Luft sein, damit die Zutaten sich gut verbinden können. Wenn Sie kein passendes Gefäß haben, nehmen Sie lieber ein etwas größeres.

Ratgeber

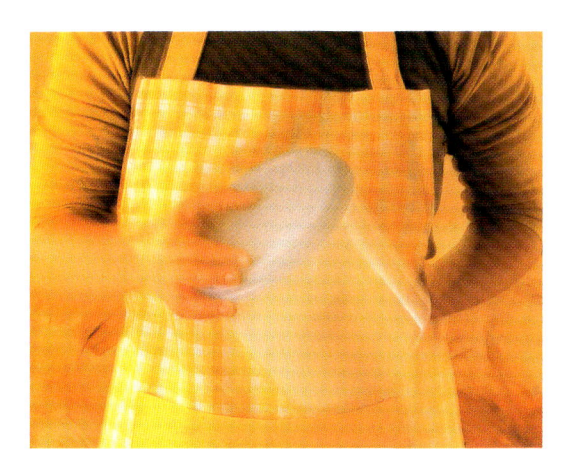

Becher- und Tassenkuchen

Bei Becher- und Tassenkuchen brauchen Sie keine Waage, um die Zutaten abzumessen. Flüssige und pulverige Zutaten werden mit einer Tasse oder einem Becher (z. B. einem Sahne- oder Joghurtbecher) abgemessen. Wir haben den Inhalt der jeweiligen Gefäße angegeben, z. B. 150 ml für eine Tasse oder einen Joghurtbecher oder 200 ml für einen Sahnebecher. So können Sie auch ein anderes Gefäß verwenden, das das gleiche Volumen hat. Bei den übrigen Zutaten wird jeweils ein ganzes oder halbes Päckchen verwendet, z. B. ein halbes Stück Butter. Und für die Vorsichtigen, die sich noch nicht von Ihrer Waage trennen wollen, haben wir dann alles auch noch nachgewogen.

Wichtig ist es, die Kuchen sofort zu backen, damit sie schön aufgehen können. Sie haben eine etwas andere Konsistenz als gerührte Kuchen, sie sind durch den höheren Flüssigkeitsanteil meist etwas saftiger und fester. Aber Sie werden bei Ihren Gästen und Ihrer Familie trotzdem Begeisterung damit wecken.

Kapitelregister

Kuchen aus der Form

Mohn-Marmorkuchen mit Kirschen	8
Zitrus-Kefirkuchen	10
Selterkuchen oder Saftkuchen mit Kirschen	12
Limetten-Streusel-Tarte	14
Hefekuchen	16
Limetten-Kokos-Käsekuchen	18
Malaga-Schnitten	20
Walnuss-Toffee-Tarte	22
Arabischer Safrankuchen	24
Macadamianuss-Kuchen	26
Krümelkuchen	28
Mohnkuchen mit Johannisbeeren	30
Mandel-Orangen-Kuchen	32
Apfelmuskuchen mit Haferflocken	34
Nusskuchen	36
Apfel-Preiselbeer-Kuchen mit Cornflakes	38
Getränkter Orangenkuchen	40
Eierlikör-Pflaumen-Kuchen	42
Eierlikörkuchen	44
Marmor-Tassenkuchen	46
Kokosnusskuchen	48
Preiselbeer-Gugelhupf	50
Kirsch-Marmorkuchen	52
Limetten-Kokosnuss-Sirup-Kuchen	54
Mokka-Makronen-Kuchen	56
Aprikosen-Tarte	58
Traubenwähe	60
Orangen-Mohn-Sirup-Kuchen	62
Sonnenblumentarte	64
Heidelbeertarte	66
Brausepulverkuchen	68
Nektarinenkuchen	70
Gefüllter gelber Kastenkuchen	72
Pfirsich-Mandel-Kuchen	74
Espresso-Karamell-Kuchen	76
Kombucha-Krokant-Kuchen	78
Birnen-Walnuss-Brot	80
Kokosrosette	82
Erdbeer-Kastenkuchen	84
Malzbierkuchen mit Ananas	86
Mini-Kuchen für den Kindergeburtstag	88
Gewürz-Karamell-Kuchen	90
Früchtekuchen mit Haferflocken	92
Aprikosen-Kirsch-Kuchen	94
Pflaumentarte	96
Grüner Käsekuchen	98

Torten

Bellini-Torte	100
Rote-Grütze-Torte	103
Schokoladen-Buttermilch-Torte	106
Erdbeertorte mit Ricotta	108
Doppeldecker-Torte mit Himbeeren	110
Gewürz-Kirsch-Tarte	112
Honig-Nougat-Kuppel	114

Kapitelregister

Himbeer-Aprikosen-Tarte 116	Kirschschnitten 170
Traubentarte 118	Granatapfel-Schnitten 172
Pina-Colada-Torte 120	Wattekuchen 174
Schoko-Butter-Torte 122	Ananasblechkuchen mit Kokosstreuseln 176
Kokos-Preiselbeer-Torte 124	Cassataschnitten 178
Nuss-Pudding-Torte 126	Aprikosen-Mohn-Kuchen 180
Preiselbeer-Baumkuchen-Torte 128	Florentiner Tassenkuchen 182
Mandarinen-Joghurt-Torte (Titelrezept) 130	Birnen-Hefekuchen mit Pistazienguss 184
Sandtorte mit Mohncreme 132	Bananen-Quark-Kuchen 186
Rhabarbertorte 134	Crème-fraîche-Becherkuchen 188
Mascarpone-Mango-Torte 136	Ambrosiaschnitten 190
Guaven-Joghurt-Torte 139	Apfel-Schoko-Schnitten mit Cornflakes 192

Kuchen vom Blech

Kleingebäck

Pfirsich-Nougat-Kuchen 142	Nektarinenmuffins 194
Kissenkuchen 144	Orangen-Schoko-Madeleines 196
Buttermilchkuchen 146	Ananasmuffins 198
Becherkuchen Florentiner Art 148	Bananenwaffeln mit heißer Schokoladensauce . 200
Joghurtbecherkuchen 150	Schwarz-Weiß-Muffins 202
Quark-Orangen-Kuchen 152	Knusper-Whisky-Muffins 204
Schneller Kirsch-Mandel-Kuchen 154	Cappuccino-Küchlein mit Käsehaube 206
Schoko-Mirabellen-Kuchen 156	Marzipan-Weintrauben-Muffins 208
Kokoskuchen 158	Coca-Cola Erdnuss-Muffins 210
Schoko-Birnen-Kuchen 160	Mini-Mokka-Amerikaner 212
Schokoladen-Himbeer-Kuchen 162	Nuss-Beeren-Törtchen 214
Muskatkuchen 164	Rosen-Muffins 216
Selterskuchen oder Saftkuchen vom Blech 166	
Apfelkuchen mit Krokant 168	Ratgeber 218

Alphabetisches Register

A

Ambrosiaschnitten	190
Ananasblechkuchen mit Kokosstreuseln	176
Ananasmuffins	198
Apfelkuchen mit Krokant	168
Apfelmuskuchen mit Haferflocken	34
Apfel-Preiselbeer-Kuchen mit Cornflakes	38
Apfel-Schoko-Schnitten mit Cornflakes	192
Aprikosen-Kirsch-Kuchen	94
Aprikosen-Mohn-Kuchen	180
Aprikosen-Tarte	58
Arabischer Safrankuchen	24

B

Bananen-Quark-Kuchen	186
Bananenwaffeln mit heißer Schokoladensauce	200
Becherkuchen Florentiner Art	148
Bellini-Torte	100
Birnen-Hefekuchen mit Pistazienguss	184
Birnen-Walnuss-Brot	80
Brausepulverkuchen	68
Buttermilchkuchen	146

C/D

Cappuccino-Küchlein mit Käsehaube	206
Cassataschnitten	178
Coca-Cola Erdnuss-Muffins	210
Crème-fraîche-Becherkuchen	188
Doppeldecker-Torte mit Himbeeren	110

E

Eierlikörkuchen	44
Eierlikör-Pflaumen-Kuchen	42
Erdbeer-Kastenkuchen	84
Erdbeertorte mit Ricotta	108
Espresso-Karamell-Kuchen	76

F

Florentiner Tassenkuchen	182
Früchtekuchen mit Haferflocken	92

G

Gefüllter gelber Kastenkuchen	72
Getränkter Orangenkuchen	40
Gewürz-Karamell-Kuchen	90
Gewürz-Kirsch-Tarte	112
Granatapfel-Schnitten	172
Grüner Käsekuchen	98
Guaven-Joghurt-Torte	139

H/J

Hefekuchen	16
Heidelbeertarte	66
Himbeer-Aprikosen-Tarte	116
Honig-Nougat-Kuppel	114
Joghurtbecherkuchen	150

K

Käsekuchen, grüner	98
Kastenkuchen, gefüllter gelber	72
Kirsch-Mandel-Kuchen, schneller	154
Kirsch-Marmorkuchen	52
Kirschschnitten	170
Kissenkuchen	144
Knusper-Whisky-Muffins	204
Kokoskuchen	158
Kokosnusskuchen	48
Kokos-Preiselbeer-Torte	124
Kokosrosette	82
Kombucha-Krokant-Kuchen	78
Krümelkuchen	28

Alphabetisches Register

L

Limetten-Kokos-Käsekuchen 18
Limetten-Kokosnuss-Sirup-Kuchen 54
Limetten-Streusel-Tarte 14

M

Macadamianuss-Kuchen 26
Malaga-Schnitten 20
Malzbierkuchen mit Ananas 86
Mandarinen-Joghurt-Torte (Titelrezept) 130
Mandel-Orangen-Kuchen 32
Marmor-Tassenkuchen 46
Marzipan-Weintrauben-Muffins 208
Mascarpone-Mango-Torte 136
Mini-Kuchen für den Kindergeburtstag 88
Mini-Mokka-Amerikaner 212
Mohnkuchen mit Johannisbeeren 30
Mohn-Marmorkuchen mit Kirschen 8
Mokka-Makronen-Kuchen 56
Muskatkuchen 164

N

Nektarinenkuchen 70
Nektarinenmuffins 194
Nuss-Beeren-Törtchen 214
Nusskuchen 36
Nuss-Pudding-Torte 126

O

Orangenkuchen, getränkter 40
Orangen-Mohn-Sirup-Kuchen 62
Orangen-Schoko-Madeleines 196

P/Q

Pfirsich-Mandel-Kuchen 74
Pfirsich-Nougat-Kuchen 142
Pflaumentarte 96
Pina-Colada-Torte 120
Preiselbeer-Baumkuchen-Torte 128
Preiselbeer-Gugelhupf 50
Quark-Orangen-Kuchen 152

R

Ratgeber 218
Rhabarbertorte 134
Rosen-Muffins 216
Rote-Grütze-Torte 103

S

Safrankuchen, Arabischer 24
Sandtorte mit Mohncreme 132
Schneller Kirsch-Mandel-Kuchen 154
Schoko-Birnen-Kuchen 160
Schoko-Butter-Torte 122
Schokoladen-Buttermilch-Torte 106
Schokoladen-Himbeer-Kuchen 162
Schoko-Mirabellen-Kuchen 156
Schwarz-Weiß-Muffins 202
Selterkuchen oder Saftkuchen mit Kirschen ... 12
Selterskuchen oder Saftkuchen vom Blech 166
Sonnenblumentarte 64

T

Tassenkuchen, Florentiner 182
Traubentarte 118
Traubenwähe 60

W/Z

Walnuss-Toffee-Tarte 22
Wattekuchen 174
Zitrus-Kefirkuchen 10

Umwelthinweis	Dieses Buch und der Einband wurden auf chlorfrei gebleichtem Papier gedruckt. Die Einschrumpffolie – zum Schutz vor Verschmutzung – ist aus umweltfreundlichem und recyclingfähigem PE-Material.
	Wenn Sie Anregungen, Vorschläge oder Fragen zu unseren Büchern haben, rufen Sie uns unter folgender Nummer an (05 21) 1 55 25 80 oder 52 06 58 oder schreiben Sie uns: Dr. Oetker Verlag KG, Am Bach 11, 33602 Bielefeld.
	Bei den in diesem Buch verwendeten Namen handelt es sich z.T. um eingetragene Marken.
Copyright	© 2002 by Dr. Oetker Verlag KG, Bielefeld
Redaktion	Jasmin Gromzik, Miriam Krampitz
Titelfoto	Thomas Diercks, Hamburg
Innenfotos	Thomas Diercks, Hamburg Bernd Lippert, Bielefeld Ulrich Kopp, Füssen Brigitte Wegner, Bielefeld
Grafisches Konzept Titelgestaltung Gestaltung	Björn Carstensen, Hamburg KonturDesign, Bielefeld M·D·H Haselhorst, Bielefeld
Druck und Bindung	MOHN Media • Mohndruck GmbH, Gütersloh
	Die Autoren haben dieses Buch nach bestem Wissen und Gewissen erarbeitet. Alle Rezepte, Tipps und Ratschläge sind mit Sorgfalt ausgewählt und geprüft. Eine Haftung des Verlages und seiner Beauftragten für alle erdenklichen Schäden an Personen, Sach- und Vermögensgegenständen ist ausgeschlossen.
	Nachdruck, auch auszugsweise, nur mit ausdrücklicher Genehmigung und Quellenangabe gestattet.
	ISBN 3-7670-0557-3